HANDBUCH ALTENPÄDAGOGIK

Aufgaben und Handlungsfelder der ganzheitlichen Geragogik

von

Hubert Klingenberger

1996

VERLAG JULIUS KLINKHARDT · BAD HEILBRUNN

Meinem akademischen Lehrer
Prof. Dr. Bruno Hamann
gewidmet.

Die Deutsche Bibliothek – CIP-Einheitsaufnahme

Klingenberger, Hubert:
Handbuch Altenpädagogik : Aufgaben und Handlungsfelder der
ganzheitlichen Geragogik / von Hubert Klingenberger. - Bad
Heilbrunn : Klinkhardt, 1996
    ISBN 3–7815–0833–1

Gesamtherstellung: WB-Druck GmbH & Co. Buchproduktions-KG, Rieden
Printed in Germany 1996
Gedruckt auf chlorfrei gebleichtem alterungsbeständigem Papier
ISBN 3–7815–0833–1

INHALTSVERZEICHNIS

VORWORT

Nachdem ich im Jahr 1992 meine "Ganzheitliche Geragogik" (bei Klink-hardt in Bad Heilbrunn) veröffentlicht hatte, folgte eine ganze Reihe von Anfragen und daraus resultierenden Projekten, die sich im weitesten Sinne um die Themen "Alter(n)" und "Alter(n)spädagogik" drehten:
So beschäftigte ich mich in loser Folge u.a. mit der "Begegnung der Gene-rationen in Pfarrgemeinden", mit der "Biographieorientierung in der offe-nen Altenarbeit", mit der "Zukunft der gemeindlichen Altenarbeit", mit der Seniorenkulturarbeit und mit der kommunalen Altenplanung (im Landkreis Rosenheim).
Somit eröffnete sich mir ein breiteres Spektrum dessen, was sich der Al-tenpädagogik als Aufgabe stellt bzw. wo sie unbedingt mitreden bzw. ge-hört werden sollte.
Die vorliegende Publikation zeigt nun diese und weitere altenpädagogi-schen Aufgaben- und Handlungsfelder in ihrer ganzen Breite auf, be-schreibt de facto vorfindbare und zu postulierende Tätigkeitsbereiche und strukturiert das gesamte Tätigkeitsfeld nach unterschiedlichen Kriterien.
Theoretiker und Praktiker sowie Studierende erhalten somit einen Über-blick über die Herausforderungen, die diese noch junge erzie-hungswissenschaftliche Disziplin bietet.
Zu danken habe ich meiner Frau Birgit Lipowsky M.A. für das Durchlesen der Texte und viele ermutigende Anregungen, meiner Mutter Elisabeth Klingenberger für unzählige Durchgänge des Korrekturlesens und Frau Josefine Kohwagner, die Teile des Manuskripts geschrieben hat.

München, im Februar 1996

Dr. Hubert Klingenberger

7

EINLEITUNG

Die Altenpädagogik ist unter den erziehungswissenschaftlichen Disziplinen noch eine relativ junge. In einer wachsenden Zahl von Publikationen - vielfach Aufsatzsammlungen - werden anstehende Aufgaben und bereits bestehende Tätigkeitsfelder benannt; eine systematische Erfassung altenpädagogischer Aufgaben- und Handlungsfelder - sowohl unter deskriptiver wie normativer Perspektive - liegt aber bislang nicht vor.

Angesichts der aktuellen Wandlungen des Alters in quantitativer (demographische Entwicklungen, Generationenfragen) wie qualitativer Sicht (kompetentes und selbstbestimmtes Alter) steht die Altenpädagogik zusätzlich noch vor großen Herausforderungen sowohl hinsichtlich ihrer theoretischen Reflexionen als auch ihrer praktischen Folgerungen.[1]

Doch nicht nur äußere Faktoren fordern die Altenpädagogik heraus; auch sozusagen "innere" Faktoren, die sich aus wissenschaftstheoretischen Diskussionen und Trends ergeben, stellen sie vor neue Aufgaben: Systemtheorien und verschiedene konstruktivistische Ansätze verweisen einerseits darauf, daß sich pädagogisches Handeln nicht auf den Ausschnitt direkten pädagogischen Einwirkens beschränken darf, sondern ökologische Faktoren i.w.S. mitberücksichtigen und in ihr Handeln miteinschließen muß; andererseits rücken sie das Subjekt - im vorliegenden Fall den alten Menschen - wieder stärker in den Fokus erziehungswissenschaftlicher wie bildungspraktischer Überlegungen.[2]

Diese drei genannten Aspekte - die "Jugendlichkeit" der Disziplin, der quantitative wie qualitative Wandel der Lebensphase "Alter" und aktuelle wissenschaftstheoretische Diskussionen - bilden sowohl Hintergrund und Anlaß der nachfolgenden Erörterungen. Denn sie weiten erheblich den Aufgaben- und Handlungsbereich der Altenpädagogik - noch dazu, wenn sie sich dem Anspruch der Ganzheitlichkeit unterstellt.

Nach der Erörterung einiger grundlegender Begriffe der Geragogik/Altenpädagogik - ich werde diese Begriffe im weiteren synonym verwenden - und einer kurzen Skizzierung, was "Ganzheitlichkeit" heute bedeuten kann, ohne esoterisch zu werden, stehen drei mögliche Ordnungs-

---

[1] vgl. Deutscher Bundestag, 1994; Klose, (Hrsg.), 1993; Naegele & Tews (Hrsg.), 1993; Schüller, 1995.
[2] vgl. Kösel, 1995; Siebert, 1994.

schemata altenpädagogischer Aufgaben- und Handlungsfelder zur Diskussion.

Den Hauptteil bildet die Beschreibung, gegebenenfalls auch die Postulierung einzelner Tätigkeitsbereiche sowie für die Geragogik bedeutsamer Grenzbereiche. Dabei orientiert sich die Struktur an den unterschiedlichen "Zielgruppen", denen sich die Geragogik zuwenden kann; die Zuordnungen sind nicht immer trennscharf, stellen aber eine hilfreiche Systematik dar. Diese systematische Darstellung und die inhaltliche Beschränkung auf Wesentliches und Praxisrelevantes machen das weite Aufgaben- und Handlungsfeld der Altenpädagogik überschaubar; Graphiken erleichtern zusätzlich den Überblick über die vielfältige und komplexe Tätigkeits-"Landschaft".

"Schlußbemerkungen" runden die Erörterungen ab bzw. formulieren Herausforderungen und Postulate, denen sich eine "ganzheitliche Geragogik" mit ihren Aufgaben- und Tätigkeitsfeldern zu stellen hat.

Am Ende eines jeden Kapitels findet sich ein Literaturverzeichnis; dieses dient dem Nachweis der verwendeten Literatur.

Um eine optimale Überschaubarkeit des gesamten Aufgabenfeldes und eine gute Handhabbarkeit des Buches zu gewährleisten, wird mit Hilfe eines → auf Parallelkapitel verwiesen.

Demographische Daten, Alter(n)stheorien und altenpädagogische Konzeptionen werden nicht explizit berücksichtigt; hierzu muß auf andere Literatur verwiesen werden.[3]

📖 Literatur

Klose, Hans-Ulrich (Hrsg.). (1993). *Altern hat Zukunft: Bevölkerungsentwicklung und dynamische Wirtschaft.* Opladen: Westdeutscher.

Kösel, Edmund (1995). *Die Modellierung von Lernwelten: ein Handbuch zur subjektiven Didaktik* (2., durchgesehene, verb. u. erw. Aufl.). Elztal-Dallau: Laub.

Naegele, Gerhard & Tews, Hans Peter (Hrsg.). (1993). *Lebenslagen im Strukturwandel des Alters: alternde Gesellschaft - Folgen für die Politik.* Opladen: Westdeutscher.

Siebert, Horst (1994). *Lernen als Konstruktion von Lebenswelten: Entwurf einer konstruktivistischen Didaktik.* Frankfurt: Verlag für Akademische Schriften.

---

[3] vgl. Deutscher Bundestag, 1994; Klingenberger, 1992.

1 AUFGABEN- UND HANDLUNGSFELDER DER GERA-GOGIK

Bevor die Aufgaben- und Handlungsfelder der Altenpädagogik im einzelnen beschrieben werden, sollen die grundlegenden Begriffe derselben abgeklärt werden: Altenhilfe und Altenarbeit, Altenbildung und Altenerziehung, Gerontagogik, Geragogik und Sozialgeragogik. Des weiteren wird - zum besseren Verständnis der nachfolgenden Ausführungen - das von mir erarbeitete Konzept einer "ganzheitlichen Geragogik"[4] vorgestellt.

1.1 Grundlegende Begriffe im Umfeld von Alter und Pädagogik

1.1.1 Altenhilfe und Altenarbeit

Der Gegenstands- und Aufgabenbereich der Altenhilfe ist definiert und geregelt durch den Paragraphen 75 des Bundessozialhilfegesetzes (BSHG). Dort heißt es:

Altenhilfe

§ 75 (1) Alten Menschen soll außer der Hilfe nach den übrigen Bestimmungen dieses Gesetzes Altenhilfe gewährt werden. Sie soll dazu beitragen, Schwierigkeiten, die durch das Alter entstehen, zu verhüten, zu überwinden oder zu mildern und alten Menschen die Möglichkeit zu erhalten, am Leben in der Gemeinschaft teilzunehmen.
(2) Als Maßnahmen der Hilfe kommen vor allem in Betracht:
1. Hilfe bei der Beschaffung und zur Erhaltung einer Wohnung, die den Bedürfnissen des alten Menschen entspricht,
2. Hilfe in allen Fragen der Aufnahme in eine Einrichtung, die der Betreuung alter Menschen dient, insbesondere bei der Beschaffung eines geeigneten Heimplatzes,
3. Hilfe in allen Fragen der Inanspruchnahme altersgerechter Dienste,

---

[4] vgl. Klingenberger, 1992.

4. Hilfe zum Besuch von Veranstaltungen oder Einrichtungen, die der Geselligkeit, der Unterhaltung, der Bildung oder den kulturellen Bedürfnissen alter Menschen dienen,
5. Hilfe, die alten Menschen die Verbindung mit nahestehenden Personen ermöglicht,
6. Hilfe zu einer Betätigung, wenn sie vom alten Menschen gewünscht wird.
(3) Hilfe nach Absatz 1 soll auch gewährt werden, wenn sie der Vorbereitung auf das Alter dient.
(4) Altenhilfe soll ohne Rücksicht auf vorhandenes Einkommen oder Vermögen gewährt werden, soweit im Einzelfall persönliche Hilfe erforderlich ist.

In diesem Zusammenhang verfolgt die Altenhilfe nachstehende Ziel- und Aufgabenstellungen:
- die Wahrung der menschlichen Würde und die Anerkennung der individuellen Persönlichkeit des alten Menschen sowie Beistand bei Erhalt und Erwerb von Selbstwertgefühl,
- die Ermöglichung einer selbständigen und eigenverantwortlichen Lebensgestaltung,
- die Hilfe bei sozialen Kontakten und bei Absicherung derselben und die Bedürfnisbefriedigung älterer Menschen,
- das Angebot von Information, Beratung und Hilfen,
- das Angebot von Hilfen als Anregung zur und Begleitung von Selbsthilfeprozessen und
- das Angebot präventiver und prophylaktischer Maßnahmen.

Damit sind indirekt auch schon bestimmte Prinzipien der Altenhilfe angesprochen: Altenhilfe soll den Menschen nicht entmündigen und als Betreuungsobjekt ansehen, sondern seine Eigenständigkeit und seine soziale Integration unterstützen bzw. fördern.

Vor diesem Hintergrund stellt sich der Begriff "Altenhilfe" als problematisch dar: suggeriert das Wortteil "-hilfe" doch die defizitäre und unterstützungsbedürftige Situation der alten Menschen.

Unter historischer wie systematischer Perspektive lassen sich unterschiedliche Paradigmen - das sind erkenntnis- wie handlungsleitende Sichtweisen - der Altenhilfe beschreiben, die in ihrem Auftreten historisch aufeinanderfolgend und in ihrem aktuellen Bestehen als nebeneinander existierend angesehen werden können:[5] Das "karitativ-kustodiale Paradigma" führt(e) zu einer Ausgrenzung alter Menschen aus dem sozialen Alltag und zu einer Verwahrung und Versorgung derselben in eigens dafür geschaffenen Einrichtungen. Der alte Mensch wurde und wird zu einem passiven Empfänger sozialer Hilfe. Im "expertendefinierten Behandlungsparadigma" bleibt der alte Menschen Objekt sozialer Handlungen; diese werden jedoch von "professionals" und Experten, die einem technologischem Problemlösungsansatz verpflichtet sind, erbracht. Das "ganzheitlich-gemeinwesenorientierte Paradigma" wendet sich gegen eine analytische Zersplitterung des "ganzen" alten Menschen und gegen eine Isolierung alter Menschen bzw. eine Privatisierung ihrer Lebensprobleme; vielmehr soll der alte Mensch mit all seinen Dimensionen und Funktionen in das Leben des Gemeinwesens mit hineingenommen werden (→ Gemeinwesenarbeit).

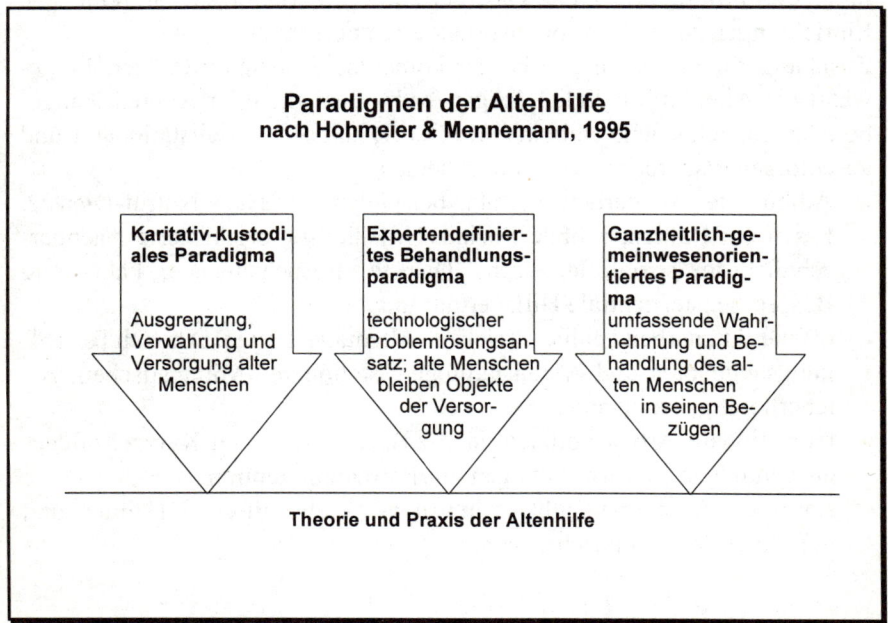

Paradigmen der Altenhilfe
nach Hohmeier & Mennemann, 1995

Karitativ-kustodiales Paradigma	Expertendefiniertes Behandlungsparadigma	Ganzheitlich-gemeinwesenorientiertes Paradigma
Ausgrenzung, Verwahrung und Versorgung alter Menschen	technologischer Problemlösungsansatz; alte Menschen bleiben Objekte der Versorgung	umfassende Wahrnehmung und Behandlung des alten Menschen in seinen Bezügen

Theorie und Praxis der Altenhilfe

Die Altenhilfe wendet sich an unterschiedliche Zielgruppen: an die alten Menschen insgesamt, unabhängig von Notlagen, und versucht, diesen bei

---

[5] Hohmeier & Mennemann, 1995, S. 377 ff.

ihrer Bedürfnisbefriedigung und Rechtsdurchsetzung zu helfen, an alte Menschen in zeitlich begrenzten Problemsituationen und versucht, diesen bei Alterns- und Altersproblemen zu helfen, und an alte Menschen, die dauerhafte Behinderungen nicht selbständig überwinden können.

Aus diesen Aufgabenstellungen lassen sich nun diverse Arbeitsfelder und Tätigkeitsbereiche der Altenhilfe ableiten; so zeigt sich praktische Hilfe konkret in der →Sozialplanung lokaler und regionaler Kommunitäten, in allgemeinen und sozialen Diensten für Ältere und in institutionellen Angeboten z.B. im Bereich der →Altenbildung und der →Vorbereitung auf das Alter bzw. der Vorbereitung auf spezifische Probleme des Alters. Weiterhin offeriert praktische Altenhilfe →Beratungs- und Vermittlungsdienste und →therapeutische Angebote. Sie engagiert sich in der Förderung von →Selbsthilfeorganisationen und -gruppen, der →Aus-, Fort- und Weiterbildung und →Supervision von in der Altenarbeit Tätigen, der Vertretung, Vermittlung und Weitergabe der Anliegen Älterer z.B. an politische Einrichtungen sowie einer praxisorientierten Forschung.

Zuständig für die Altenhilfe ist der kommunale Sozialhilfeträger. Er gewährt die Altenhilfe lediglich "ergänzend". Bezüglich der Altenhilfeangebote lassen sich solche ambulanter, offener, halboffener/teilstationärer und geschlossener/stationärer Art unterscheiden:

- Ambulante Altenarbeit umfaßt beispielsweise Haus-Notruf-Dienste, Essen auf Rädern, Mobile Soziale Hilfsdienste, organisierte Nachbarschaftshilfe, sozialpflegerische Dienste, Besuchsdienste, Fahr- und Begleitdienste, zentrale Hilfsvermittlungen;
- offene Altenarbeit realisiert sich in Altentagesstätten, Altenclubs, Bildungsangeboten und -veranstaltungen, stationären Mittagstischen, Altenerholungsmaßnahmen;
- teilstationäre Arbeit vollzieht sich z.B. in Tages- und Kurzzeitpflegeeinrichtungen, Altenwohnungen mit Betreuungszentren;
- stationäre Altenarbeit gibt es in Alten- (Wohn-/Pflege-) Heimen und →Rehabilitationseinrichtungen.

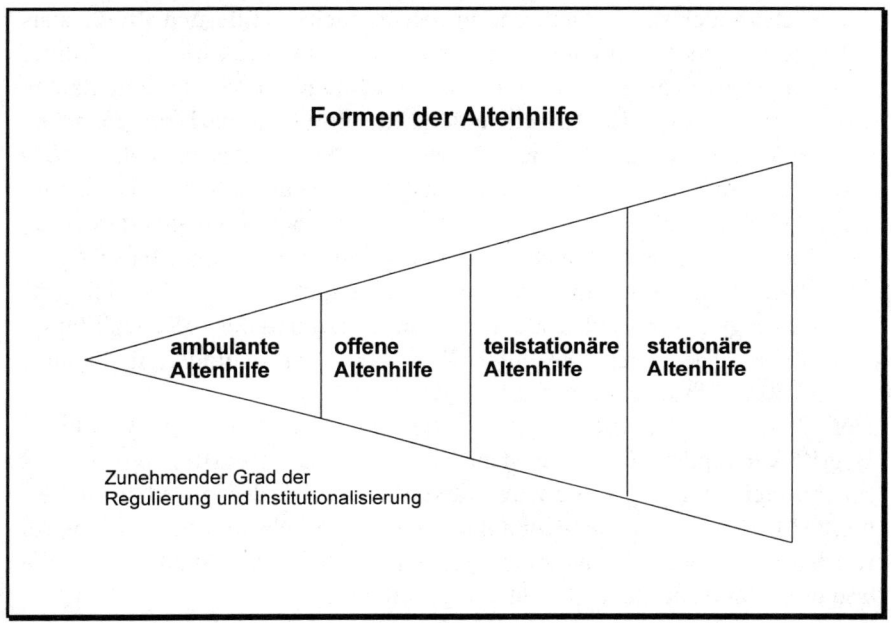

Formen der Altenhilfe

| ambulante Altenhilfe | offene Altenhilfe | teilstationäre Altenhilfe | stationäre Altenhilfe |

Zunehmender Grad der Regulierung und Institutionalisierung

Die Methoden und Arbeitsformen in der Altenhilfe unterscheiden sich kaum von denen der (sozial-) pädagogischen Zuwendung zu anderen Gruppen Erwachsener (z.B. Randgruppenarbeit, Sozialarbeit) - zumindest kann das theoretisch so behauptet werden. In der Realität ist die Altenhilfe vielmehr geprägt von Altersbildern, die sich an die Defizittheorie bzw. an die Disengagement-Theorie anlehnen.[6] Vor diesem Hintergrund ist zu fordern, daß der alte Mensch nicht als passives Betreuungsobjekt gesehen wird, das es zu beschäftigen gilt: Angemahnt wird die Einbeziehung der älteren Menschen in die →Altenhilfeplanung und -durchführung selbst oder - anders formuliert - die Förderung und Einbeziehung der Eigeninitiative der älteren Menschen. Des weiteren wird auch eine (arbeits-) organisatorische Umgestaltung der Einrichtungen der Altenhilfe und ihrer Angebote gefordert. Dies geschieht vor dem Hintergrund, daß zum einen die selbständige Lebensführung der hilfebedürftigen Menschen (i.w.S.) so lange als möglich erhalten werden soll; zum anderen wird angesichts der wachsenden Zahl der älteren und (sehr) alten Men-

---

[6] vgl. Schmidt & Zeman, 1988.

15

schen auch die Kostenfrage in den Bereichen Hilfe und Pflege stärkere Berücksichtigung finden müssen. Daraus resultiert der immer lauter werdende Ruf nach einem verstärkten Ausbau der ambulanten und teilstationären Angebote der Altenhilfe (z.B. nach pflegerischen und hauswirtschaftlichen Diensten, →Beratungsangeboten, Angeboten zur sozio-kulturellen Integration, Kurzzeit- und Tagespflegeplätzen). Weiterhin wird verstärkt die Einbeziehung des familiären und nachbarschaftlichen Netzwerkes, in dem die alten Menschen leben, propagiert. Ein dritte Forderung ergibt sich aus der vielerorts beklagten Vernachlässigung der Prävention und der →Rehabilitation älterer Menschen, die durch Krankheit oder Behinderung in ihrer Lebensführung eingeschränkt werden.[7]

Der Begriff "Altenarbeit" wird weitgehend synonym zum Altenhilfe-Begriff verwendet. Eine eigenständige definitorische Festlegung existiert für ihn nicht. Im Gegensatz zum Altenhilfe-Begriff, der zuweilen mit seinen "Hilfe"- und "Pflege"-Konnotationen als vorbelastet angesehen wird, werden dem Begriff "Altenarbeit" jedoch ganzheitliche, emanzipatorische und grenzüberschreitende Etikette angeheftet.[8]

1.1.2 Altenerziehung und Altenbildung

Der Begriff "Altenerziehung" wird in der Literatur wie im landläufigen Gebrauch kaum verwendet. Dahinter steht die Auffassung, erwachsene und erst recht ältere Menschen hätten Erziehung nicht mehr nötig, "Erziehung" sei vor allem etwas für Kinder und Jugendliche.

Damit liegt allerdings ein falscher Gebrauch des Wortes "Erziehung" - mit ihm werden dann Unmündigkeit, Lenkung u.a. assoziiert - vor. Dem ist folgender Erziehungsbegriff entgegenzusetzen:
"Erziehung sollen jene Anlässe, Prozesse und Maßnahmen heißen, die beim Menschen positiv bewertete Einstellungen, Haltungen und Verhaltensweisen bewirken können, die seinen Horizont weiten und ihn zu verantwortlicher Selbstbestimmung reifen lassen. Im weiteren Sinne meint Erziehung auch jene Aktivitäten und organisatorischen Gestaltungen, die neben der Selbständigkeit und Verantwortlichkeit

---

[7] Weitere Forderungen bei: Hammer, 1994, S. 23 ff.
[8] vgl. Hammer, 1994, S. 17 ff.

der einzelnen die Erneuerung der Gesellschaft, die Propagation der Kultur und Bewahrung der Natur bezwecken und/oder tatsächlich bewirken."[9]

In diesem Sinne kann Erziehung niemals abgeschlossen sein; Wandlungen und Entwicklungen der eigenen Person und der sie umgebenden Umwelt erfordern eine fortwährende Korrektur der genannten "Einstellungen, Haltungen und Verhaltensweisen". Erziehung stellt somit eine lebenslange Begleiterscheinung und Aufgabe menschlichen Daseins dar. Zum anderen ist eine Gleichsetzung von Erziehung mit Entmündigen, Lenken (im Sinne von Manipulieren) oder abstraktem Wissenserwerb nicht zulässig. Vielmehr ist Erziehung (auch und erst recht im Alter) geprägt von Selbstverantwortlichkeit und Emanzipation, Ganzheitlichkeit und Alltagsbezug. Verengt und verengend erscheint dagegen der Begriff des "Lernens im Alter", da Bildung als Prozeß und vorübergehender Zielzustand nicht allein auf Lernprozesse im Sinne von Wissenserwerb und Verhaltensmodifikation zurückgeführt werden kann. Eine Überbetonung des Lernbegriffes "bleibt in der Gefahr, die eigene Sinnbestimmung zu verfehlen, wie auch die Dimensionen von Erfahrung und Einsicht, von Welterkenntnis und Weltbewältigung auszublenden"[10].

Der Begriff →"Altenbildung" hat sich in der Literatur gegenüber dem Begriff "Altenerziehung" durchgesetzt. Allerdings wird auch dieser skeptisch betrachtet: So reagieren die älteren und alten Menschen vermeintlicherweise ablehnend auf das Wortteil "Alten-"; auf eine noch größere Ablehnung stoßen der Begriff "Altenerziehung" und - wegen ihres Fremdwortcharakters - die Begriffe Gerontagogik/Geragogik. In Anknüpfung an eine solche Kritik aus motivationaler Perspektive verwenden einige dann die Ausdrücke "Seniorenbildung" oder "Weiterbildung im Alter".

Die Anfänge der aktuellen →Altenbildung lassen sich vereinzelt in den fünfziger und vor allem dann in den sechziger Jahren beobachten. In diesem Zeitraum werden erste altenbildnerische Aktivitäten durchgeführt bzw. wird das altenbildnerische Engagement in ersten Ansätzen theoretisch reflektiert und abgesichert. Konkrete Wurzeln liegen hier beispielsweise in der "Pre-retirement-education" (altersvorbereitende Maßnahmen) in den USA. Altenbildnerisches

---

[9] Hamann, 1991, S. 12.
[10] Böhme, 1988, S. 189; vgl. Lehr, 1977, S. 355.

Handeln blieb aber weitgehend auf Wissensbestände der Gerontologie angewiesen; eine eigene alterspädagogische Forschung und Fundierung fand kaum statt. Die →Altenbildungsarbeit der 60er Jahre war vor allem von der Einrichtung und Begleitung von Altenbegegnungsstätten und Altenclubs bestimmt. In den 70er Jahren entwickelte sich die →Altenbildung dann zu einem eigenständigen pädagogischen Arbeitsfeld; es wurden ansatzweise altenpädagogische Konzepte entwickelt und systematische Überlegungen angestellt, die auch davon gekennzeichnet waren, daß sich ein Wandel im Altersbild (von der Defizit- und Disengagement-Sichtweise zur Aktivitätstheorie) vollzog.

Die →Altenbildung umfaßt neben der Bildung für, mit und durch ältere Menschen auch die Bildung für das Älterwerden, d.h. die →Vorbereitung auf das Alter (im Sinne von Altersbildung), und die Bildung von Menschen, die in der Altenarbeit/-bildung tätig (→Aus-, Fort- und Weiterbildung) sind. Sie gilt als Teil der Sozialpädagogik einerseits und der Erwachsenenbildung andererseits. Die konkrete →Altenbildungsarbeit orientiert(e) sich an unterschiedlichen Konzeptionen und Grundüberlegungen, so beispielsweise an Überlegungen zum lebenslangen Lernen oder der Allgemeinbildung, an Prinzipien der Selbständigkeit und Selbstbestimmtheit, der Emanzipation und der Ganzheitlichkeit. Für die →Altenbildungsarbeit wurden aufgrund unterschiedlicher Sichtweisen des Alters verschiedenste Zielvorgaben formuliert:[11]

- die Vermeidung von Abbauerscheinungen im Alter (Hintergrund: Defizit- und Disusetheorie),
- die Bewältigung von anstehenden Entwicklungsaufgaben (Hintergrund: Ansatz der Entwicklungsaufgaben),
- die Ermöglichung von Lebenszufriedenheit (Hintergrund: Kontinuitätstheorie u.a.),
- die Schaffung von Chancengleichheit für die ältere Generation (z.B. für Frauen; Hintergrund: gesellschaftskritische Ansätze),
- die →Vorbereitung auf Alter und Ruhestand.

Zugleich entwickelte sich aber auch immer mehr das Bewußtsein dafür, daß die älteren Generationen keine homogene Zielgruppe darstellen, sondern soziale und individuelle Unterschiede in der →Altenbildungsarbeit eine Berücksichtigung finden müssen.

---

[11] vgl. Bubolz-Lutz, 1984; Haske, 1991.

Begründet wurde und wird das bildnerische Engagement für und mit alten Menschen aus unterschiedlichen Sichtweisen; so gelten als (Hinter-) Gründe für die →Altenbildung:[12]

- die demographische Entwicklung (höhere Lebenserwartung, niedrigere Geburtenquoten u.a.) - auf den Nenner gebracht in Schlagworten wie "Überalterung" oder "Ergrauung" der Gesellschaft,
- die erhebliche Verlängerung der nachberuflichen oder nachfamiliären Lebensphase hin zur längsten Phase des Lebenslaufs überhaupt,
- das Entstehen neuer Altersgruppen (z.B. der "neuen Alten"), deren Rollenmuster noch relativ diffus und unbestimmt sind,
- der allgemeine Bildungsanspruch, der auch für Menschen im Alter nicht an Gültigkeit verliert,
- die Einsicht in die Notwendigkeit lebenslangen Lernens über die Berufsarbeitszeit hinaus,
- ökonomische Überlegungen, die eine Entlastung des Gesundheits- und Sozialetats durch Förderung der Selbständigkeit der älteren Generationen erwarten,
- die Vorbereitung auf nachberufliche Tätigkeiten,
- die wachsende politische Bedeutung der Gruppe der alten Menschen,
- Befürchtungen, die ein Anwachsen des Generationenkonflikts ("Krieg der Generationen") kommen sehen und ein Nebeneinander oder, schlimmer noch, ein Gegeneinander der Generationen erwarten,
- Erfahrungen aus der Erwachsenenbildung, die eine unterdurchschnittliche Teilnahme älterer Menschen aufzeigen,
- das berufliche Unausgelastetsein pädagogischer Berufe angesichts rückläufiger Zahlen an Kindern und Jugendlichen (ein eher polemisches Argument),
- positive Forschungsergebnisse bezüglich der Lern- und Bildungsfähigkeit im Alter,
- Forschungsergebnisse, die belegen, daß die Teilnahme an Altenbildungsmaßnahmen einen Beitrag zum Wohlbefinden im Alter leistet und eine "Existenznotwendigkeit"[13] im Alter darstellt.

→Altenbildung ist heute in die Kritik geraten; vorgeworfen wird ihr eine Infantilisierung und eine Entmündigung der alten Menschen,

---

[12] vgl. Fülgraff, 1985; Lehr, 1977; Mayring, 1989; Weinbach, 1983; Seidel, 1986; Siebert, o.J.; Straka, 1991.
[13] Lehr, 1977, S. 348.

eine Kolonialisierung ihrer Lebenswelt (z.B. durch aufsuchende oder zugehende Ansätze der Altenarbeit) und damit die sozialplanerische Erfassung und Verschulung einer bislang "freien", nicht verplanten Lebensphase. Weiterhin wird kritisiert, das Angebot altenbildnerischer Maßnahmen suggeriere die Erziehungsbedürftigkeit der älteren Menschen und damit den defizitären Zustand des Alters; dies schade letztlich den alten Menschen selbst mehr, als die Maßnahmen ihnen dann helfen würden. Des weiteren wird die Tatsache kritisch hervorgehoben, daß die →Altenbildungsarbeit bislang nur diejenigen Alten erreicht habe, die von sich aus schon aktiv und selbständig seien und eigentlich solche Maßnahmen "nicht nötig" hätten. Schließlich wird kritisch angemerkt, der →Altenbildungs-Begriff könne nahelegen, es gebe "ein" Alter, und lasse übersehen, daß Alter unterschiedliche Ausprägungen hat, die auch in der Bildungsarbeit ihre Berücksichtigung (bezüglich Zielen, Inhalten, Methoden u.a.) finden müssen; gefordert wird in diesem Zusammenhang eine differentielle →Altenbildung.[14] Dies sind berechtigte Befürchtungen oder Kritikpunkte; sie dürfen jedoch nicht dazu führen, "das Kinde mit dem Bade auszuschütten", also die →Altenbildung als Ganzes zu verurteilen und abzulehnen. Vielmehr geht es darum, →Altenbildungsangebote so zu gestalten, daß derartig befürchtete oder tatsächlich eingetretene Nebenerscheinungen nicht auftreten können.

1.1.3 Gerontagogik, Geragogik und Sozialgeragogik

Die Literatur über alterspädagogische Fragen wird weitgehend von den Begriffen "Geragogik" und "Gerontagogik" bestimmt; hinzu tritt zuweilen - als eine besondere Akzentuierung - der Begriff "Sozialgeragogik". Eine Trennlinie zwischen den beiden ersteren zu ziehen, fällt insoweit schwer, als beide Begriffe zuweilen von den selben Autoren synonym verwendet werden.
Der Begriff "Geragogik" taucht bereits in der zweiten Hälfte der 50er Jahre und verstärkt ab dem Beginn der 70er Jahre auf. Er wird vor allem von Hans Mieskes propagiert und begründet:[15]

---

[14] vgl. Gronemeyer, 1991; Lehr, 1977, S. 356 ff.; Seidel, 1986, S. 52 f.
[15] 1971, S. 279; vgl. Bachmann, 1985, S. 549 ff.; Lehr, 1977, S. 351 f.; Mieskes, 1970; 1971; Veelken, 1981, S. 163 ff.

> "Geragogik heißt: Pädagogik des alternden und alten Menschen. Sie ist die Wissenschaft von den pädagogischen Bedingungen, Begleiterscheinungen bzw. Folgen des Alterungsprozesses."

Der Wissenschaftscharakter der Geragogik wird auch besonders vor dem Hintergrund betont, daß bislang kaum eine systematische Beschäftigung mit altenbildnerischem Handeln und eine wissenschaftliche Fundierung desselben aus pädagogischer Sicht stattfand ("geragogischer Nihilismus im Bereich der Pädagogik").

Der Begriff "Gerontagogik" wurde im Jahre 1962 von Otto Friedrich Bollnow in die wissenschaftliche Diskussion gebracht und später von anderen aufgegriffen. Otto Friedrich Bollnow verwendete diesen Begriff - im Gegensatz zu dem weiter gefaßten Begriff "Geragogik" - im Sinne einer "Lehre von der Erziehung der alten Menschen", die auf der Grundlage einer anthropologischen Betrachtung des Alters konkrete Einwirkungsweisen auf die ältere Generation zu behandeln hätte.[16]

Der Geragogik/Gerontagogik unterliegen in praktischer Hinsicht Aufgaben der Erziehung und Bildung, Beratung und Begleitung älterer und alt sowie alternder Menschen in präventiv-prophylaktischer (vorbereitender), interventiv-therapeutischer und rehabilitativer Hinsicht. Hinzu treten deren theoretische Fundierung und empirische Untersuchung und Untermauerung, so z.B. die Aufgaben, die pädagogisch relevanten Veränderungen im Alternsprozeß aufzuzeigen und für die geragogische Praxis fruchtbar zu machen. Tätigkeitsbereiche der Geragogik sind somit - allgemein gesprochen - Forschung, Lehre und Praxis.

Als konkrete Aufgabenstellungen der Geragogik/Gerontagogik sind zu berücksichtigen:[17]

- die Untersuchung der pädagogischen Implikationen am Alterungsprozeß,
- die Durchführung prophylaktischer und altersvorbereitender Maßnahmen wie beispielsweise Beratung und Information,
- die Hinführung des älteren und alten Menschen zum "Eigentlichen" seines Menschseins,

---

[16] vgl. Bachmann, 1985, S. 549 ff.; Bollnow, 1966; Lehr, 1977; S. 351 f.; Veelken, 1981, S. 163 ff., Weinbach, 1983.
[17] z.B. Mieskes, 1971; Weinbach, 1983.

- die Entwicklung einer "allgemeinen Pädahygiene"[18] für das Alter:
  Darunter sind solche Maßnahmen zu verstehen, die die räumlichen und sozialen Umwelten der alten Menschen so ordnen und beeinflussen, daß sie keine gesundheitliche Beeinträchtigung für dieselben darstellen können;
- der Aufbau eines umfassenden, auf unterschiedliche Bedürfnisse abgestellten Systems von pädagogischen Betreuungs- und Begleitungsformen - auch in den Bereichen der Regeneration und →Rehabilitation,
- die Errichtung eines Systems von Einzel- und Gruppenbetreuung,
- die →Aus-, Fort- und Weiterbildung von Geragogen.

Wohin eine solche alterspädagogische Disziplin oder Forschungsrichtung gehört, darüber bestehen unterschiedliche Ansichten bzw. Unklarheit: Die Geragogik/Gerontagogik wird zum einen als Teil einer Pädagogik der Lebensalter - im Sinne einer gerontologischen Pädagogik - angesehen. Zum anderen wird die Geragogik/Gerontagogik aber auch als Unterdisziplin der Gerontologie - im Sinne einer pädagogischen Gerontologie oder als Teilgebiet der Interventionsgerontologie - betrachtet. Egal, wohin man die Geragogik/Gerontagogik rechnet - ich sehe sie als eine pädagogische Teildisziplin an[19] -, bedeutsam ist, daß sie auf die intensive Zusammenarbeit mit anderen gerontologischen Disziplinen wie beispielsweise der Altersmedizin, der Alterspsychologie oder der Alterssoziologie angewiesen ist.

Der Begriff "Sozialgeragogik" wird vor allem vom Gerontologen Ludger Veelken[20] verwendet. Ihre Hauptaufgabe besteht seiner Ansicht nach darin, "vor dem Hintergrund neuer gerontologischer Forschungsergebnisse - in Vernetzung mit Erkenntnissen transpersonaler Anthropologie und Sozialwissenschaften - die Bedingungen der Individualisierung des Subjektes als mit sich identischer Person, die sich in einem weiteren Wachstumsprozeß befindet, herauszuarbeiten und die gesellschaftlichen Faktoren zu beschreiben, die einerseits förderliche, andererseits einschränkende Funktion für die Handlungskompetenz und Identitätsgenese im dritten Lebensalter haben"[21]. Die Sozialgeragogik sucht, Ergebnisse gerontologischer Grundlagenforschung in praktisches Handeln umzusetzen, Hand-

---

[18] Mieskes, 1971, S. 282.
[19] vgl. Klingenberger, 1992.
[20] 1981; 1990; 1994.
[21] Veelken, 1990, S. 55.

lungsmodelle zu erarbeiten und zu erproben, um Wachstum und personale Entfaltung älterer und alter Menschen zu ermöglichen.

Auf den Begriff "Sozialgeragogik" kommt Ludger Veelken[22] zum einen dadurch, daß er ihn als eine Fortschreibung des "Sozial-Pädagogik"-Begriffes, den er auf das Jugendalter einschränkt, ansieht, und zum anderen durch seine Überbetonung der Sozialisation, die er als ein der Erziehung übergeordnetes Phänomen ansieht.

In der englischsprachigen Literatur wird schließlich noch der Begriff "Educational Gerontology" verwendet. Er kam in stärkerem Maße am Anfang der 70er Jahre auf und diente auch als Titel einer 1976 in den Vereinigten Staaten begründeten Zeitschrift. Innerhalb der "Educational Gerontology" wird unterschieden zwischen der "Erziehung für Ältere" ("education for older people" oder "instructional gerontology"), der "Erziehung über/für das Altern" ("social gerontology" oder "education about aging") und der "Erziehung von AltenbildnerInnen" ("education of professionals and paraprofessionals" oder "gerontology education").

Im angloamerikanischen Sprachraum ist weiterhin der Begriff "Eldergogy" vorgeschlagen worden. Im deutschen Sprachraum werden gelegentlich auch noch die Begriffe "Alterspädagogik" und "Altenpädagogik" verwendet.

1.1.4 Abschließende Begriffsklärungen

Im folgenden möchte ich eine zusammenfassende Begriffsklärung der zuvor erörterten und in dieser Arbeit verwendeten Begriffe vornehmen:

Der Begriff "Altenhilfe" umschreibt den durch das Bundessozialhilfegesetz näher definierten Tätigkeitsbereich der Arbeit für und mit älteren Menschen mit präventiver, interventiver und rehabilitierender Absicht. "Altenhilfe" kann als Oberbegriff für alle pädagogischen, therapeutischen oder sozialfürsorgerischen Aktivitäten stehen, die sich an ältere oder alte Menschen richten oder der →Vorbereitung auf Alter und Ruhestand dienen (vgl. begriffliche Analogien zu Jugendhilfe, -arbeit, -bildung). Das Schlagwort "Altenarbeit" ist demgegenüber kein abgesicherter Begriff, der aber trotzdem vielfach analog zum Altenhilfebegriff verwendet wird.

---

[22] 1990, S. 48 ff.

Der Begriff "Altenerziehung" wird wegen seiner negativen Konnotationen und der damit verbundenen motivationalen Auswirkungen bei der davon angesprochenen Zielgruppe - auch in der vorliegenden Arbeit - kaum verwendet. Wenn im folgenden von →Altenbildung die Rede ist, so sollen damit all jene Angebote und Maßnahmen verstanden werden, die den älteren oder alten Menschen dazu befähigen, den sich ihm stellenden Aufgaben in angemessener Weise gerecht zu werden bzw. gerecht werden zu wollen, wobei besonders die anthropologische Verfaßtheit und die ökologische Eingebundenheit des Individuums sowie die historisch-biographischen Umstände Beachtung finden sollen.

In diesem Zusammenhang kann man gegebenenfalls zwischen "→Altenbildung in engerem Sinne" und "→Altenbildung im weiteren Sinne" unterscheiden: Unter "→Altenbildung i.e.S." wären explizite Bildungsmaßnahmen zu verstehen, die den Mitgliedern der älteren Generation angeboten werden. "→Altenbildung i.w.S." umfaßt zusätzlich alle indirekten Maßnahmen, die auf die Lebenszufriedenheit, auf das Wohlbefinden und Sinnerleben dadurch positiv Einfluß nehmen, daß Lebensbedingungen gestaltet oder beeinflußt werden.

Analog dem Kinder- und Jugendhilfegesetz wird für das Begriffsdreieck "Altenhilfe - Altenbildung - Altenarbeit" folgende Zuordnung vorgeschlagen: "Altenhilfe" ist der übergeordnete Begriff; Teil der "Altenhilfe" ist die "→Altenbildung", der wiederum die "Altenarbeit" als spezifisch problemlagenorientierter Tätigkeitsbereich untergeordnet ist - ich spreche hier im folgenden von der →Alten(sozial-)arbeit:

Grundlegende Begriffe

Altenhilfe
= die Arbeit für und mit älteren und alten Menschen mit präventiver, interventiver und rehabilitierender Absicht (gemäß BSHG)

Altenbildung
= direkte und indirekte Maßnahmen, die auf Wohlbefinden, Lebenszufriedenheit und Sinnerleben positiv Einfluß nehmen

Altenarbeit
= problemlagen- und sozial-orientierter Tätigkeitsbereich

In der vorliegenden Arbeit wird der Begriff "Geragogik" bevorzugt verwendet - dies vor allem deswegen, weil er - betrachtet man seine Entstehungsgeschichte so wie die des Begriffes "Gerontagogik" - der umfassendere zu sein scheint. Dabei verstehe ich unter Geragogik die Theorie und die Praxis pädagogischen Handelns mit, für und durch alte Menschen. Die theoretische Geragogik umfaßt die Beschreibung und Erklärung altenpädagogisch relevanter Wirklichkeiten und die Formulierung von Erziehungs- und Bildungslehren für die Arbeit mit ihrer Zielgruppe, den älteren und alten Menschen. Die praktische Geragogik befaßt sich vor allem mit Maßnahmen der Altenbildung, aber auch mit den Aufgabenfeldern der →Aus-, Fort- und Weiterbildung von Mitarbeitern, der →Angehörigenarbeit, der →Träger- und Politikberatung sowie mit den Grenzbereichen der →Altenpflege, →Altenpastoral und →Altentherapie.

📖 Literatur

Bachmann, Walter (1985). Geragogik - ein Aufgabenbereich der Heilpädagogik. *Zeitschrift für Heilpädagogik, 36* (8), 549-561.

Böhme, Günther (1988). Pädagogische Theorie des Alters. *Hessische Blätter für Volksbildung, 38*, 188-193.

Bollnow, Otto-Friedrich (1966). Das hohe Alter. In Bollnow, Otto-Friedrich, *Krise und neuer Anfang: Beiträge zur pädagogischen Anthropologie* (S. 48-60). Heidelberg: Quelle & Meyer.

Bubolz-Lutz, Elisabeth (1984). *Bildung im Alter: eine Analyse geragogischer und psychologisch-therapeutischer Grundmodelle* (2. neu gefaßte Aufl.). Freiburg: Lambertus.

Fülgraff, Barbara (1985). Altenbildung. In Raapke, H.D. & Schulenberg, W. (Hrsg.), *Didaktik der Erwachsenenbildung* (S. 260-277). Stuttgart.

Hohmeier, Jürgen & Mennemann, Hugo (1995). Paradigmenwechsel als reflexive Modernisierungsstrategie in der sozialen Arbeit. *Neue Praxis, 25* (4), 372-382.

Lehr, Ursula (1977). Die Thematik der Bildung in der Gerontologie. *Actuelle Gerontologie, 7*, 343-361.

Mayring, Philipp (1989). *Gerontologie und Pädagogik* (Augsburger Berichte zur Entwicklungspsychologie und Pädagogischen Psychologie, Nr. 42). Augsburg: Forschungsstelle für Pädagogische Psychologie und Entwicklungspsychologie.

Mieskes, Hans (1970). Geragogik - Pädagogik des Alters und des alten Menschen. *Pädagogische Rundschau, 24*, 90-101.

Mieskes, Hans (1971). Geragogik - ihr Begriff und ihre Aufgaben innerhalb der Gerontologie. *Actuelle Gerontologie, 1* (5), 279-283.

Schmidt, Roland & Zeman, Peter (1988). Die Alterskultur der Altenhilfe: Rückzugsnische, Aktivprogramm, neues Alter? In Göckenjan, Gerd & Kondratowitz, Hans Joachim von (Hrsg.), *Alter und Alltag* (S. 270-295). Frankfurt: Suhrkamp.

Siebert, Horst (o.J.). Lernen ist Leben - Wissenschaftliche Erkenntnisse und offene Fragen zur Altenbildung. In Ehmann, Christoph u.a., *Die Alten - eine besondere Zielgruppe für die Weiterbildung?* (Veröffentlichungen zur Weiterbildung, H. 8). (S. 17-21). Hamburg: Amt für Berufs- und Weiterbildung.

Straka, Gerald A. (1991). Altenbildung. In Roth, Leo (Hrsg.), *Pädagogik: ein Handbuch für Studium und Praxis* (S. 640-648). München: Ehrenwirth.

Veelken, Ludger (1981). *Soziale Geragogik: Soziologische und sozialpädagogische Hilfen zur Altersvorbereitung und zur Daseinsbewältigung im Alter.* Frankfurt: Haag + Herchen.

Weinbach, Irmgard (1983). *Alter und Altern: zur Begründung eines gerontagogischen Ansatzes.* Frankfurt: Diesterweg.

1.2 Zum Begriff der "ganzheitlichen Altenpädagogik"

Unter dieser Überschrift soll die Frage aufgeworfen und beantwortet werden, ob es ein allgemeines und bestimmendes Prinzip für die altenpädagogische Beschäftigung mit, für und durch ältere Menschen geben kann - ein Prinzip, das geragogisches Denken und Forschen, Planen, Handeln und Auswerten bestimmen oder kurz: als ein Systemprinzip der Geragogik angesehen werden kann. Es geht in diesem Zusammenhang darum, ein Prinzip oder einen Grundgedankengang zu finden, der die (Erziehungs- und Bildungs-) Wirklichkeit konstituieren, somit ein Grundraster für die Erforschung und theoretische Erfassung derselben erstellen und praktisches Handeln leiten kann. Als ein solches Prinzip soll im folgenden das der "Ganzheitlichkeit" vorgeschlagen und näher erörtert werden. Damit wird für dieses Prinzip allerdings keine Allgemeingültigkeit oder Ausschließlichkeit postuliert; andere Leitprinzipien sind durchaus denkbar, ja wahrscheinlich sogar notwendig.

Die Begriffe der "Ganzheit" oder "Ganzheitlichkeit" stellt in unseren Tagen Modebegriffe dar; sie werden auch als "Wärmemetaphern" oder "Plastikwörter" bezeichnet[23]. Nicht zuletzt im Zusammenhang mit Denkweisen, wie sie etwa zum Ausdruck kommen in den sogenannten "Neuen Sozialen Bewegungen" (Friedens- und Umweltbewegung sowie Neue religiöse Bewegungen, z.B. New Age und Esoterik), wurde dieser Begriff - zusammen mit dem des "Holismus" - besonders propagiert. Dabei verbinden sich mit diesen Schlagworten jeweils unterschiedliche Inhalte mehr oder weniger fundierter und seriöser Art. Diese Begriffe haben auch in die wissenschaftliche und wissenschaftstheoretische Diskussion Eingang gefunden: Hier wird ganzheitliches, holistisches Denken als "Gegen"-Paradigma zum mechanistischen und monokausalen Denken angesehen, von dem verantwortungsvolles gesellschaftliches Handeln und geistige Erneuerung erwartet wird.

Auch in der Geragogik wird als notwendiges Prinzip immer wieder die Ganzheitlichkeit gefordert[24]; doch wurde der Begriff bislang inhaltlich nur wenig systematisch und für die Praxis umsetzbar gefüllt.

---

[23] vgl. Treml, 1992, S. 147
[24] vgl. Haske, 1991; Kruse, 1991; Veelken, 1986.

Einig ist man sich lediglich darin, daß die Person des alten Menschen und die sie umgebenden Umwelten nicht ausschließlich aus einer (Wissenschafts-) Richtung betrachtet werden dürfen (z.B. Medizin, Psychologie, Soziologie), sondern daß eine möglichst umfassende Betrachtung notwendig ist, auch in der Weise, daß der Mensch und seine Lebenswelt als etwas Ganzes gesehen werden. Nur eine solche Betrachtung kann letztlich der Frage nach dem Sinnerleben und der Sinnerfahrung im Alter gerecht werden - eine Frage, die aus anthropologischer Perspektive keinesfalls ausgeschlossen werden darf.

Meines Erachtens müssen im Rahmen einer ganzheitlichen Geragogik drei Hauptbereiche eine Berücksichtigung finden: Zum einen hat sich eine ganzheitliche Geragogik an der anthropologischen Verfaßtheit des älteren und alten Menschen zu orientieren; die wesentlichen Züge des Menschseins gelten auch für das Alter und dürfen in der pädagogischen Zuwendung zu der älteren Generation nicht übersehen werden; hinzu kommen noch die spezifischen Ausführungen zur Anthropologie des Alters[25]. Zum anderen dürfen die Umwelten (im weitesten Sinne), in denen der ältere und alte Mensch lebt, nicht vernachlässigt werden. Hier gilt es, grundlegende Aussagen der Ökologischen Sozialisationsforschung oder der Systemtheorie aufzugreifen und für die Geragogik fruchtbar zu machen. Schließlich muß beachtet werden, daß die älteren Generationen sowohl in individueller als auch in sozialer Perspektive biographische und historische Vorgeschichten haben sowie in einer je individuellen und auch kollektiven Zukunft weiterleben werden.

Die Berücksichtigung dieser Dimensionen ganzheitlichen Denkens und Forschens macht schließlich auch die Vielfalt und Zusammenarbeit unterschiedlicher Forschungsrichtungen erforderlich.

---

[25] vgl. z.B. Auer, 1995; Bock, 1984, S. 123 ff.

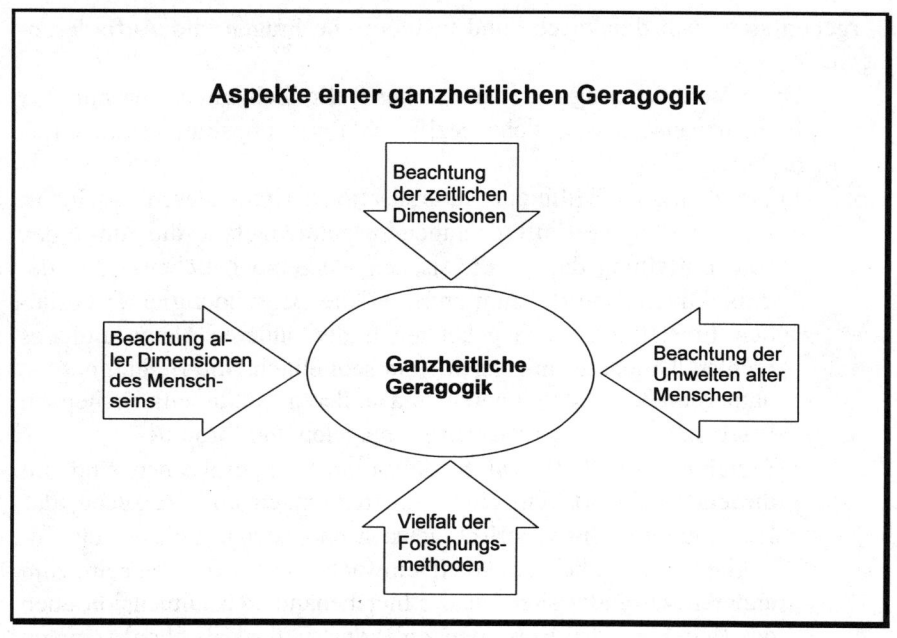

1.2.1 Der alte Mensch...

Pädagogisches Denken und Handeln dürfen den Menschen - als ihren zentralen Gegenstand - in seiner Wesenhaftigkeit nicht aus dem Blick verlieren. Das erzieherische Geschehen ist wesentlich von der menschlichen Wesensart bestimmt und geleitet. Erziehung und Bildung haben einen Beitrag zur Anthropogenese, zur Menschwerdung zu leisten und somit den Menschen in seiner Ganzheit zu berücksichtigen und zu fördern. "Anthropologische Einsichten ... (die Einblicke in biologische, psychische und soziale Grundbefindlichkeit einschließen) müssen - auch wenn sie begrenzt sind - als Grundlage pädagogischen Handelns angesehen werden."[26] Die Grundbestimmung und Grundbefindlichkeit des Menschen sowie seine innere Struktur sind Fundamente der Zielvorgaben und Leitprinzipien pädagogischen (und somit geragogischen) Handelns. Von daher

---

[26] Hamann, 1979, S. 29.

ergeben sich auch didaktische und methodische Fragen und Anforderungen.

Unter Berücksichtigung eben solcher Befindlichkeiten menschlicher Existenzweise lassen sich spezifische Erziehungsdimensionen formulieren:[27]

1) Erziehung als "Hilfe zur Naturalisation": Unter diesem Stichwort werden alle jene Einflußnahmen zusammengefaßt, die zum einen "die Entfaltung des im Physischen wurzelnden Lebens (d.h. der 'subjektiven' Natur)", zum anderen "die Begründung einer gesunden Einstellung zu Gegebenheiten der äußeren Natur und des rechten 'Umgangs' mit ihnen" und schließlich "die Befähigung zu naturgemäßen - der inneren und äußeren Natur entsprechenden Erlebens- und Verhaltensweisen" anzielen und fördern[28].

2) Erziehung als "Hilfe zur Sozialisation": Angesprochen sind mit diesem Stichwort zum einen Anstrengungen und Versuche, das Individuum in die historisch gewachsene, soziale Lebenswelt einzugliedern bzw. bei seinem Hineinwachsen behilflich zu sein; zum anderen verbindet sich mit der hier behandelten Dimension auch das Bemühen, den Einzelnen zur (konstruktiv-kritischen) sozialen Handlungsfähigkeit zu befähigen.

3) Erziehung als "Hilfe zur Enkulturation": Auch hier geht es wieder um zwei Formen der Hilfe - um die Förderung des Eintretens in die spezifische Kulturwelt (mit bestimmten vorgegebenen Werten und Normen) und um die Ermächtigung zu kultureller Aktivität, Kreativität und Produktivität.

4) Erziehung als "Hilfe zur Spiritualisation": Im Rahmen dieser pädagogischen Dimension geht es um das Erleben und Erfahren von wert- und sinnerfülltem Leben sowie um die Förderung einer "geistigen Lebensform". Zur Verdeutlichung, was Spiritualisation meinen kann, soll auf einen weiten Spiritualitätsbegriff zurückgegriffen werden:[29] Zum einen ist eine spirituelle Haltung charakterisiert durch die Problematisierung und das "Nicht-selbstverständlich-nehmen" des Daseins in der Welt; dieses kann dabei (auch) als leidvoll und "erlösungsbedürftig" erlebt werden. Zum

---

[27] vgl. Hamann, 1981, S. 31 f.; 1988, S. 17 f.; 1989, S. 18 ff.; 1993.

[28] Hamann, 1991, S. 18.

[29] Fuchs, 1995, S. 17.

30

anderen gehört zur Spiritualität eine Vorstellung von einem anderen Leben im Diesseits und/oder im Jenseits; Leid wird dann geheilt, Fragmentarisches vollendet. Und schließlich ist ein Kennzeichen von Spiritualität das "Wissen" von einem oder mehreren Wegen von der einen in die andere Welt. Spiritualisation meint dann den Aufbau einer solchen Weltsicht und Geisteshaltung.

Eine fünfte Dimension erzieherischen Handelns - sie bezieht sich auf die Personalität des Menschen - ist die Personalisation: "Personalisation ist das Insgesamt jener Lern- und Formungsvorgänge (sowohl im Sinne von Prozeß wie von Resultat), die am 'Aufbau der Person' beteiligt sind. Personalisation liegt sozusagen quer zu Naturalisation, Sozialisation, Enkulturation und Spiritualisation."[30] Dabei ist zu berücksichtigen, daß in den jeweiligen Dimensionen oder Teilbereichen der Persönlichkeit unterschiedliche Entwicklungsstände vorliegen bzw. unterschiedliche Entwicklungsverläufe zu beobachten sein können.

Den Zweck und den - immer nur sich als vorübergehend sich erweisenden - Zielzustand erzieherischen Handelns stellt die "Bildung" dar. Gebildet ist derjenige, der den ihm begegnenden, berechtigten Ansprüchen (aus der menschlichen, dinglichen, naturhaften, geistigen oder übernatürlichen Welt) gegenüber eine solche Haltung zeigt, aus der heraus er diesen Ansprüchen angemessen gerecht zu werden versucht.[31]

Der (alte) Mensch ist ein soziokulturelles, naturhaftes, geistig-religiöses und personales Wesen. Erziehung und Bildung - und somit auch die Pädagogik und die Geragogik - haben diese unterschiedlichen Dimensionen des Menschseins in ihrem Denken und Handeln widerzuspiegeln und zu berücksichtigen. Hinzu kommen aber noch weitere Spezifika des Menschseins, die bislang noch nicht genannt wurden, so z.B. das Unterbewußte/Unbewußte des Menschen.

---

[30] Hamann, 1989, S. 19.
[31] vgl. Hamann, 1989, S. 19.

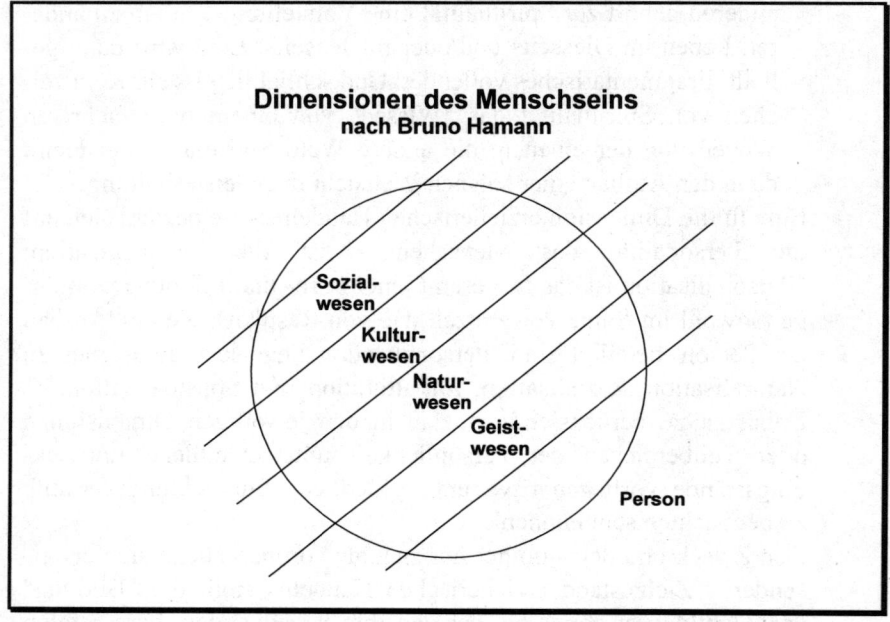

Dimensionen des Menschseins
nach Bruno Hamann

Sozial-
wesen

Kultur-
wesen

Natur-
wesen

Geist-
wesen

Person

Weitere Erkenntnisse über den alten Menschen ergeben sich aus der Anthropologie des Alters.[32]

1.2.2 ... seine Umwelt ...

Identitätsbildung und Personagenese konstituieren sich in der Konfrontation und Auseinandersetzung mit unterschiedlichen Umwelten (die ihrerseits geschichtlich geworden sind). Pädagogische Hilfen und Angebote - auch für ältere und alte Menschen - haben diese Umwelten in ihre Überlegungen und Planungen miteinzubeziehen.

In der (Alten-) Pädagogik werden solche Erörterungen unter dem "Ökologie"-Begriff erörtert. Ökologische Ansätze richten ihre Aufmerksamkeit auf die Alltagsumwelten von Menschen und betrachten deren räumlich-regionale, materiale, gesellschaftliche und geschichtlich-kulturelle Aspekte - unter Einsatz möglichst "naturalistischer" Methoden.[33]

---

[32] vgl. z.B. Auer, 1995; Bock, 1984, S. 123 ff.
[33] vgl. Reck-Hog, 1994, S. 148.

Urie Bronfenbrenner[34] unterscheidet zwischen vier Umweltsystemen, in denen der/die Einzelne steht:

1) das Mikrosystem (personenbezogene Beziehungen im engeren, zuerst relevanten Lebensbereich; z.B. die Familie),

2) das Mesosystem (Beziehungen zwischen mehreren Lebensbereichen, an denen das Individuum partizipiert; z.B. Elternhaus-Schule),

3) das Exosystem (Lebensbereiche, an denen das Individuum nicht direkt partizipiert, die aber die Beziehungen in den eigenen Lebensbereichen beeinflussen) und

4) das Makrosystem (als die zuvor genannten Teilsysteme beinhaltende Sozialsystem mit kulturellen Wertungen).

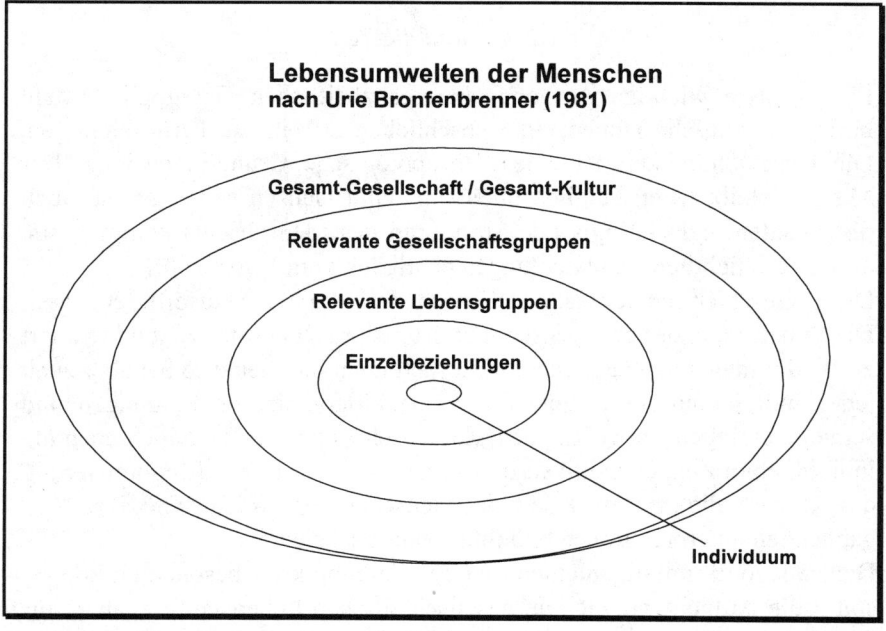

Lebensumwelten der Menschen
nach Urie Bronfenbrenner (1981)

Gesamt-Gesellschaft / Gesamt-Kultur

Relevante Gesellschaftsgruppen

Relevante Lebensgruppen

Einzelbeziehungen

Individuum

Den (sozial-) ökologischen Blickwinkel in einem eher engeren Verständnis nimmt in der Alter(n)sforschung die sogenannte "Ökologische Gerontologie" ein.

---

[34] 1981; vgl. Huschke-Rhein, 1989, S. 22 ff.; Oerter, 1987.

33

"Das Verhalten, Erleben und Wohlbefinden älterer Menschen in der Beziehung zur konkreten räumlich-sozialen Umwelt ist Gegenstand der Ökologischen Gerontologie. Zu ihren Aufgabenstellungen zählen die (a) Theoretisierung der Wechselbeziehungen zwischen Person und Umwelt, (b) die Beschreibung des raumbezogenen Verhaltens und Erlebens älterer Menschen sowie (c) deren Bedingungsanalyse und (d) die Explikation von Möglichkeiten einer Optimierung von Umweltbedingungen für ältere Menschen."[35]

Gerade der letztgenannte Aspekt ist für die Geragogik von besonderer Bedeutung - insbesondere aus dem Blickwinkel der Handlungsform "Arrangieren von Umwelten". Einer solchen Umweltperspektive weiß sich insbesondere die →Gemeinwesenarbeit verpflichtet.

1.2.3 ... und die Zeit

Eine weitere wichtige Aufgabe einer ganzheitlichen Geragogik besteht darin, die zeitliche Dimension menschlichen Daseins zu berücksichtigen. Die Geschichtlichkeit ist eine anthropologische Grunddimension: "Der Mensch bleibt lebenslänglich unterwegs zum Ganzen seiner selbst; auch die sozialen und ökologischen Strukturen des Menschseins kommen erst durch geschichtliche Entwicklungen deutlicher zum Vorschein."[36]

Diese Geschichtlichkeit läßt sich nach drei Aspekten ausdifferenzieren: Die Situation, in der der Mensch lebt, ist historisch gewachsen und tendiert zu bestimmten Ausprägungen und Entfaltungen hin; genauso hat aber auch jedes Individuum seine Zeitachse: seine biographischen Prägungen und seine potentiellen Entwicklungen. Zusätzlich zu nennen sind auch noch die individuellen Zeitperspektiven und -erfahrungen (z.B. die Rhythmisierung des Alltags), die im Bewußtsein der Menschen vorzufinden sind, ihre Vergangenheitsinterpretationen und ihre Zukunftsabsichten.

Der Pädagogik im allgemeinen und der Geragogik im besonderen kommt somit die Aufgabe zu, sich an gesellschaftlichen Lebenslaufvorgaben, individuellen Biographien, altersspezifischen Bedarfslagen und den Lernaufgaben und -bedingungen der einzelnen Lebensphasen zu orientieren.[37]

---

[35] vgl. Saup, 1993, S. 30.
[36] Auer, 1995, S. 73.
[37] vgl. Hamann, 1993, S. 139 ff.

Zu den zu berücksichtigenden Zeitperspektiven gehören also erstens die Vergangenheit sowohl der menschlichen Umwelten (soziale, kulturelle, naturhafte, geistig-religiöse), in denen die alten Menschen leben und mit denen sie alt geworden sind, als auch ihre individuelle, biographische Vergangenheit und deren individuelle Interpretation und Bewertung (auch wieder in Hinsicht auf die vier bzw. fünf Dimensionen menschlichen Seins). "Das Alter ist Teil der Biographie; da jede Person in ihrer Biographie spezifische Formen des Erlebens, Verhaltens und Handelns entwickelt hat, unterscheiden sich ältere Menschen in der Art und Weise, wie sie Aufgaben, Anforderungen und Grenzen erleben und wie sie sich mit diesen auseinandersetzen."[38] Somit stellt sich als eine notwendige Aufgabe der pädagogischen Einflußnahme auf ältere und alte Menschen die Analyse der biographischen Vergangenheit und deren historischen Hintergründe heraus.

Zweitens ist die aktuelle Verfassung der soziokulturellen, naturhaften und geistig-religiösen Umwelt der älteren Generation genauso zu berücksichtigen wie die situative Verfassung der alten Menschen selbst in den bereits aufgezeigten Dimensionen menschlichen Daseins.

Und drittens gilt es, künftige Entwicklungen und Trends auf der Ebene der Umwelten und auf individueller Ebene zu erfassen bzw. zu erahnen und darauf angemessen zu reagieren, d.h. sich darauf vorzubereiten bzw. zu planen.

---

[38] Kruse, 1991, S. 149.

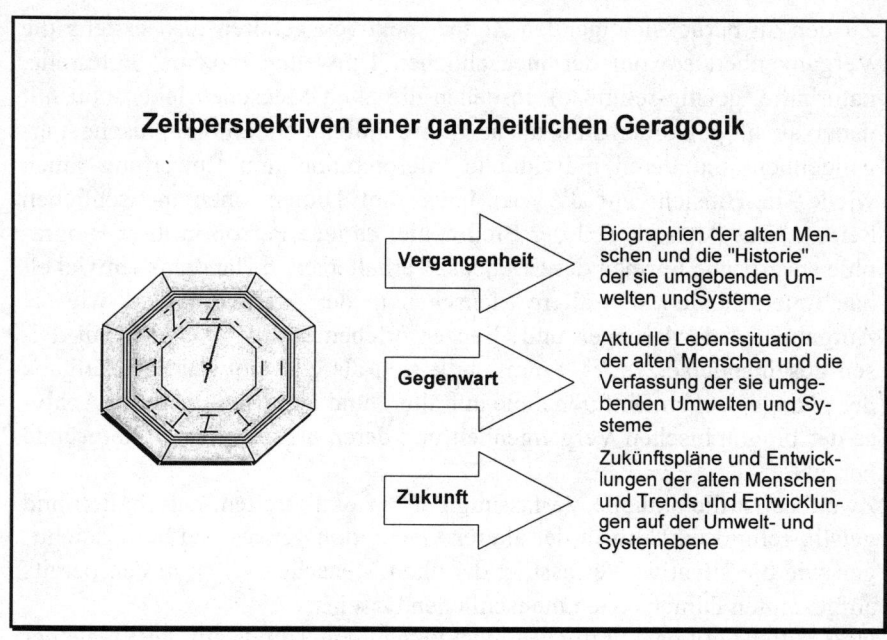

Zeitperspektiven einer ganzheitlichen Geragogik

Vergangenheit → Biographien der alten Menschen und die "Historie" der sie umgebenden Umwelten undSysteme

Gegenwart → Aktuelle Lebenssituation der alten Menschen und die Verfassung der sie umgebenden Umwelten und Systeme

Zukunft → Zukünftspläne und Entwicklungen der alten Menschen und Trends und Entwicklungen auf der Umwelt- und Systemebene

📖 Literatur

Auer, Alfons (1995). *Geglücktes Altern: eine theologisch-ethische Ermutigung* (2. Aufl.). Freiburg: Herder.

Bock, Irmgard (1984). *Pädagogische Anthropologie der Lebensalter: eine Einführung.* München: Ehrenwirth.

Bronfenbrenner, Urie (1981). *Die Ökologie der menschlichen Entwicklung: natürliche und geplante Experimente* (1. Aufl.). Stuttgart: Klett-Cotta.

Fuchs, Ottmar (1995). Wer nicht wächst, der schrumpft... Spiritualität & Erwachsenenbildung. *BAKEB Informationen* (1), 16-20.

Huschke-Rhein, Rolf (1989). *Systemische Pädagogik: ein Lehr- und Studienbuch für Erziehungs- und Sozialwissenschaften* (Bd. III: Systemtheorie für die Pädagogik: Umrisse einer neuen Pädagogik). (1. Aufl.). Köln: Rhein.

Kruse, Andreas (1991). Zum Verständnis des Alternsprozesses aus psychologisch-anthropologischer Sicht. In Oswald, Wolf D. & Lehr, Ursula (Hrsg.), *Altern: Veränderung und Bewältigung* (1. Aufl.). (S. 140-170). Bern: Huber.

Oerter, Rolf (1987). Der ökologische Ansatz. In Oerter, Rolf u.a., *Entwicklungspsychologie: ein Lehrbuch* (2. völlig neu bearb. u. erw. Aufl.). (S. 87-128). München: Psychologie Verlags Union.

Reck-Hog, Ursula (1994). Der sozialökologische Ansatz in der Erwachsenenbildung. In Tippelt, Rudolf (Hrsg.), *Handbuch Erwachsenenbildung/Weiterbildung* (S. 147-158). Opladen: Leske + Budrich.

Saup, Winfried (1993*). Alter und Umwelt: eine Einführung in die ökologische Gerontologie.* Stuttgart: Kohlhammer.

Treml, Alfred K. (1992). *Überlebensethik: Stichworte zur praktischen Vernunft im Horizont der ökologischen Krise.* Tübingen: Schöppe & Schwarzenberg.

Veelken, Ludger (1986). "Ruhestand" und nachberufliche Weiterbildung. In Kühlmann, Michael u.a., Weiterbildendes Studium für Senioren: Schlußbericht des Modellversuchs "Entwicklung und Erprobung eines Studienangebotes für Senioren zur Ausbildung von Animateuren und Multiplikatoren" an der Universität Dortmund Hannover: Arbeitskreis Universitäre Erwachsenenbildung.

1.3 Systematisierung altenpädagogischer Aufgaben- und Handlungsfelder

Will man den Versuch unternehmen, die Aufgaben- und Handlungsfelder der ganzheitlichen Geragogik systematisch darzustellen, so stellt sich die Frage nach dem Systemprinzip, das eine Kategorisierung gewährleisten kann. Hier legt sich zunächst einmal eben das der Ganzheitlichkeit nahe. Es bieten sich aber auch andere Kategorisierungen (z.B. nach Zielgruppen oder nach Handlungsformen) an, die dann jeweils eine ganz spezifische Systematik nach sich ziehen.

Eine trennscharfe Unterscheidung läßt sich in keiner Systematik vollziehen; immer werden Idealtypisierungen und Überlappungen festzustellen sein.

Als Systemprinzipien können zum einen die jeweilige Zielgruppen und zum anderen die Grundformen pädagogischen Handelns zugrunde gelegt werden:

Systematisierung geragogischer Handlungsfelder nach Ganzheitlichkeitsaspekten

Folgt man den vorausgegangenen Erläuterungen zur Ganzheitlichkeit und den dabei dargelegten Dimensionen und Aspekten, so ergibt sich eine mögliche Systematisierungsform der geragogischen Handlungsfelder und Tätigkeitsbereiche:

Die →Alten(sozial)arbeit, die →Seniorenausländerarbeit und die →Begegnung der Generationen fallen dann in den Bereich der sozialen und kulturellen Dimension bildnerischen Handelns (Sozialisation und Enkulturation); die →Gesundheitsförderung kann der naturhaft-leiblichen Dimension zugeordnet (Naturalisation) und die →religiöse und ethische Bildung sowie die →Vorbereitung auf Sterben und Tod können der spirituell-religiösen Dimension (Spiritualisation) subsumiert werden. →Altenbildung und →-beratung sowie die →Selbsthilfe fallen unter den Oberbegriff der Personalisation (personale Dimension).

Mit Blick auf die erörterte Zeitperspektive ganzheitlichen Denkens muß vor allem das →Biographische Arbeiten hervorgehoben werden, während die Formen des Sozialmanagements und der Information und Beeinflussung der öffentlichen und politischen Meinung den Umweltaspekt "abdecken".

Aufgaben- und Handlungsfelder der Altenpädagogik
Klassifikation nach Ganzheitlichkeitsaspekten

Beachtung der zeitlichen Dimensionen

Biographisches Arbeiten

Beachtung aller Dimensionen des Menschseins

Ganzheitliche Geragogik

Beachtung der Umwelten alter Menschen

Alten(sozial)arbeit
Gesundheitsförderung
Religiöse Bildung
Altenbildung und -beratung

Sozialmanagement (Organisationsentwicklung, Gemeinwesenarbeit u.a.)
Öffentlichkeitsarbeit

Systematisierung geragogischer Handlungsfelder nach Zielgruppen

Angehörige der Zielgruppen altenpädagogischer Angebote und Maßnahmen können zum einen die alten Menschen selbst sein; dann spricht man von Altenhilfe, Altenarbeit, →Altenbildung u.ä. Dies können aber auch deren Angehörige und das weitere personale Umfeld sein; dann steht man vor dem weiten Feld der →Angehörigenarbeit bzw. vor der →Gemeinwesenarbeit. Weiterhin stellen die MitarbeiterInnen in geragogischen Arbeitsfeldern selbst eine Zielgruppe geragogischen Handelns dar, das sich dann auf den Bereich der →Aus-, Fort- und Weiterbildung i.w.S. bezieht. Nimmt man die Organisationen in den Blick, in denen diese MitarbeiterInnen tätig sind, so ist die →Organisationsentwicklung als Tätigkeitsbereich zu nennen. Schließlich können auch Träger der Altenhilfe sowie Politiker und politische Gremien angesprochen werden - dies im Rahmen der →Träger- und Politikberatung oder der →Altenpolitik. Nicht zuletzt stellt die →Öffentlichkeitsarbeit einen wichtigen Aufgabenbereich dar:

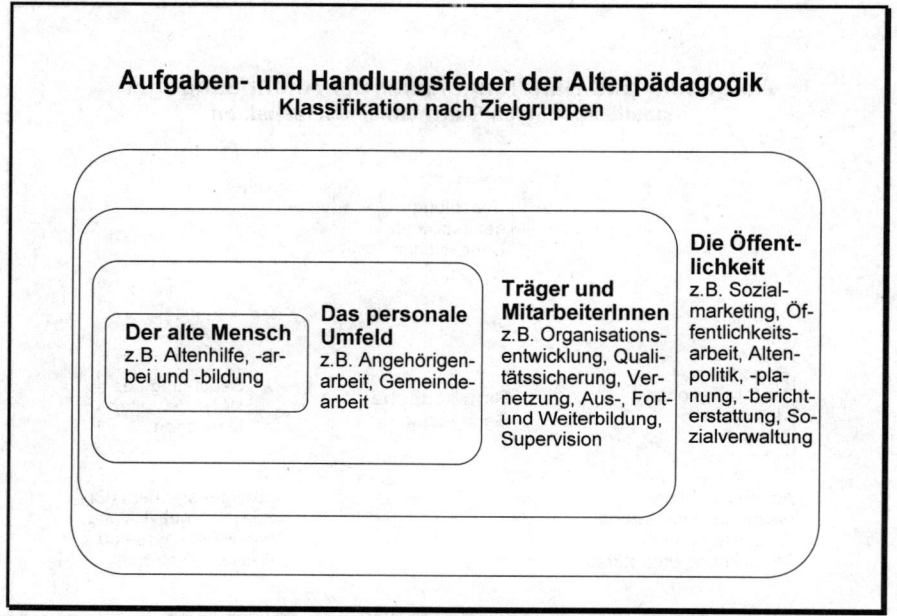

Systematisierung geragogischer Handlungsfelder nach Handlungs-formen

Eine zweite Unterscheidung ergibt sich von daher, welche Form pädagogischen Handelns im jeweiligen Handlungsfeld im Vordergrund steht.

Folgt man der Aufgliederung Hermann Gieseckes[39], so sind dies das Unterrichten, das Informieren, das Beraten, das Animieren, und das Arrangieren:

- "Der Unterricht ist eine Sonderform der Lehre und soll Lernen bewirken. Gemeint sind mit diesem Begriff alle (öffentlichen und privaten) Veranstaltungen, die durch geplante Maßnahmen bestimmte zielorientierte Verhaltens- und Leistungsformen vermit-

---

[39] 1989; hierzu auch Hamann, 1994, S. 26 ff.; Klingenberger, 1992, S. 294 ff.

40

teln (sollen)."[40] Der aus der Kinder- und Jugendzeit vorbelastete Begriff ist kaum auf die Altenpädagogik übertragbar; das von ihm intendierte Geschehen läßt sich jedoch in den Angeboten der →Altenbildung, des →Seniorenstudiums u.a. beobachten.

- "Informationen sind ... Antworten auf Fragen, die jemand stellt, oder von denen man erwartet, daß er sie sich in einer bestimmten Situation stellt. Aber es sind Antworten, die ... keiner weiteren Interpretation bedürfen."[41] Der Informationsvermittlung bedarf es während all der anderen pädagogischen Handlungsformen auch; im Rahmen der →Öffentlichkeitsarbeit und zum Teil mit der →Altenberatung überlappend erhält sie für den vorliegenden Zusammenhang besondere Bedeutung.

- In der Beratung geht der Impuls in der Regel vom/von der Ratsuchenden aus (vgl. in Abgrenzung dazu Formen der zugehenden Beratung); diese(r) legt auch das Ziel der Beratung fest. Die Handlungsform "Beratung" setzt sich aus diagnostizierenden und antizipierenden Teilaspekten zusammen; hinzu kommen die Überprüfung hinsichtlich der Umsetzung des Rates und gegebenenfalls Korrekturen desselben. In der Altenpädagogik lassen sich je nach Zielgruppe unterschiedliche Beratungsfelder unterscheiden: die →Altenberatung, die →Beratung der Angehörigen von alten Menschen, die →Institutionen- und die →Politikberatung.

- "Arrangieren kann bedeuten: etwas in die Wege leiten und für dessen planmäßigen Ablauf sorgen, günstige Bedingungen und Möglichkeiten für die mit einer Sache verbundene Zielverwirklichung herstellen."[42] Mit der →Altenplanung und der →Altenpolitik sind dann zwei Bereiche angesprochen, die Arrangements für altenpädagogisches Handeln darstellen.

- "Animieren" meint die Motivation zum Handeln in Richtung auf pädagogisch bedeutsame Ziele und Aufgabenstellungen hin. Für die Bereiche "→Altenselbsthilfe" und „→Seniorenkulturarbeit" - weitere sind zu ergänzen - stellt die Animation ein wesentliches Handlungsfeld dar.

---

[40] Hamann, 1994, S. 26.
[41] Giesecke, 1989, S. 73; Korrektur des Schreibfehlers durch H.Kl.
[42] Hamann, 1994, S. 37.

Eine ähnliche Unterscheidung von Handlungsformen - er nennt sie "Handlungsmodalitäten" - wird von Hansjosef Buchkremer vorgeschlagen:[43] Er differenziert zwischen den Modalitäten "Erziehen, Beraten, Helfen", "Unterrichten, Informieren, Wissen vermitteln" und "Organisieren, Verwalten, Planen".

Diesen "Grundformen pädagogischen Handelns" lassen sich - schwerpunktmäßig - spezifische geragogische Aufgabenbereiche zuordnen:

Aufgaben- und Handlungsfelder der Altenpädagogik
Klassifizierung nach Handlungsformen

Altenbildung
Seniorenstudium

Öffentlichkeitsarbeit

Seniorenkulturarbeit
Vorbereitung auf Alter und Ruhestand

Unterrichten   **Informieren**

nach Giesecke (1989)

Altenberatung
Institutionenberatung
Politikberatung

Animieren   **Beraten**

Begegnung der Generationen
Selbsthilfe

Arrangieren
Altenpolitik
Altenplanung
Organisationsentwicklung

Im weiteren folge ich in meiner Gliederung den beiden erstgenannten Klassifikationen, die ich miteinander kombiniere.

📖 Literatur

Giesecke, Hermann (1989). *Pädagogik als Beruf: Grundformen pädagogischen Handelns* (2. Aufl.). Weinheim: Juventa.

---

[43] 1995, S. 255 ff.

2 AUFGABEN- UND HANDLUNGSFELDER, IN DEREN ZENTRUM DER ALTE MENSCH STEHT

Das Interesse der nachfolgenden Kapitel richtet sich auf unterschiedliche Dimensionen des Arbeitens mit alten Menschen: die soziokulturelle, die leibliche, die spirituelle und die personale. Damit angesprochen werden Aufgaben- und Handlungsfelder wie z.B. die Alten(sozial-)arbeit, die Begegnung der Generationen, die Sterbe- und Trauerbegleitung, die Altenbildung und -beratung und das biographische Arbeiten mit alten Menschen.

2.1 Im Vordergrund: die soziokulturelle Dimension

2.1.1 Alten(sozial)arbeit

Der Begriff der Alten(sozial)arbeit ist weniger gebräuchlich; was mit ihm gemeint ist, wird vielfach als Altenarbeit bezeichnet - doch ist auch dieser Begriff uneindeutig und vielfältig verwendbar. Die Sozialarbeit nimmt in der Altenarbeit einen eher randständigen Ort ein - was nicht zuletzt auch ein Spiegel des Stellenwerts der Altenarbeit in der sozialpädagogischen Ausbildung ist.

So findet man den Begriff "Altenarbeit" z.B. nicht im "Fachlexikon der Sozialen Arbeit".[44]

Ziel der Alten(sozial)arbeit ist die Prophylaxe evtl. im Alter auftretender sozialer Schwierigkeiten, die Bearbeitung eingetretener sozialer Problemstellungen sowie die Ermutigung und die Hilfe zur Selbsthilfe. Im einzelnen lassen sich als Zielvorstellungen nennen:[45] die Ermöglichung bzw. Sicherung sozialer Partizipation, z.B. durch die Befriedigung wirtschaftlicher und gesundheitlicher Bedürfnisse, durch die Herstellung und Wahrung individueller Lebenschancen, durch die Schaffung und den Erhalt selbständiger und selbstbestimmter Lebensführung und durch die Herstel-

---

44 vgl. Deutscher Verein für öffentliche und private Fürsorge (Hrsg.), 1993; Schmidt, 1986.
45 Dennebaum, 1986, S. 66 f.

lung und Gewährleistung autonomer Entscheidungs- und Handlungsfrei-
heiten sowie der Erhalt und die Förderung der psychischen und sozialen
Integration alter Menschen und die Hilfe bei der Bewältigung von Lebenskrisen.

Alten(sozial)arbeit realisiert sich an unterschiedlichen Orten bzw. soll dort
in Angriff genommen werden: in den Begegnungs- und Freizeitangeboten
der offenen Altenarbeit, in den Sozialstationen - wo aber de facto eher
körperbezogene Pflege geleistet wird -, in Krankenhäusern und Heimen.

Die Sozialarbeit mit alten Menschen steht in manchen Bereichen, z.B. in
den Heimen unter einem starken Profilierungsdruck; immer noch sind ku-
stodiale und somatisierende/medizinalisierte Verständnisweisen von Alter
und Arbeit mit alten Menschen zu überwinden.[46]

Alten(sozial)arbeit befindet sich - was den Bereich der offenen Freizeit-
und Begegnungsangebote betrifft - derzeit in einer Krise; die bisherigen
Ansätze verlieren an Attraktivität - manche AltenclubleiterInnen beklagen
eine Verminderung des Interesses und des Zulaufs (→Gemeindearbeit).
Ein Blick auf die bisherigen Angebote der offenen Altenarbeit zeigt, daß
dort vor allem drei Prinzipien (Handlungsorientierungen) vorherrschen[47]:
Versorgung und Betreuung, Geselligkeit und Unterhaltung sowie soziale
Integration und "sinnvolle" Freizeitbeschäftigung.

Doch diese Prinzipien scheinen angesichts des Strukturwandels innerhalb
der großen Gruppe älterer und alter Menschen nicht mehr zu tragen: "Die
bisherige Altenarbeit hat es versäumt, auf die mit den gesellschaftlichen
Modernisierungsprozessen verbundenen qualitativen und quantitativen
Veränderungen, den neuen Anforderungen, denen die Altengeneration gegenüber gestellt ist, und die Heterogenisierung der Altersphase zu reagieren."[48]

Neuen Ansätzen der offenen Alten(sozial)arbeit sind folgende Prinzipien
quasi als Aufgabe und Herausforderung zur Bearbeitung aufgegeben:[49]

- eine ganzheitliche und komplexe Sicht des Alter(n)s, die positive wie
  negative Entwicklungen, Potentiale wie Verfallsprozesse wahrnimmt
  und den alten Menschen in seiner umfänglichen Seinsweise betrachtet;

---

[46] Hedtke-Becker & Schmidt, 1995.

[47] vgl. Schweppe, 1994, S. 504.

[48] Schweppe, 1994, S. 504.

[49] vgl. Schweppe, 1994, S. 504 ff.

- die Heterogenität des Alters, d.h. die Vielgestaltigkeit des Lebens im Alter, die eine Vielgestaltigkeit im Angebot der offenen Alten(sozial)arbeit nach sich ziehen muß;
- die Prozeßhaftigkeit des Alter(n)s, die auch prozeßhafter und lebensbegleitender Unterstützungsangebote und Hilfestellungen bedarf;
- der Ansatz an subjektiven Bedürfnissen und Orientierungsmustern alter Menschen und die Abkehr von Angeboten, die sich schlichtweg an "die Alten" bzw. einzelne - auch noch undifferenzierte - Untergruppen richten;
- ein ressortübergreifendes Verständnis von Alten(sozial)arbeit, das auch Aspekte der Bildungs- und Kulturarbeit mitaufgreift;
- "die Aufrechterhaltung, Unterstützung und die Förderung von Sinnstrukturen [zum Beispiel durch nachberufliche Tätigkeitsfelder], die es ermöglichen, Vergangenheit aufzuarbeiten und Zukunft zu entwerfen und gesellschaftliche und individuelle Sinnhaftigkeit zu vermitteln"[50];
- der Kontakt, die Begegnung und der Austausch zwischen den Generationen, die bis zu Formen der gegenseitigen Hilfe führen können;
- die Partizipation der AdressatInnen, also der älteren und alten Menschen selbst an der Planung und der Durchführung von Angeboten der offenen Alten(sozial)arbeit;
- die →Koordination, Kooperation und Vernetzung bei Angeboten der offenen Alten(sozial)arbeit - mit dem Ziel Doppelangebote zu vermeiden, Versorgungslücken zu füllen, das Angebot transparent zu machen und die Zugangsschwellen für evtl. ungewohnte Zielgruppenmitglieder zu verringern;
- der Aufbau von Hilfenetzwerken und neuen Solidaritätsformen, insgesamt also die Förderung einer neuen "Kultur des Helfens";
- die Professionalisierung der ehren-, neben- und hauptamtlichen MitarbeiterInnen in der offenen Alten(sozial)arbeit - vor allem in pädagogischer Hinsicht;
- die Umorientierung der Forschung im Blick auf die zuvor genannten neuen Prinzipien.

Es besteht dringender Bedarf, daß sich die Alten(sozial)arbeit auf diese neuen Handlungsprinzipien einstellt; dies kann beispielsweise durch die →Aus-, Fort- und Weiterbildung der ehren-, neben- wie hauptamtlichen MitarbeiterInnen in diesem Bereich geschehen.

---

[50] Schweppe, 1994, S. 505; Ergänzung durch H.Kl.

📖 Literatur

Dennebaum, Eva-Maria (1986). Altenarbeit als Feld der Sozialarbeit - Erwartungen aus der Sicht eines Wohlfahrtsverbandes. In Schmidt, Roland (Hrsg.), *Ausbildung und Praxisfelder für Sozialarbeit/Sozialpädagogik in der Altenarbeit* (Beiträge zur Gerontologie und Altenarbeit, Bd. 65). (S. 64-76). Berlin: Deutsches Zentrum für Altersfragen.

Hedtke-Becker, Astrid & Schmidt, Roland (1995). Sozialarbeit mit alten Menschen unter Profilierungsdruck? *Evangelische Impulse* (3), 22-23.

Karl, Fred (1993). *Sozialarbeit in der Altenhilfe.* Freiburg: Lambertus.

Schmidt, Roland (1986). Sozialarbeit und Altenhilfe: eine quantitative Bestandsaufnahme. In Schmidt, Roland (Hrsg.), *Ausbildung und Praxisfelder für Sozialarbeit/Sozialpädagogik in der Altenarbeit* Beiträge zur Gerontologie und Altenarbeit, Bd. 65). (S. 23-63). Berlin: Deutsches Zentrum für Altersfragen.

Schweppe, Cornelia (1994). Soziale Arbeit mit alten Menschen: eine Neuorientierung ist gefragt. *Neue Praxis, 24* (6), 502-508.

2.1.2 Seniorenausländerarbeit

Die ersten Einwanderergenerationen kommen derzeitig ins Senioren- und Rentenalter: 1991 waren ca. 300.000 AusländerInnen 60 Jahre alt und älter; im Jahre 2010 werden es 1,3 Millionen, im Jahr 2030 2,8 Millionen AusländerInnen sein; der Anteil der ausländischen MitbürgerInnen, die dann 60 Jahre und älter sind, wird von 4,8 Prozent auf 23,8 Prozent gestiegen sein: "Damit sind sie die am stärksten wachsende Bevölkerungsgruppe, die sowohl die Altenhilfe wie die Altenarbeit mit neuen Anforderungen konfrontieren."[51]
Die Ausländerpopulation ab 65 Jahren gliedert sich dabei folgendermaßen nach Herkunftsländern (Anwerbeländer) aus (Stand: 31. 12. 1991):[52]

Herkunftsland	absolute Zahl der über 65 jährigen	Anteil der 45jährigen und älteren an der Ausländerpopulation
Italiener	16.800	23,9 %
ehem. Jugoslawen	12.900	27,8 %
Türken	10.400	18,6 %
Griechen	6.900	29,4 %
Spanier	5.100	39,1 %
Portugiesen	1.100	27,2 %
alle Ausländer	169.300	22,2 %

Die Rückkehrbereitschaft der AusländerInnen in ihre Herkunftsländer ist allerdings geringer als erwartet (bzw. von manchen erhofft); so wollten 1993 von den TürkInnen 43 Prozent für immer bleiben, 14 Prozent waren unentschlossen; 40 Prozent der ehemaligen JugoslawInnen möchten ihren Lebensabend in der BRD verbringen; 29 Prozent waren hier noch unentschlossen; und von den ItalienerInnen planten immerhin noch 35 Prozent im Deutschland zu bleiben; 20 Prozent waren hier noch unentschlossen. Vor allem die hier lebenden Angehörigen und Kinder sowie die Entfrem-

---

[51] Neubauer, 1994, S. 18.
[52] nach Dietzel-Papakyriakou, 1993, S. 464.

dung von der Kultur des Heimatlandes lassen den Rückzugswillen geringer werden.[53]

Der rechtliche Status der in Deutschland lebenden AusländerInnen ist häufig recht unsicher: so stehen sie gegebenenfalls in der Gefahr, im Falle einer Sozialhilfebedürftigkeit ins Herkunftsland ausgewiesen zu werden.

"Im Rahmen der EG-Länder gilt seit dem 1. Juli 1992 die Aufenthaltsrichtlinie 'für aus dem Erwerbsleben ausgeschiedene Personen'. Sie sieht vor, daß unter bestimmten Voraussetzungen der Aufenthalt gewährt werden muß. Zu diesen Voraussetzungen gehört in erster Linie der Nachweis ausreichender finanzieller Mittel und der Nachweis eines bestehenden Krankenversicherungsschutzes. Ausreichende Erwerbsmittel werden in der Regel durch die Vorlage des Rentenbescheides nachgewiesen. Hierbei sind die Mittel als 'ausreichend' anzusehen, die über dem Sozialhilfesatz des jeweiligen Landes liegen oder über dem Satz, der in diesem Staat als Grundrente gezahlt wird. Die Aufenthaltserlaubnis ist zunächst auf fünf Jahre mit Verlängerungsmöglichkeit auszustellen."[54]

Die Lebensbedingungen in Deutschland lebender (älterer und alter) AusländerInnen sind durch vielfältige Belastungsfaktoren erschwert:[55]

- durch einen vorzeitigen Alternsprozeß und eine niedrigere Lebenserwartung,
- durch eine Entfremdung zum Herkunftsland und den dort lebenden Familienangehörigen,
- durch ein Gefühl der Heimatlosigkeit in der Bundesrepublik Deutschland,
- durch Rollen-, Normen- und Identitätsprobleme - verursacht durch unterschiedliche, z.T. einander widersprechende Kultureinflüsse,
- durch einen hohen Grad an Arbeitslosigkeit,
- durch eine Benachteiligung ausländischer Frauen,
- durch Generationskonflikte und unterschiedliche Lebensentwürfe zwischen den Geschlechtern und Generationen:

---

[53] vgl. Deutscher Bundestag, 1994, S. 82 ff.; Felscher u.a., 1995, S. 19; Neubauer, 1994; Winkler, 1994.

[54] Dietzel-Papakyriakou, 1993, S. 462.

[55] vgl. Deutscher Bundestag,, 1994, S. 82 ff.; Dietzel-Papakyriakou, 1993, S. 471 f.; Neubauer, 1994, S. 18.

Auch in den Familien der ausländischen MitbürgerInnen ist mit einem geringer werdenden intergenerationellen Hilfepotential zu rechen: Die hohe Erwerbsquote der Kindergenerationen, die gestiegene Mobilität, unzureichende Wohnraumversorgung und fehlende finanzielle Ressourcen machen eine Unterstützung der Älteren durch die Jüngeren oft nicht möglich.

- durch eine niedrige Rente,
- durch soziale Isolierung nach der Pensionierung:

  Im Vergleich zur bundesdeutschen Bevölkerung gibt es bei der ausländischen Altenpopulation eine hohen Anteil alleinlebender Männer. Die soziale Isolation ausländischer Männer und Frauen wird um so stärker sein, je weniger sie im deutschen und/oder im eigenen ethnischen Kontext integriert sind. Bedeutsam wird weiterhin auch der Wohnort: AusländerInnen, die in Städten leben, verfügen eher über (Versorgungs-) Netzwerke als solche, die im ländlichen Bereich wohnen.

- durch eine angegriffene Gesundheit,
- durch mangelnde →Rehabilitationsmaßnahmen.

Angesichts solcher Belastungsfaktoren stehen alte ArbeitsimmigrantInnen in der Gefahr des "ethnischen Rückzugs": Dieser wird initiiert bzw. verstärkt zum einen durch die im Alter stattfindende Rückbesinnung auf die eigene biographische Vergangenheit und zum andern durch zunehmende psychische Belastungen, die auf vertrautes, Sicherheit gebendes Kulturgut zurückgreifen lassen. Schließlich ist in diesem Zusammenhang auch noch zu berücksichtigen, daß mit der Pensionierung häufig auch ein Verlust sozialer Kontakte, vor allem auch zu den Deutschen und anderen Ausländergruppen, einhergeht.[56]

Obwohl mit der Zunahme der RentnerInnen und SeniorInnen in der ausländischen Bevölkerung besondere Herausforderungen entstehen, ist die sozialwissenschaftliche Forschungslage als eher unzureichend einzuschätzen. Allerdings rücken sie jüngster Zeit verstärkt in das öffentliche wie wissenschaftliche Interesse.

Angesichts der hier geschilderten Entwicklungen und Tatsachen stellen sie der Altenpädagogik in Planung, in der direkten Arbeit mit den Auslände-

---

[56] vgl. Dietzel-Papkyriakou, 1993, S. 469 f.

rInnen und in der →Aus-, Fort- und Weiterbildung besondere Aufgaben, zum Beispiel[57]

- die Bedarfsanalyse hinsichtlich notwendiger Angebote und Hilfen für AusländerInnen im Renten- und Seniorenalter,
- die →Vorbereitung ausländischer MitbürgerInnen auf Alter und Ruhestand,
- die Information und →Beratung der AusländerInnen über Sozialangebote und Rechtsansprüche,
- die Förderung der →Selbsthilfe ausländischer MitbürgerInnen; dies umfaßt auch die Stärkung familiärer Hilfepotentiale in den Familien der ausländischen MitbürgerInnen,
- die Stärkung der Solidarität unter den ausländischen Generationen,
- die Ausrichtung der Altenhilfe auf die Bedürfnisse der ausländischen MitbürgerInnen,
- die Integration der ausländischen Altenpopulation in bestehende Begegnungs-, Bildungs- und Hilfsangebote,
- die Schaffung nationalitätenspezifischer Begegnungszentren,
- der Aufbau von ethnischen Schwerpunkten in ausgewählten Altenheimen bzw. die Schaffung von multikulturellen stationären Angeboten,
- die Beratung und Qualifizierung einheimischer Fachkräfte hinsichtlich der geschilderten Entwicklungen und Tatbestände,
- die →Aus-, Fort- und Weiterbildung ausländischer Fachkräfte in der Altenhilfe.

📖 Literatur

Dietzel-Papakyriakou, Maria (1993). Neue Aufgaben für die Altenhilfe - Teil I: Sozialgerontologische Arbeit mit alten Arbeitsimmigranten. *Altenheim, 32* (6), 462-473.

Dill, Helga (1989). Alte Ausländer in Deutschland: ein neues Problem sozialer Integration? In Kardorff, Ernst von & Oppl, Hubert (Hrsg.), *Sozialarbeit für und mit alten Menschen* (Soziokulturelle Herausforderungen, sozialpolitische Aufgaben, Bd. 1). (S. 81-90). München: Minerva.

Koch-Straube, Ursula (1991). Ein Leben zwischen den Welten: zur Situation älterer Migrantinnen und Migranten in der BRD und vorsichtige Gedanken für die soziale Arbeit. In Lade, Eckard (Hrsg.), *Ratgeber Altenarbeit: Handbuch für Altenhilfe, Pflege und Betreuung* (Teil 9/4.6). Ostfildern: Fink-Kümmerly + Frey.

---

[57] vgl. Deutscher Bundestag, 1994, S. 83 f.; Neubauer, 1994.

Kosan, Kenan (1989). Ältere ausländische Arbeitnehmer in der Bundesrepublik. In Lade, Eckard (Hrsg.), *Ratgeber Altenarbeit: Handbuch für Altenhilfe, Pflege und Betreuung* (Teil 9/4.1). Ostfildern: Fink-Kümmerly + Frey.

Neubauer, Erika (1994). Die Spitze des Eisbergs: ältere Ausländer als neue Realität in Europa. *BAGSO-Nachrichten* (4), 18-19.

Winkler, Veronika (1994). Ausländische Arbeitnehmer im Rentenalter. Wo sind sie in der kirchlichen Altenarbeit? *Katholisches Altenwerk in der Erzdiözese München und Freising - Rundbrief* (10), 2-5.

2.1.3 Seniorenkulturarbeit

Kulturarbeit

Bevor Ziele, Inhalte und Formen der Seniorenkulturarbeit vorgestellt werden, muß der "Kultur"-Begriff geklärt werden. Man muß feststellen, daß unter "Kultur" nicht nur die "hohe Kultur" wie zum Beispiel Oper, professionelles Theater u.ä. verstanden werden kann; vielmehr umfaßt "Kultur" alle Formen künstlerischen Handelns - egal auf welchem Niveau.

Ferner gilt: "Kultur" ist nicht nur auf künstlerisches Handeln beschränkt; mit diesem Begriff wird auch die Art und Weise bezeichnet, wie Menschen miteinander und mit den sie umgebenden Phänomenen, Gegenständen und Prozessen umgehen: "Kultur (lateinisch colere: pflegen) ist die Auseinandersetzung mit der Natur, ist die menschliche Gestaltung und Verhandlung einer näheren und weiteren Umwelt, ist das aktive Sich-Befassen mit Landschaft, Mitmensch, Kunst, Wissenschaft und Religion, ist Bestimmtheit des Menschseins".[58]

In diesem Zusammenhang finden sich Begriffe wie "Gesprächskultur", "Streitkultur", "Eßkultur" u.a. "Kultur" muß allerdings nicht ein ausschließlich positiv besetzter Begriff sein - wie der Ausdruck "Un-Kultur" schon zeigt.

Hinsichtlich des hier formulierten, weiten Kulturbegriffes ist es möglich, einen spezifischen Aspekt herauszugreifen und zu akzentuieren: nämlich das →Zusammenleben der Generationen. Kulturarbeit erhält dann den Auftrag, die Herausbildung einer spezifischen Seniorenkultur zu überwinden und eine Kultur des Miteinanders der Generationen zu etablieren.[59]

Seniorenkulturarbeit

Folgt man dem zuvor genannten Kulturverständnis, so bedeutet "Seniorenkulturarbeit" sozusagen die Vermittlung von Wissen und Fähigkeiten, die einen "guten" menschlichen Umgang mit den einen umgebenden Menschen, Dingen und Ereignissen ermöglichen. Dazu gehört dann beispielsweise die Beschäftigung mit Kommunikations- und Konfliktver-

---

[58] Kerkhoff, 1995, S. 5.
[59] vgl. Röbke, 1994.

52

halten bzw. -strategien, aber auch die Auseinandersetzung mit dem überkommenen Altersbild und den gesellschaftlichen Umgangsformen im Generationenverhältnis. Mit in den Bereich der Seniorenkulturarbeit ist ebenso das weite Feld der Reisen und Ausflüge älterer und alter Menschen zu rechnen - sei es zu Entspannungs- oder zu Bildungszwecken.
Begriff und Aufgabenfeld der Seniorenkulturarbeit sind in der Altenpädagogik erst seit jüngerer Zeit gebräuchlich.
Deshalb findet sich der Begriff auch erst in wenigen Handbüchern[60]. Seniorenkulturarbeit bietet - wie die nachfolgenden Beispiele zeigen - die Möglichkeiten, daß die älteren Menschen selbst aktiv werden und auch in die Rolle des Gebenden oder Lehrenden schlüpfen können. Dies ist zum Beispiel dann gegeben, wenn ältere Personen als Sprachlehrer, als Reiseführer oder als Träger historischer Erfahrungen im Bereich der geschichtlichen Bildung aktiv werden.[61]

Ästhetische und musische Bildung

Zunächst muß auch hier eine Unterscheidung getroffen werden, nämlich die zwischen solchen Angeboten, in denen der ältere Mensch eher zum Konsumenten von Kultur gemacht wird, und solchen, die den alten Menschen zu eigenem künstlerischem Schaffen motivieren wollen: So kann im ersteren Fall der theoretische Erwerb von kulturell-künstlerischem Wissen durch Auseinandersetzung mit Kunstrichtungen und -stilen sowie durch Kennenlernen von Künstlern angezielt werden. Die im zweiten Fall genannte Form kunstpädagogischen Handelns scheint bislang nur wenig realisiert zu werden. Dabei beinhaltet diese ein Vielzahl an Möglichkeiten, erlaubt sie doch den älteren Menschen Chancen zur Kommunikation, Selbstentfaltung, Entspannung und Erfolgserlebnissen. Ziel ist hier eine kulturelle (Re-) Aktivierung der älteren Generation.[62]
Im Bereich praktischer kreativer, künstlerischer oder musischer Bildung können unterschiedliche Aktivitäten angezielt werden[63] : Malen, Zeichnen, Modellieren und Bildhauen dürfen sich dabei nicht nur an professionellen

---

[60] vgl. Deutscher Verein für öffentliche und private Fürsorge, Hrsg., 1992; 1993; Lade, Hrsg., 1995.
[61] vgl. Schweighöfer, 1991.
[62] vgl. Walbeck, 1985.
[63] vgl. Bildungswerk..., Hrsg., 1990.

Maßstäben orientieren. Auch geht es nicht um die Beschäftigung älterer Menschen oder um die Fixierung auf ein zu erstellendes Endprodukt. Solchen Verständnisweisen von bildnerisch-kreativer Kulturarbeit älterer Menschen wird eine Auffassung von "ästhetischer Erziehung" entgegengesetzt, die den Schaffensprozeß selbst (mit seinen Erfolgs- wie Frustrationserlebnissen) in den Mittelpunkt der Arbeit stellt.[64]

Ein weiteres Tätigkeitsfeld der Seniorenkulturarbeit stellt das Museum dar: "Alte Menschen gehören nicht zu den typischen Besuchern von Museen, sondern sind darin eher unterrepräsentiert."[65] Deswegen werden Möglichkeiten und Wege erprobt, wie älteren und alten Menschen der Zugang erleichtert werden kann, z.B. durch zeitlich angepaßte Führungen (max. 60 Minuten), ausreichende Sitzgelegenheit, Vermeidung von Treppensteigen, Hörhilfen für Hörbehinderte u.ä. Zusätzlich werden Formen einer "zugehenden Museumsarbeit" erprobt (z.B. in Kassel), d.h. Duplikate von Exponaten werden in Seniorenzentren und Altenheimen ausgestellt, um Interesse und Neugierde auf deren eigentlichen Standort, das Museum, zu wecken.

Musizieren ermöglicht das Aufgreifen bereits vorhandener Fähigkeiten bzw. das Erlernen einer neuen musischen Betätigung und somit gegebenenfalls das Aufspüren neuer oder alter Begabungen. Des weiteren bilden sich durch gemeinsames Musizieren soziale Kontakte (auch zu Angehörigen jüngerer Generationen), und geistige Beweglichkeit wird gefordert und gefördert. Auftritte führen zu Selbstbestätigung und wachsendem Selbstwertgefühl. Insgesamt wird das Sinnerleben und das subjektive Wohlbefinden der Musizierenden gefördert, ja dem Musizieren wird sogar eine der religiösen Betätigung vergleichbare befriedigende Wirkung nachgesagt. In Sing-, Instrumental- und Tanzkreisen können altes und neues Volksliedgut eingeübt, Kunstlieder erprobt, einfache Instrumental- und Vokalstücke einstudiert und mit Tanz und Rhythmik (Rhythmusinstrumente, Bewegungsübungen) Beweglichkeit trainiert werden. Als weitere Themenfelder musikalischer Bildung im Alter können Musiktheorie und Gehörbildung, Atemtechnik und Stimmbildung sowie Musikgeschichte und der Kulturvergleich unter musikalischem Blickwinkel genannt werden.

Hingewiesen werden muß auch auf den therapeutischen Effekt von Musik; so zeigen musiktherapeutische Angebote hilfreiche Auswirkungen bei der

---

[64] vgl. Aissen-Crewett, 1987.
[65] Treffpunkt Senioren im Museum, 1994.

Behandlung geistig und körperlich behinderter alter Menschen, bei der Versorgung von körperlich und psychisch kranken Personen sowie in der →Rehabilitation nach eingetretener Krankheit oder Behinderung.[66] Theaterspielen zeigt auf zwei Ebenen Auswirkungen: zum einen bezüglich der inhaltlichen Auseinandersetzung mit dem jeweiligen Stück (das gegebenenfalls auch von den Spielenden selbst verfaßt worden sein kann) und zum anderen auf der Ebene des Erlebens. Durch das Lernen von Texten, das Vertrautmachen mit einer (anderen) Rolle, das Improvisieren, die Zusammenarbeit mit anderen, evtl. jüngeren Menschen und durch die Auftritte und Aufführungen werden Flexibilität, Gedächtnisleistungen und Kooperativität gefördert sowie das Selbstbewußtsein und das Selbstwertgefühl gestärkt. "Das Theaterspiel hat für die Persönlichkeit der Beteiligten reichliche Möglichkeiten und eine sehr flexible Methodik anzubieten. In den Spielprozessen können von jedem Spieler für sich und gleichzeitig in der Gruppe lustvolle und sehr subtile Erfahrungen gemacht werden."[67]

Historische und politische Bildung

Zur Seniorenkulturarbeit gehört aber nicht nur das Vertrautwerden und die Auseinandersetzung mit künstlerischen Inhalten, sondern auch die Beschäftigung mit rechtlichen, historischen und politischen Fakten und Entwicklungen:[68]

Im Rahmen von Informations- und Beratungsangeboten können ältere Menschen von ihren Rechten (zum Beispiel im Umgang mit den Behörden) und von wichtigen Rechtsvorgaben (zum Beispiel bei Renten, Sozialhilfe oder Testament) in Kenntnis gesetzt werden.

Die Auseinandersetzung mit historischen Ereignissen und Zusammenhängen muß nicht auf den Bereich der "Großen" Geschichte beschränkt bleiben; vielmehr verlangt auch die lebensweltliche und biographische Handlungsorientierung die Auseinandersetzung mit lokalen oder regionalen historischen Wandlungen und die Berücksichtigung der Involviertheit des je eigenen Lebensverlaufs in diese Wandlungen. Vor allem die Aufarbeitung der jüngsten deutschen Vergangenheit (Weimarer Republik, Nationalsozialismus, Zweiter Weltkrieg, Teilung Deutschlands, Aufbau und Zerfalls

---

[66] vgl. Geck, 1991.
[67] Walbeck, 1985, S. 9; vgl. auch Samtleben, 1982.
[68] vgl. Bildungswerk..., Hrsg., 1990, S. 19 ff.

eines kommunistischen Systems) bietet sich in Form von "Augenzeugenseminaren" an[69]. Eine solche Auseinandersetzung mit historischen Einflüssen und Entwicklungen kann z.B. im Rahmen von Bildungsveranstaltungen, aber auch in sogenannten Erzählkaffees stattfinden, in denen ältere Menschen sich ihre eigenen Lebensgeschichten mitteilen und durch gemeinsame Reflexion die Verwobenheit ihrer Biographie mit der "großen" wie "kleinen" Geschichte erkennen.

Die Beschäftigung mit der individuellen wie kollektiven Vergangenheit gilt auch als eine wesentliche Voraussetzung für weises Handeln im Alter: "Alle Probleme haben ihre historische Dimension, und wir lösen sie besser, wenn wir ihre historischen Wurzeln erkennen. Dies setzt jedoch voraus, daß die Beziehungen zur Gegenwart bewußt hergestellt werden."[70]

Auch die Beschäftigung mit politischen Vorgängen und Ereignissen muß nicht nur die "große" Politik zum Thema haben. Auch hier steht im Rahmen des lebensraum- und lebensweltorientierten Ansatzes die Auseinandersetzung mit lokalen und regionalen politischen Ereignissen im Vordergrund. Insbesondere gilt dies für Fragen und Entscheidungen, die die älteren Menschen betreffen. So bieten sich Kontakte zum jeweiligen Seniorenbeirat an. Politische Bildung im Alter soll aber nicht nur informierenden, sondern auch aktivierenden Charakter besitzen und die ältere Generation zur Mitarbeit an politischen Meinungsbildungs- und Entscheidungsprozessen ermuntern.

Auch im Bereich der Seniorenkulturarbeit hat sich die →Gemeinwesenorientierung etabliert - zuweilen unter den Stichworten "Kommunale Kulturarbeit" oder "Regionale Kulturdienste".[71] Auch hier geht es nicht um die Förderung "großer Kultur", wie sie in Opern- und Theaterhäusern, in Museen und Galerien angeboten wird, sondern um die Initiierung und Begleitung von Situationen und Prozessen der Alltagskultur, um die Reflexion der "Art und Weise, wie Menschen zusammenleben (wollen)". Dabei werden vielfältige Zielstellungen verfolgt:

---

[69] vgl. Gitschmann u.a., 1990, S. 14.
[70] Aebli, 1989, S. 616; vgl. Behrens-Cobet, 1990.
[71] vgl. hierzu Deutscher Kulturrat (Hrsg.), 1994; Diakonisches Werk... & Evangelische Heimvolkshochschule... (Hrsg.), 1994; Frahm u.a. (Hrsg.), 1994; Semmler, 1993.

Gemeinswesenorientierte Kulturarbeit will für und mit den (alten) Menschen
- Selbst-Bewußtsein für die eigene Lebensgeschichte und -situation schaffen,
- Erfahrungswissen ins Gespräch bringen und produktiv machen,
- kreative und künstlerische Ressourcen wecken bzw. reaktivieren,
- Kontakte, Geselligkeit und Spaß stiften,
- Lebensfreude und -qualität fördern.

Gemeinwesenorientierte Kulturarbeit will in den Gemeinden
- bei der Gemeindeentwicklung helfen und kommunale/dörfliche Kultur (wieder-) beleben,
- kommunale/dörfliche Identität und ein entsprechendes Gemeinschaftsgefühl ("Unser Dorf") stiften bzw. fördern,
- zur Teilnahme an dörflichen /kommunalen Entscheidungsprozessen ermutigen,
- den kulturellen Reichtum (auch durch die Neuzugezogenen) bewußtmachen, lebendig machen und außenstehende Personengruppen integrieren,
- Wurzeln gemeindlichen Zusam-menlebens entdecken ("Gemeindearchäologie"), um die Zukunft besser gestalten zu können,
- die Erzähltradition wiederbeleben (gegen die mediale Ver-Wüstung),
- das Miteinander der (Generations-) Kulturen fördern und Begegnungen fördern,
- (neue) kulturträchtige Ort schaffen (vom Wirtshaus zum Bürgerhaus) bzw. bestehende Einrichtungen (wieder-) beleben,
- aktiv beim Wandel der Vereinskulturen mitwirken,
- soziale (Mit-) Verantwortung fördern (Nur wer Selbst-Bewußtsein besitzt, kann mit anderen kommunizieren und solidarisch handeln).

Insofern es sich hier um Projekte handelt, die sich nicht nur an die älteren Generationen richtet, wird auf den Begriff "Senioren"-Kulturarbeit verzichtet.

Methoden und Formen gemeinwesenorientierter Kulturarbeit wurden bereits in den vorangegangenen Ausführungen benannt: Erzählwerkstatt und -kaffee, Handwerk und Handarbeit, bildende Kunst und Fotographie, Literatur und Chroniken, Laientheater, Film und Video.

Auseinandersetzung mit anderen Kulturen und Völkern

Eine solche Auseinandersetzung kann zunächst auch wieder auf konsumierendem Wege stattfinden, d.h. die älteren TeilnehmerInnen lassen sich über geographische und völkerkundliche Tatsachen und Entwicklungen des eigenen Heimatraumes, aber auch fremder Kulturen und Völker informieren. Angebote solcher Art stellen einen faktischen Schwerpunkt altenbildender Maßnahmen dar.

Daneben scheint es aber auch vonnöten, sich mit den Kulturen und Nationen der in Deutschland (speziell im näheren räumlichen Umfeld) lebenden AusländerInnen zu beschäftigen und den Kontakt und die Begegnung mit diesen zu suchen und zu pflegen.

Medienarbeit

Eine besondere Herausforderung stellt die Beschäftigung mit den heutigen Medien dar; ältere Menschen stehen diesen zuweilen hilflos oder skeptisch gegenüber, verfügen aber andererseits aus ihrer Lebenserfahrung heraus über Möglichkeiten und Fähigkeiten, mit den (neuen) Medien angemessen umzugehen bzw. sich in die konkrete Medienarbeit einzubringen. Da für nicht (mehr) berufstätige Menschen die fast zwangsläufige Auseinandersetzung mit Medien, speziell mit den neuen Technologien wegfällt, besteht für nicht wenige in einer hochtechnologisierten Gesellschaft die Gefahr der sozialen Isolation, der Orientierungslosigkeit und des Verlustes des Selbstwertgefühls. Das Kennenlernen der Hintergründe und der Funktionsweisen sowie der aktive Umgang mit den neuen Medien kann zu mehr Sicherheit und adäquaten Umgang mit diesen führen; beide stellen wichtige Aufgabenbereiche der Seniorenkulturarbeit dar[72].

Überblickartig lassen sich als Ziele der Medienarbeit mit alten Menschen nennen:[73]

---

[72] vgl. Lödige-Röhrs, 1989.
[73] vgl. Straka; zit. nach Reggentin & Dettbarn-Reggentin, 1992, S. 136.

58

- Soziokulturelle Hintergründe und Funktionen der Medien sollen erkannt und reflektiert werden;
- das Wirken und die Macht der Medien sollen einer realistischen Bewertung zugeführt werden;
- damit sollen auch ein emanzipatorischer Umgang mit ihnen ermöglicht werden;
- bestehende Medienangebote sollen reflektiert und nach eigenen Interessen und Bedürfnissen ausgewählt werden;
- die alten Menschen sollen dazu motiviert und befähigt werden, die (neuen) Medien selber einzusetzen und gemäß ihrer Interessen und Bedürfnisse zur eigenverantwortlichen Öffentlichkeitsarbeit zu verwenden.

Als Arbeitsfelder einer aktivierenden Medienarbeit für ältere Menschen bieten sich an: Die Erarbeitung einer eigenen Seniorenzeitschrift erfordert eine umfassende Auseinandersetzung mit sozialen, kulturellen und politischen Ereignissen und Entwicklungen. Über die inhaltliche Beschäftigung hinaus können und müssen auch druck- und verwaltungstechnische Fragestellungen bearbeitet werden.[74] Die Produktion von Radiosendungen oder (Video-) Filmen durch die älteren Menschen selbst bietet ihnen die Möglichkeit zum Kennenlernen der Chancen und Grenzen neuer Technologien, zur inhaltlichen Auseinandersetzung mit unterschiedlichen Themenstellungen und zur Eigenaktivität.[75] Das Kennenlernen grundlegender und weiterführender Kenntnisse der Computertechnologie kann Einblicke in Möglichkeiten und Grenzen dieser Technologie bieten, Interesse daran wecken und die Alltagskompetenz erhöhen (zum Beispiel im Umgang mit Bank- oder Fahrkartenautomaten). Zusätzlich ist hier verstärkt eine →Begegnung der Generationen möglich, sind es doch gerade die Angehörigen der jüngeren Generationen, die hier Fach- und Erfahrungswissen an die älteren und alten Menschen weitergeben (i.w.S.) können.

📖 **Literatur**

Aebli, Hans (1989).Weisheit: auch ein Ordnen des Tuns? *Zeitschrift für Pädagogik, 35* (5), 605-620.

---

[74] vgl. Berger, 1990; Bildungswerk..., Hrsg., 1990, S. 19 ff.
[75] vgl. Schwering, 1990; Sprinz, 1990.

Aissen-Crewett, Meike (1987). Ästhetische Erziehung alter Menschen - unter besonderer Berücksichtigung therapeutischer Effekte bildnerisch-kreativer Aktivitäten. *Zeitschrift für Gerontologie, 20* (5), 314-317.

Behrens-Cobet; Heidi (1990). Geschichte, Politik, Biographie - Gesprächskreise mit älteren Erwachsenen. In Landesinstitut für Schule und Weiterbildung (Hrsg.), *Älterwerden und Bildung: Dokumentation von Vorhaben, Modellen, Erfahrungen aus Nordrhein-Westfalen* (1. Aufl.). (S. 76-78). Soest: Verlagskontor.

Berger, Inge (1990). WiR - Eine Seniorenzeitung. In Straka, Gerald u.a. (Hrsg.), *Aktive Mediennutzung im Alter: Modelle und Erfahrungen aus der Medienarbeit mit älteren Menschen* (S. 139-142). Heidelberg: Asanger.

Bildungswerk der Arbeiterwohlfahrt Hessen e.V. (Hrsg.). (1990). *Bildung im Alter als Aufgabe der Arbeiterwohlfahrt: eine Arbeitshilfe für die Bildungsarbeit in den Gliederungen und Einrichtungen der Arbeiterwohlfahrt in Hessen* (1. Aufl.). Gießen: Eigenverlag.

Deutscher Kulturrat (Hrsg.). (1994). *Kulturelle Bildung* (Bd. 1: Konzeption kulturelle Bildung: Analysen und Perspektiven). Essen: Klartext.

Diakonisches Werk der Evangelischen Kirche von Westfalen, Referat Altenarbeit & Evangelische Heimvolkshochschule Haus Haard, Referat Altenarbeit (Hrsg.). (1994). *Altenarbeit und Kultur: ein Werkbuch zur soziokulturellen Altenarbeit.* Wattenscheid: Eigenverlag.

Frahm, Eckart u.a. (Hrsg.). (1994). *Kultur - ein Entwicklungsfaktor für den ländlichen Raum: Anregungen, Tips und Beispiele aus der Praxis* (1. Aufl.). München: Jehle.

Fuchs, Max & Liebald, Christiane (1991). Das Projekt "Kulturmanagement" - In Grundlagen der Weiterbildung e.V. (Hrsg.), *Grundlagen der Weiterbildung - Praxishilfen* (9.10.60.2). Neuwied: Luchterhand.

Geck, Adelheid (1991). Die Bedeutung der Musik im Leben älterer Menschen. In Howe, Jürgen (Hrsg.), *Lehrbuch der psychologischen und sozialen Alternswissenschaft* (Bd. 3: Hilfe und Unterstützung für ältere Menschen). Heidelberg: Asanger.

Kerkhoff, Engelbert (1995). Altenkulturarbeit: "Das gelebte Leben verlebendigen..." In Lade, Eckard (Hrsg.), *Ratgeber Altenarbeit: das aktuelle Handbuch für Altenhilfe, Pflege und Betreuung* (Teil 7/5.12). Ostfildern: Fink-Kümmerly + Frey.

Lödige-Röhrs, Lena (1986). Die Technik macht den Menschen zur Nebensache. *Psychologie heute, 16* (8), 60-65.

Röbke, Thomas (1994). *Altenkulturarbeit oder Alltagskultur? Konsequenzen soziokultureller Ansätze auf die Sozialarbeit.* In Fuchs, Ulrike & Hopfengärtner, Georg (Hrsg.), *Gerontopolis: zur Zukunft des Älterwerdens in der Stadt* (S. 48-83). Nürnberg: ISKA.

Samtleben, Christa (1982). Ein ungewöhnliches Theater: Animation mit und durch Laientheater. *Animation, 3* (3), 100-101.

Schmitz-Scherzer, Reinhard (1994). *Ressourcen älterer und alter Menschen* (Schriftenreihe des Bundesministeriums für Familie, Senioren, Frauen und Jugend, Bd. 45). Stuttgart: Kohlhammer.

Schweighöfer, Kerstin (1991, 9. August). Von Senioren geführt. *Die Zeit*, S. 53.

Schwering, Herbert (1990). Videoarbeit mit älteren Menschen in der Seniorenwerkstatt Münster. In Straka, Gerald u.a. (Hrsg.), *Aktive Mediennutzung im Alter: Modelle und Erfahrungen aus der Medienarbeit mit älteren Menschen* (S. 129-135). Heidelberg: Asanger.

Semmler, Hartmut (1993). *Ländlicher Raum: Entfaltungsraum für Bildungsinitiativen. Modellprojekt "Neue Formen der Bildungsarbeit im ländlichen Raum"* (Schriften zur Erwachsenenbildung in Baden-Württemberg, Nr. 18). Villingen-Schwenningen: Neckar.

Sprinz, Reinhold (1990).Video- und Medienarbeit mit älteren Menschen. In Straka, Gerald u.a. (Hrsg.), *Aktive Mediennutzung im Alter: Modelle und Erfahrungen aus der Medienarbeit mit älteren Menschen* (S. 125-128). Heidelberg: Asanger.

Treffpunkt Senioren im Museum (1994). *Presse- und Informationsdienst, Kuratorium Deutsche Altershilfe* (2), 8.

Walbeck, Dietmar (1985). *Theaterspielen in der sozialen Arbeit mit alten Menschen: Projektbericht* (vorgestellt, Folge 28). Köln: Kuratorium Deutsche Altershilfe.

2.1.4 Begegnung der Generationen

Da diesem Aufgaben- und Handlungsfeld künftig eine wachsende Bedeutung zuzuordnen ist, soll es hier eine ausführlichere Würdigung erfahren. Es stellt einen großen Teilbereich der Kulturarbeit dar- geht es hier doch um den Kontakt zwischen Generations-Kulturen.

Heute leben nicht mehr nur drei Generationen zeitgleich nebeneinander oder miteinander. Vielmehr kann man angesichts der gestiegenen und anscheinend weitersteigenden Lebenserwartung davon ausgehen, daß in unserer Gesellschaft derzeit fünf bis sechs Generationen gleichzeitig leben: Kinder, Jugendliche/junge Erwachsene, mittlere Erwachsene (die sogenannte "Sandwich-Generation", die gegebenenfalls zum einen Kinder und Enkel und zum anderen Eltern oder Großeltern mitversorgen darf/muß), junge Alte und Hochbetagte[76].

Jenseits verschiedenster wissenschaftlicher Umschreibungen und Akzentuierungen von Generationen konstatiert man als ein spezifisches Kennzeichen des Zusammenlebens der Generationen die "Gleichzeitigkeit des Ungleichzeitigen": Damit hebt vor allem die Lebenslaufforschung den Tatbestand besonders hervor, daß gleichzeitig zusammenlebende Angehörige verschiedener Generationen ihre Welt und ihre Zeit vor ihrem jeweils spezifischen Erfahrungshintergrund unterschiedlich wahrnehmen, erleben und deuten. "Zur gleichen Zeit zusammenlebende Generationen leben also nicht in derselben 'Welt'."[77] In diesem Zusammenhang ist dann darauf hinzuweisen - und in der praktischen Arbeit für und mit Generationen zu beachten -, daß sich der Wechsel der Generationen beschleunigt: Immer schneller, d.h. in immer kürzeren Zeitabständen folgen Altersgruppen aufeinander, die sich durch jeweils spezifische Erlebensweisen und Handlungsstile auszeichnen. Mit dem Aufkommen "neuer" Generationen - die Lebensphase der Jugend gilt hier als der Horizont, an dem neue Generationen "aufgehen" - ist ungefähr alle fünf Jahre zu rechnen[78]. Die Begegnung der Generationen wird somit zu einem umfassenden Projekt.

Das hier zunächst am Beispiel der Jugend festgemachte Phänomen der "Beschleunigung des Generationenwechsels" macht sich auch in

---

[76] vgl. hierzu Beck-Gernsheim, 1993; Blanc, 1992; Knoll, 1990; Greiffenhagen, 1990.
[77] Weber, 1987, S. 18.
[78] vgl. Knoll, 1990; Weber, 1987, S. 18 ff.

der Bevölkerungsgruppe der alten Menschen bemerkbar: Nicht zuletzt aufgrund der Verlängerung der durchschnittlichen Lebenserwartung und des Sinkens der Pensionierungsgrenze - de facto liegt das durchschnittliche Pensionierungsalter bei 58 Jahren -, umfaßt die Lebensphase Alter einen Zeitraum von vierzig, ja fast fünfzig Jahren; die Gruppe der alten Menschen teilt sich also selbst wieder nach Generationen auf.

So unterscheidet man bezüglich der Zahl an Lebensjahren - man spricht in diesem Zusammenhang auch von Kohorten - zwischen den sogenannten "jungen Alten", den "mittleren Alten" und den "alten Alten" bzw. den "Hochbetagten". Hinsichtlich der Erlebensweisen und der Verhaltensstile stellen Altersforscher das Aufkommen einer "neuen" Gruppe alter Menschen fest, eben der "neuen Alten".

Letztere definieren sich weniger durch ihre Geburtsjahrgänge als durch bestimmte Einstellungs- und Verhaltensweisen bzw. durch ihre soziale Situation. Aus der Analyse ihrer sozialen Situation heraus gelten jene Menschen als "neue Alte", die vorzeitig in den Ruhestand gegangen sind, noch erwerbsfähig, aber nicht mehr erwerbstätig sind, die aber über genügend Einkommen und Besitz verfügen, um ihr Leben genießen zu können. Hoher Bildungsstand, eine gehobene berufliche Qualifikation und das Verfügen über eine größere Zahl an Konsum- und Luxusgütern gehört zu den soziologischen Kennzeichen der "neuen Alten". Betrachtet man die Erlebensweisen und Verhaltensstile der "neuen Alten", so kann man festhalten: Sie verstehen die Freisetzung aus der Arbeit als Befreiung, als Emanzipation; sie nutzen souverän die ihnen zur Verfügung stehende Zeit, sind kontaktfreudig und unternehmungslustig. "Neue Alte" - so die Beschreibung und zugleich auch Normierung dieser Personengruppe - sind jung, dynamisch und aktiv geblieben und nehmen am gesellschaftlichen, kulturellen, politischen und wirtschaftlichen Leben in kompetenter Weise teil[79].

Aus derSicht der sozial-emanzipatorischen Wissenschaft wird der Generationen-Begriff kritisch hinterfragt; nichtsdestotrotz kommt er dem Erleben der Menschen wohl insofern entgegen, als dieses sich auf das Konstrukt "Generation" stützt.

---

[79] vgl. Klingenberger, 1992, S. 225 f.

Verlust an Begegnung

Warum gibt es heute - wie durch die Forderung nach verstärkten Kontakten zwischen den Generationen unterstellt wird - wenig oder keine Begegnung zwischen den Generationen (mehr)? Was steht der Pflege und dem Aufbau solcher Beziehungen entgegen? Hierfür können mehrere Faktoren dingfest gemacht werden; einige davon - sie liegen auf unterschiedlichen Ebenen - sollen im folgenden diskutiert werden.

Im soziokulturellen Raum ist eine Begegnung der Generationen durch Vorurteile und gegenseitige Entfremdung erschwert, wenn nicht gar blokkiert. Solche psychologischen Phänomene schlagen sich dann in soziostrukturellen Faktoren nieder, wie z.B. der räumlichen Ausgrenzung alter Menschen in Städten (z.B. in Altenghettos) und Gemeinden (z.B. in Seniorenkreisen). Diese Ghettoisierung führt dazu, daß alte Menschen - unabhängig davon, ob sie in den eigenen vier Wänden oder in einem Heim leben - weitgehend nur noch Kontakt zu Angehörigen der eigenen Altersgruppe haben; Kontakte zu jüngeren Personengruppen werden erschwert, wenn nicht verhindert.

Hintergrund der Ausgrenzungen und Stigmatisierungen des alten Menschen heute bilden "Eigensinnigkeiten und Eigenwilligkeiten des Alters", die den "Störfall Alter" hervorrufen:[80] Das Störende des Alters, das, was den Aufbau von Kontakt, Begegnung und Dialog erschwert oder verhindert, kann durch mehrere Schlagworte verdeutlicht werden. Zum einen sind es die alternden Körper, die Spuren, die das Leben auf ihnen hinterlassen hat, die beginnende Immobilität und Gebrechlichkeit, die die Rüstigen und Aktiven daran erinnern, daß der menschliche Körper nicht nur einfach ein Apparat ist, der maschinengleich läuft. Dieser soziokulturelle Mythos eines maschinisierten Leibes wird durch die Alten, aber auch durch die Behinderten bedroht. Weiterhin bedrohen die alten Menschen mit ihrer Todesnähe und ihren Lebensrückblicken ein nach vorne, in die Zukunft gerichtetes Fortschrittsdenken sowie eine Einstellung, die historische Fakten und Erfahrungen relativieren oder gar ignorieren will.

Als weiterer "Störfaktor", mit dem alte Menschen das gesellschaftliche Leben einer durchrationalisierten Leistungskultur bedrohen, gelten deren "um- und abwegige Denk- und Redeweisen": Mitbedingt sind solche Denk- und Redeweisen, die häufig als Fabulieren, als assoziatives Abwei-

---

[80] vgl. zum nachfolgenden Schachtner, 1988; 1989.

chen und Nicht-bei-der-Sache-bleiben-können interpretiert werden, durch die biographischen Prägungsprozesse der heute alten Menschen, die sich vor allem durch eine andere Wirklichkeitssicht auszeichnen. Eine solche Wirklichkeitssicht widerspricht dem heute vorherrschenden Primat der instrumentellen Vernunft. Zielpunkt dieser Wirklichkeitssicht ist der Gebrauch und die Nutzung der Mit- und Umwelt; die Wirklichkeit verliert unter diesem Blickwinkel ihr Eigenrecht; sie wird distanziert aus den Blickwinkeln der Planbarkeit, Nutzbarkeit und Verwertbarkeit betrachtet. Die intuitive, sich identifizierende und den Selbstwert eines Gegenstands achtende Wirklichkeitssicht alter Menschen muß hier stören - der Kontakt wird vermieden.

Weiterhin muß aber noch hinzugefügt werden, daß sich zwischen den Generationen der Alten und den jüngeren Generationen eine breite Erfahrungskluft aufgetan hat - dies in zweierlei Hinsicht:

"Zum einen erlernen die Jungen heute augenscheinlich mehr Neues, das die Älteren nicht kennen und deshalb auch nicht weitergeben können; zum anderen ist vieles von dem, was die Älteren früher gelernt haben - zumindest unter den industriegesellschaftlichen Verwertungsgesichtspunkten - heute entwertet und belanglos geworden."[81]

Selbst da, wo angesichts der massiven Wandlungen in Wissen(-schaft) und Technik noch Gemeinsamkeiten in den Lebenswelten der Jungen und Alten vermutet werden, nämlich im Bereich des Zwischenmenschlichen und der Gefühle, müssen Einschränkungen vorgenommen werden: Die Regelung zwischenmenschlicher Beziehungen und der Umgang mit Gefühlen unterschiedlichster Art haben durch die Geschichte unseres Jahrhunderts (beachte z.B. die Pädagogisierung und Psychologisierung unserer Kultur) grundlegende Wandlungen erfahren; alte Menschen stehen diesen Entwicklungen vielfach hilflos gegenüber ("Ich kann gar nicht verstehen, worüber man sich einen ganzen Abend unterhalten kann!?"). Angesichts der hier dargestellten Tatbestände und Entwicklungen kann auch von einer "Autoritätskrise" älterer Generationen gesprochen werden. Als ursächlich hierfür können die Industrialisierung mit dem raschen Wandel der Lebensverhältnisse, die Demokratisierung mit dem weltanschaulichen Pluralismus

---

[81] Blanc, 1992, S. 55.

und die Säkularisierung mit ihrer Abkehr von transzendenten und jenseitigen Welten angesehen werden.[82]

Nicht nur angesichts der bevorstehenden nationalen wie globalen ökologischen, ökonomischen, kulturellen und politischen Aufgaben müssen hier Wege des Zueinanders gesucht und gefunden werden. Angesichts solcher Aufgabenstellungen kann auf die "soziologische Vitalität" des Alters, auf ihr relativierendes, undogmatisches und auf Lebenserfahrung bauendes Wissen nicht verzichtet werden - ohne daß hier undifferenziert Alter hochgelobt und glorifiziert werden soll.

Ein besonderer Faktor soll hier schließlich noch Erwähnung finden. Neben den bisher genannten Aspekten des heute vorfindbaren Altersbildes behindert noch ein weiterer die Begegnung zwischen den Generationen: das Bild des alten Menschen als eines hilfe- und betreuungsbedüftigen Menschen. Innerhalb einer Beziehung, in der der eine Partner als gesund, kompetent, aktiv, selbstverantwortlich usw. beschrieben wird und in der das Gegenüber als defizitär, krank, weniger lebenstüchtig usw. eingeschätzt wird, kann es keine Begegnung geben. Nur dort, wo der alte Mensch als kompetenter, gleichwertiger und eigen-sinniger Partner in Kommunikation und gemeinsamen Handeln gilt, ist menschliches und menschenwürdiges Miteinander, ist Begegnung möglich.

Neben diesen - bezüglich der Lebensphase "Alter" spezifischen - Faktoren, die auf soziokultureller Ebene eine Begegnung der Generationen erschweren bzw. unmöglich machen, muß noch auf ein allgemein-gesellschaftliches Faktum hingewiesen werden. Dieses wird unter dem Stichwort "Individualisierung" thematisiert. Mit diesem Begriff - er läßt sich in seiner heutigen Verwendung auf den Soziologen Ulrich Beck[83] zurückführen - werden drei Entwicklungen innerhalb der aktuellen Gesellschaft hervorgehoben: Die Individuen lösen sich zum einen aus den geschichtlich gewordenen Formen des Zusammenlebens, der Herrschaftsverteilung und der wirtschaftlichen Versorgung heraus. Dies betrifft - insbesondere auch für unsere Fragestellung - die Familie. (Freisetzungsdimension) Grundlegende Selbstverständlichkeiten alltäglichen Handelns bröckeln bzw. werden fragwürdig. Der damit eintretende Verlust an Sicherheiten führt einerseits zu Erfahrungen der Befreiung, zieht andererseits aber auch

---

[82] vgl. Weber, 1987, S. 109 ff.; Wittrahm, o.J.
[83] vgl. 1986, S. 205 ff.; zum folgenden auch Schachtner, 1993, S. 173.

Erfahrungen der Verunsicherung nach sich (Entzauberungsdimension). Den Individuen bieten sich schließlich neue Möglichkeiten, neue Lebensmodelle und Identitäten zu entwerfen und zu leben. Diese Entwürfe können sich auch in neuen Standardisierungen verfestigen. (Kontroll- bzw. Reintegrationsdimension)

Die Folgen, die ein solchermaßen umschriebener Individualisierungsprozeß nach sich zieht - und zwar in Hinblick auf das Verhältnis der Generationen -, sind bislang weitgehend unreflektiert geblieben. Eine "Integration der entmischten Lebensalter"[84] erscheint allerdings erschwert. Offen bleibt auch die Frage, inwieweit die beschriebene Individualisierung und die damit in Verbindung stehende Singularisierung ihrerseits wieder einen eigenen Generationstypus (z.B. eine "individualisierte Generation") hervorbringen.[85]

Die Begegnung der Generationen in den Familien findet nicht mehr in dem Maße statt, wie dies noch vor Jahrhunderten oder Jahrzehnten zu beobachten gewesen war.

Für den heutigen Kontakt zwischen den Generationen einer Familie werden Begriffe wie "Intimität auf Abstand" und "Innere Nähe durch äußere Distanz" herangezogen. Ob damit allerdings die familiäre Wirklichkeit getroffen wird, ist mittlerweile umstritten. Zumindest lassen sich aber einige Faktoren bestimmen, die die intergenerationellen Kontakte in der Familie erschweren bzw. verunmöglichen:[86]

- Alte Menschen leben weitgehend alleine: alleine als Person (zirka 33 % der über 60jährigen wohnen in Einpersonenhaushalten) oder alleine mit ihrem Partner in einer Generation (zirka 50 % der über 60jährigen leben in Zweipersonenhaushalten). Das Zusammenleben in einem Zwei- oder Mehrgenerationenhaushalt ist in unserer Gesellschaft zur Seltenheit geworden; lediglich im Falle der Hilfs- und Pflegebedürftigkeit der alten Menschen teilen Angehörige unterschiedlicher Generationen - sofern die Wohnungssituation dies zuläßt - ihr Leben zusammen unter einem Dach.[87]

---

84 Kade, 1993, S. 15.
85 vgl. Karl, 1992, S. 47.
86 vgl. Stosberg, 1991, S. 135; Klingenberger, 1992, S. 127 f.; Wittrahm, o.J.
87 vgl. hierzu Bundesminister für Jugend, Familie, Frauen und Gesundheit (Hrsg.), 1986.

- Durch die Schrumpfung der Familie zur Kernfamilie und den Rückgang der (Enkel-) Kinderzahlen schwindet die Zahl der potentiellen Gesprächspartner älterer und alter Menschen. Dies kann auch eine Folge veränderter Formen des Zusammenlebens bzw. gestiegener Scheidungsziffern sein. Auch Hilfs- und Pflegeleistungen können nur noch auf wenige Schultern verteilt werden.
- Durch die erhöhte geographische Mobilität werden intensive und häufige Kontakte zwischen den Generationen erschwert oder gar unmöglich gemacht.
- Ebenso kann es durch die gestiegene vertikale Mobilität bei den jüngeren Generationen (gestiegener Bildungsstand und erhöhter beruflicher Status) zu Begegnungs- und Sprachbarrieren kommen - dies vor allem angesichts der Kluftvergrößerung zwischen den Generationen bezüglich der Wissensbestände und gemachter Erfahrungen.

  Damit soll aber keineswegs das Familienleben der Vergangenheit idealisiert werden; zum einen fand auch hier schon eine Ausgrenzung der älteren Menschen statt (z.B. im sogenannten Ausgedinge, in das der alte Bauer mit seiner Frau nach Übergabe des Hofes zog); zum anderen prägten intergenerationelle Konflikte sicherlich in besonderer Weise das damalige Familienleben. Immerhin gab es wohl aber höhere Chancen zur intergenerationellen Begegnung in der Familie als heute.

Die Begegnung zwischen den Generationen in den Kirchengemeinden ist aus zweierlei Gründen erschwert:[88] Zum einen haben wir es mit einer deutlichen Überalterung der Gemeinden zu tun. Das heißt, auch der Altersaufbau der Gemeinden gleicht immer mehr einem Baum als einer Pyramide. Das liegt aber nicht nur an den demographischen Wandlungen, sondern auch an der Attraktivität, die die Kirche im allgemeinen und die Gemeinden im besonderen, jüngeren Generationen gegenüber oft aufweisen. Zum anderen ist zu fragen, ob die gemeindlichen Strukturen eine Begegnung der Generationen fördern oder nicht doch eher behindern. Die Aufteilung der Pfarrgemeinderatsausschüsse in einzelne Lebensaltergruppen (Kindergarten, Jugendarbeit, Erwachsenenbildung, Caritas) begünstigt eher das Nebeneinander oder Auseinander der Generationen als deren Miteinander. Absprachen zwischen diesen Ausschüssen bestehen kaum, das Zusammenkommen der Generationen beschränkt sich auf weni-

---

[88] vgl. hierzu Blasberg-Kuhnke, o.J.

ge große Anlässe wie zum Beispiel beim alljährlichen Pfarrfest oder auf den sonntäglichen Gottesdienst - und selbst hier besteht der Ruf nach getrennten Angeboten.

Für die Stellung älterer und alter Menschen im Bereich der Erwachsenenbildung ist weitgehend noch ein Ansatz bedeutsam, der während der Bildungsreform entwickelt wurde: Mit Hilfe des Zielgruppenansatzes sollten benachteiligte oder randständige Gruppen ausfindig gemacht werden, die in kompensatorischer Weise gefördert werden sollten. Dies sollte beispielsweise für die alten Menschen dadurch geschehen, daß erwachsenenpädagogische Leistungserwartungen gemindert, Kompensationsangebote gegen altersbedingte Einbußen besonders akzentuiert und der Zugang zu Bildungsveranstaltungen durch Senkung der Gebühren erleichtert wurde.

Sieht man einmal von der sicherlich nicht unbedeutsamen Frage ab, welches Altersbild sich hier widerspiegelt und erzeugt wird (arm, defizitär und nicht leistungsfähig), so kann man hinsichtlich der Konsequenzen dieses Ansatzes feststellen, daß er auf mehreren Ebenen eine Ausgliederung der alten Menschen nach sich zog bzw. noch zieht: Finanziell schlechter gestellte Senioren wurden/werden in ghettoisierende Sonderprogramme ausgegliedert; Lebensaltergruppen werden auseinanderdividiert, und über das solchermaßen institutionalisierte Altersbild wird das Selbstbild der alten Menschen in demotivierender Weise beeinflußt.[89] Fazit: "Mit dem kompensatorischen Zielgruppenkonzept wurde somit nicht nur die Nachfrage an ein verengtes Programmangebot angepaßt und ein reduziertes Selbstbild vom Alter begünstigt, sondern auch - wenn auch ungewollt - zu einer Vertiefung der Distanz zwischen Alten und Jungen beigetragen."[90]

Einem solchen ausgliedernden Ansatz erwachsenenpädagogischen Handelns kann, ja muß ein anderes Konzept entgegengestellt werden, z.B. das der Lebenswelt- oder Lebenslagenorientierung. Ein intergenerationelles Gespräch soll dadurch ermöglicht werden, daß sich der planende Blick des Erwachsenenbildners auf den gesamten Lebenslauf hin öffnet. Generationsübergreifende Daseinsthemen, die sich aus Lebenslagen und Lebenswelten ergeben bzw. das einander verbindende Gemeinwesen betreffen, können hierzu aufgegriffen werden.

---

[89] vgl. Hammer, 1994, S. 33 ff.; Kade, 1992, S. 15; Institut für Sozialarbeit und Sozialpädagogik (Hrsg.), 1995, S. 10 f.
[90] Kade, 1992, S. 15.

Zur Notwendigkeit intergenerationellen Dialogs

Die Forderung nach einer Begegnung der Generationen ist heute in aller Munde; sie ist gegenwärtig fast als eine Selbstverständlichkeit anzusehen. An dieser Stelle soll einmal danach gefragt werden, warum die intergenerationellen Kontakte als so notwendig erscheinen und warum auf sie nicht verzichtet werden kann.

Es wird die These vertreten, daß Kontakte und Begegnungen zwischen den unterschiedlichen Generationen zum einen für die Mitglieder dieser Altersgruppen selbst - für ihre Lebenstüchtigkeit -, zum anderen aber auch für die Verfassung von Gesellschaft und Kultur - für ihre Lebensfreundlichkeit - unverzichtbar sind. Folgende Argumente sprechen für die These:

- Das Alter bzw. die alten Menschen bilden das bewahrende Element einer Gesellschaft (was nicht heißt, daß alte Menschen passiv, lebensmüde oder resignativ sind). Sie vermitteln überkommene Werte und Normen oder stellen diese zumindest zur Diskussion bzw. bringen diese in Erinnerung. Vor allem können alte Menschen Werte und Tatsachen ins Bewußtsein rücken, die in unserer modernen und industrialisierten Gesellschaft in den Hintergrund gedrängt worden sind: so die Erinnerung an den Tod und an die sinnlich-leibliche Existenz des Menschen (und dessen Gebrechlichkeit). Weiterhin sind sie Vertreter von Werteinstellungen, die einer falsch verstandenen Selbstverwirklichungs- und Ellebogen-Kultur widersprechen. Weiterhin sind sie Träger wichtiger historischer Erfahrungen, die angesichts moderner politischer und kultureller Strömungen von hoher Relevanz sein können (z.B. angesichts der aufblühenden Ausländerfeindlichkeit und rechtsextremen Orientierung in Deutschland). Alte Menschen können also der aktuellen zweck- und erfolgsorientierten Lebensauffassung sowie aktuellen politischen Strömungen allein schon durch ihr Dasein, aber mehr noch durch ihr Mitreden und Mittun Widerstand leisten. Sie werden somit zu einem "Störfall" (Christel Schachtner) im doppelten Sinne: Zum einen sind sie ein Ärgernis in der Leistungsgesellschaft; zum anderen sind sie personifizierte Erinnerungen an "vergessene" Werte und Sachverhalte in einer durchrationalisierten, sich im politischen Umbruch befindenden Welt.[91]

---

[91] vgl. hierzu Klingenberger, 1992, S. 30 ff.; Schachtner, 1988; 1989.

Somit sind sie für die nachfolgenden Generationen wie für die gesamte soziokulturelle Entwicklung unverzichtbar.

- Eine nicht zu vernachlässigende "Funktion" alter Menschen soll im folgenden besondere Erwähnung finden: Die alten Menschen - in der Familie waren dies eben die Großeltern[92] - stellen einen wichtigen Faktor der religiösen Erziehung dar. Es scheint so, daß - in ländlichen Regionen zum Teil bis in die Gegenwart hinein - die Großeltern für den mythisch-religiös-spirituellen Teil der Erziehung (Spiritualisation) zuständig waren. Sie erzählten Enkeln und Urenkeln Märchen, Fabeln und Legenden bzw. Geschichten aus der Heiligen Schrift und führten die Kindeskinder somit an eine Welt heran, die von den damaligen und auch von den heutigen Eltern - zumal wenn beide berufstätig sind - den Kindern kaum noch vermittelt werden kann bzw. wurde. Dem Zusammenhang zwischen religiöser Orientierungslosigkeit bei den heute Jugendlichen und (jungen) Erwachsenen und dem Ausfall der großelterlichen religiösen Erziehung ist ein intensiveres Interesse zuzuwenden.

- Familienpsychologen und -soziologen stellen fest: Neben der bisher traditionellen Form des familiären Zusammenlebens lassen sich alternative Lebensformen feststellen, die in ihrer Zahl zunehmen; dazu gehören kinderlose Ehen, Fortsetzungsehen, nichteheliche Lebensgemeinschaften, Alleinerziehende, Singles und solche Paare, die sich als zusammengehörig betrachten, aber keinen gemeinsamen Haushalt haben (sog. "Living apart together"). Weiterhin kann festgestellt werden, daß nicht nur die Kernfamilie in Bedrängnis gerät, sondern daß vielmehr auch die Kontakte der Kernfamilienmitglieder zu den älteren und alten Erwachsenen nachlassen.

Familiäre Bindungen fallen auseinander, womit sich die Frage nach der familiären Versorgung im Alter stellt. Aber nicht nur bezüglich der familiären Leistungen stellen sich künftig Probleme ein; angesichts des Wachsens des Bevölkerungsanteils der 65jährigen und älteren und des Kleiner-Werdens jüngerer Bevölkerungsgruppen stellt sich die Frage nach der Generationen-Solidarität, nach der Bereitwilligkeit der jüngeren Generationen, die Belastungsverschiebungen - unglücklicherweise in Begriffen wie "Alterslast" und "Rentenlast" gefaßt - zu tragen.

---

[92] zur Situation der Großeltern vgl. Beck-Gernsheim, 1993, S. 163 f.; Klingenberger, 1992, S. 128 ff.

In diesem Zusammenhang wird von verschiedenen Autoren[93] ein "Krieg der Generationen" befürchtet, "erbarmungslose Verteilungskämpfe" (Hummel) werden prognostiziert, drohende "age wars" geradezu heraufbeschworen; oder behutsamer ausgedrückt: es werden soziale Konflikte zwischen den Generationen erwartet: Diese zu verhindern bzw. abzufedern und die Solidarität zwischen den Generationen aufzubauen und zu stärken - stellt sich als eine wichtige gesellschaftliche Aufgabe dar. Es gilt, solchen sozialen Konflikten vorzubeugen oder entgegenzuwirken.

Betrachtet man insbesondere die Hilfs- und Pflegeleistungen, die von Familienmitgliedern, aber auch von Ehrenamtlichen für ältere und alte Menschen geleistet werden, so läßt sich folgendes feststellen: Die hier genannten Leistungen werden in der Regel von den Töchtern oder Schwiegertöchtern, jedenfalls aber von Frauen erbracht; Männer, ob Söhne, Schwiegersöhne oder andere männliche Verwandte, entziehen sich unter Bezug auf ihre Berufstätigkeit und die soziokulturell vorgegebene Rollenverteilung der Verantwortung für die Sorge und Pflege der alten Menschen. Angesichts des veränderten Rollenverständnisses und des gewandelten Selbstbildes der Frauen werden diese künftig nicht mehr so schnell bereit oder in der Lage sein, Hilfs- und Pflegeleistungen "um jeden Preis" zu übernehmen: Damit entsteht die Frage, wer - angesichts dieser Veränderungen - die Versorgungsleistungen übernehmen soll, die bislang von den Frauen erarbeitet wurden, und die - angesichts der leeren Sozialkassen auch weiterhin von den Familien bzw. subsidiären Einrichtungen übernommen werden sollen.

Möglichkeiten der intergenerationellen Begegnung

Versucht man Möglichkeiten zu eruieren, wie die Begegnung der Generationen gelingen und belebt werden kann, so ist es möglich, sich auf unterschiedliche, diesbezüglich relevante Erfahrungsberichte zu stützen:[94]

---

[93] vgl. Gronemeyer 1990; 1991; Meyer, 1993; 1993a.
[94] vgl. Karl, 1990; Gieschler & Müller, 1989; Knopf, 1989; Schützendorf, 1990; Lutz, 1990.

Es ist notwendig, die Absicht, Generationen miteinander in Kontakt zu bringen, mit einer spezifischen Themenstellung zu verknüpfen. Das alleinige Thematisieren der Beziehungsebene bietet anscheinend zu wenig Anreize für die Zielgruppen; erst die Bearbeitung eines Themas (aus Lebenslauf, Lebenswelt oder Gemeinwesen) auf der Sachebene scheint dementsprechende Möglichkeiten zu eröffnen. Unter diesem inhaltlichen Aspekt können verschiedene Schwerpunktsetzungen vorgenommen werden: zum einen Themenstellungen, die primär aus dem Erlebens- und Erfahrensbereich der alten Menschen stammen, zum anderen Inhalte, die schwerpunktmäßig die jüngeren Generationen betreffen sowie schließlich übergeordnete, beide Gruppen gleichermaßen betreffende Themenstellungen.

Zu dem ersten Schwerpunkt (alte Menschen betreffend) werden Themen wie "Wie sicher ist der Generationenvertrag?", "Man ist so alt, wie man angesehen wird?" oder "Wer wird uns pflegen?" gerechnet. Zum zweiten Schwerpunkt (die jüngeren Generationen betreffend) gehören Themenstellungen wie "Wer wird mich in dreißig Jahren pflegen?", Zukunftswerkstatt "Älterwerden in ...", "Eine Reise in mein Alter" oder "Wie lebt ein(e) Geschiedene(r) im Alter?". Beim dritten Schwerpunkt (beide Generationen betreffend) sind Themen wie "Eine Welt", "Ausländerfeindlichkeit und Antisemitismus" oder ökologische Fragestellungen denkbar. Es sind aber auch Themen/Lernangebote denkbar, in denen jüngere Generationen den Älteren etwas weitergeben, z.B. Computerkurse oder Musizierkurse mit Instrumenten aus dem Pop-Bereich (E-Gitarre, Keyboard, Schlagzeug).[95]

Der Punkt, an dem Angehörige unterschiedlicher Generationen zusammenkommen können, der "Konvergenzpunkt" für intergenerationelle Kontakte stellt also das Leben mit seinen Problem- und Aufgabenfeldern dar. Hierzu zählen auch und vor allem das Erleben umfassender Bedrohungen menschlichen und irdischen Lebens, bedenkliche und bedrohliche Entwicklungen innerhalb eines Gemeinwesens, eines regionalen, nationalen oder globalen Raumes.[96]

Wenn hier von existentiellen Fragen die Rede ist, so muß auch von Religion und Glauben gesprochen werden. Das Bibel- und Glau-

---

[95] vgl. hierzu Schützendorf, 1990; Kade, 1992; Lutz, 1990.
[96] vgl. Blanc, 1992; Krauss, o.J.

bensgespräch gehört zu den wichtigsten Begegnungsmöglichkeiten zwischen den Generationen. Dabei besteht sicherlich die Schwierigkeit, daß ältere Menschen erst langsam an diskursive Formen des Umgangs mit Bibel und Glauben herangeführt werden müssen; zu fest sitzt häufig eine passive Einstellung, die das Reden über Religion und Glauben den Priestern und TheologInnen überläßt.

Unter methodischem Blickwinkel wäre zu hinterfragen, ob die Begegnung der Generationen im Rahmen von Gesprächsnachmittagen oder -abenden die einzig denkbaren Möglichkeiten darstellen. Vorstellbar wären Begegnungsmöglichkeiten und -orte, die über diese eher punktuellen Kontakte hinausgehen:[97]

- In sogenannten "Erzähl-Cafés" können Angehörige einer Generation oder auch unterschiedlicher Generationen zu jeweils spezifischen Themenstellungen persönliche Betroffenheit und kollektive Erfahrungen schildern und an andere weitergeben; die Themenstellungen können dabei im familiären Bereich (z.B. Scheidungserfahrungen in drei Generationen), im kulturellen oder politischen Bereich liegen:

  "Diese Form der Auseinandersetzung mit Geschichte ist nicht nur ein Handlungsangebot an die Älteren - es trifft auch auf ein Bedürfnis der Jungen nach persönlicher, glaubwürdiger Information über die neuere Geschichte, weil es im Nachverfolgen individueller Biographien ein Verständnis für politische Erwartungen überhaupt erst erlaubt."[98]

- im Rahmen einer Theatergruppe begegnen sich Angehörige unterschiedlicher Generationen;

- in einem "Großelterndienst" übernehmen alte Menschen wichtige Betreuungs- und Erziehungsaufgaben gegenüber Kindern;

- im Rahmen von Seniorenbörsen bieten alte Menschen - und hier kann insbesondere die Problemgruppe der älteren Männer miteinbezogen werden - (Erfahrungs-) Wissen, Fähigkeiten und Fertigkeiten an, die für Jüngere (Kinder, Jugendliche und Erwachsene) von Bedeutung sein können.

  Konkret kann dies in der Mithilfe bei der Gartenarbeit, im Angebot handwerklicher Dienste, aber auch in der beratenden Weitergabe be-

---

[97] vgl. hierzu Karl, 1990; Wittrahm, o.J.; Faßnacht, 1993.

[98] Karl, 1990, S. 63; vgl. auch Gieschler & Müller, 1989; zur Bedeutsamkeit der Erzählmethode vgl. Hof, 1991.

ruflicher Erfahrung geschehen. Die Dienstleistungen der alten Menschen werden jeweils vor Ort, bei der Familie oder Person erbracht, die um Hilfe nachgefragt haben. Die Begegnung findet hier also im privaten Bereich statt.

- Im Rahmen von Seniorengenossenschaften versuchen alte Menschen, in Selbsthilfeform für ihr Leben und ihre Versorgung im Alter zu sorgen:

"Pragmatisch soll dies so aussehen, daß man versucht, junge Senioren für Hilfeleistungen an (älteren) Altersgenossen zu gewinnen, die dann im Bedarfsfall auch Anspruch auf Hilfeleistungen haben."[99]

Die in die Genossenschaften eingebrachten Leistungen können, persönlicher, sachlicher oder finanzieller Art sein; dementsprechend vielfältig sind dann auch die Leistungsansprüche, die sich aus der Mitgliedschaft ergeben; sie umfassen Dienst-, Sach- und Geldleistungen (z.B. Beiträge für eine Pflegeversicherung).

Es ist zu prüfen, inwieweit Seniorengenossenschaften auch für jüngere Generationen geöffnet werden können; dabei müßten beispielsweise Probleme der hohen Mobilität und Fluktuation unter den jüngeren Generationen geklärt werden (z.B. die Form und Höhe der Auszahlung beim Verlassen der Seniorengenossenschaft).

Bereits an anderer Stelle wurde die Frage aufgeworfen, inwieweit Strukturen und Angebote der Altenhilfe und →Altenbildung selbst einer Begegnung und einem Miteinander der Generationen im Wege stehen und der Ausgliederung und Ghettoisierung der alten Menschen Vorschub leisten. Hierzu sollen zwei erläuternde Beobachtungen vorgestellt werden:[100] Bedingt durch wohlfahrtsstaatliche Strukturen und herbeigeredet durch Untergangspropheten, die einen "Krieg der Generationen" und einen "Verteilungskampf zwischen Jung und Alt" heraufbeschwören, wird genau das erzeugt, was eigentlich - so unterstelle ich - alle vermeiden wollen: die Entsolidarisierung unter den Generationen. Fronten werden aufgebaut oder verschärft, wo es bislang vielleicht noch keine gegeben hat: Die jüngeren Generationen werden zu denen, die nicht für diejenigen zahlen wollen, die ihnen erst ihren Lebensstandard ermöglicht haben; die älteren Generatio-

---

[99] Riesinger-Wilhelm, 1991, S. 91; vgl. auch Oppl, 1991.
[100] vgl. Institut für Sozialarbeit und Sozialpädagogik (Hrsg.), 1995, S. 10 f.; Trilling, 1992, S. 180 ff.

nen werden zu denen, die den Jungen chaotische politische, ökonomische und ökologische Bedingungen zurücklassen und ihnen dann auch noch "auf der Tasche herumliegen". Fazit: "Altenarbeit, Altenhilfe und Altenpolitik haben durch Art und Struktur der von ihnen hervorgebrachten Angebote und der sie stützenden Ideologien den Prozeß der Entsolidarisierung der Generationen gestützt und verschleiert."[101]

Die Möglichkeit der Begegnung zwischen den Generationen muß - auch aus konzeptioneller und organisatorischer Sicht - zum Normalfall werden und darf keinen Ausnahmefall darstellen. Da, wo dies nicht gegeben ist, sind Strukturen an sich begegnungsfeindlich.

An dieser dogmatisch zu nennenden Maxime muß sich beispielsweise die Ausschußarbeit der kirchlichen Pfarrgemeinderäte messen lassen: Dort, wo die Lebensalter in den Ausschüssen auseinanderdividiert werden, wird die Begegnung zum Sonderfall. Anzuregen wäre hier - zurückblickend auf das oben genannte Beispiel - eine stärkere Arbeit in den sachthematischen Ausschüssen wie Liturgie, Berufs- und Arbeitswelt, Mission, Entwicklung und Frieden. Eventuell würde auch die Schaffung neuer Ausschüsse, die Fragen und Probleme des Gemeinwesens oder eines Stadtteils aufgreifen, zum intergenerationellen Kontakt einladen.

Zu fragen wäre aber auch nach der räumlichen Ausstattung der Gemeinden: Bietet beispielsweise ein Gemeindezentrum die Möglichkeit, daß Mitglieder unterschiedlicher Generationen sich begegnen können? Gibt es in der Gemeinde einen Ort, wo sich Menschen zu einem festen Zeitpunkt begegnen können? (z.B. ein Kirchen- oder ein Gemeindecafé? Ein Haus der Begegnung? o.ä.)

Darüber hinaus geht es aber auch - aus ökologischer Sicht - um die Berücksichtigung der Kontaktmöglichkeiten bei Bau- oder Umbaumaßnahmen im kirchlichen oder kommunalen Bereich; hierbei sollte eine Ghettoisierung alter Menschen vermieden werden; d.h. daß bei Baumaßnahmen berücksichtigt werden sollte, daß alt und jung gemeinsam in einem (Miets) Haus (Generationenwohnung) oder in einem Stadtviertel zusammenleben können.

"Die sog. Generationenwohnung ... müßte zum allgemeinen Standard werden. Zu ihrer Ausstattung zählen beispielsweise Türbreiten, die

---

[101] Trilling, 1992, S. 181.

einem Rollstuhlfahrer Durchlaß gewähren, Bad- und Toilettentüren, die nach außen geöffnet werden können, um im Notfall schneller Hilfe leisten zu können, Duschen oder Sitzbadewannen, auf die ältere, gebrechliche Menschen angewiesen sind. Auch sollten die Wohnungen flexible Grundrisse ausweisen, damit sie den sich wandelnden Bedürfnissen im Laufe eines Lebens angepaßt werden können."[102]

Derartige architektonische Gestaltungsformen erlauben dann auch unterschiedliche Formen des Zusammenlebens älterer Menschen untereinander und mit jüngeren Generationen, wie z.b. den Kleinfamilienverband oder die generationenübergreifende Wohngemeinschaft. Es geht also darum, einer Ausdifferenzierung der Lebensbereiche nach Lebensalter, einer "Entmischung der Generationen" entgegenzuwirken.

Die Einrichtung und Begleitung intergenerationeller Begegnungsangebote bedarf - angesichts der umfassenden Aufgabenstellung - einer →Fortbildung und Stützung der MitarbeiterInnen, die diese Aufgaben übernommen haben oder übernehmen sollen. Allein an die Leitung eines intergenerationellen Gesprächs bestehen hohe Erwartungen:

"Der Gesprächsleiter muß ... in der Lage sein, kontroverse Positionen der Generationen zusammenzuführen. Darüber hinaus sollte er das Geschick haben, die unmittelbare Betroffenheit der Alten und deren Wunsch nach kurzfristigen, eigennützigen Lösungen mit der abstrakten, rational nachvollzogenen Sorge der Jüngeren über ihre Zukunft als alte Menschen in Einklang zu bringen. Weiterhin wird er die besondere Empfindsamkeiten der Altersgruppen in Rechnung stellen müssen. Er muß schließlich die unterschiedlichen Formen der 'Weltvergegenwärtigung' alter und junger Menschen ... nachvollziehen können. Bei alledem darf er nicht außer acht lassen, welcher Altersgruppe er seine Sympathien schenkt und wie er aufgrund seines eigenen Alters von den Teilnehmern eingeordnet wird."[103]

Doch neben diesen geforderten Kompetenzen, die den Bereich der direkten Interaktion mit den Angehörigen verschiedener Generationen betreffen, benötigt der/die AltenarbeiterIn organisatorisch relevante Informationen und dementsprechendes Handlungswissen; dieses kann z.B. alternative

---

102 Schachtner, 1988, S. 231.
103 Schützendorf, 1990, S. 49.

Formen der Generationenbegegnung, finanzielle und rechtliche Problemstellungen, kurzum: Fragen des Sozialmanagements betreffen.

📖 Literatur

Beck, Ulrich (1986). *Risikogesellschaft: auf dem Weg in eine andere Moderne* (1. Aufl.). Frankfurt: Suhrkamp.

Beck-Gernsheim, Elisabeth (1993). Familie und Alter: Neue Herausforderungen, Chancen, Konflikte. In Naegele, Gerhard & Tews, Hans Peter (Hrsg.), *Lebenslagen im Strukturwandel des Alters: alternde Gesellschaft - Folgen für die Politik* (S. 158-169). Opladen: Westdeutscher.

Blanc, Klaus (1992). Konvergenzpunkt Leben - Perspektiven intergenerationellen Lernens in der Konsumgesellschaft. In Schlutz, Erhard u.a., *Perspektiven zur Bildung Älterer* (S. 53-62). Frankfurt: Pädagogische Arbeitsstelle, Deutscher Volkshochschul-Verband.

Blasberg-Kuhnke, Martina (o.J.). Im Alter Gemeinde leben. In Sekretariat der Deutschen Bischofskonferenz (Hrsg.), *Themenheft zur Woche für das Leben 1993: Leben im Alter* (Arbeitshilfen 104). (S. 132-147). Bonn: Bachem.

Ederer, Günter & Ederer, Peer (1995). *Das Erbe der Egoisten: wie unsere Generation die Zukunft Deutschlands verspielt* (1. Aufl.). München: Bertelsmann.

Faßnacht, Michael (1993). Begegnungsräume schaffen: intergenerationelles Lernen als Aufgabe einer ganzheitlichen Erwachsenenbildung. *Erwachsenenbildung, 39* (1), 20-23.

Gieschel, Sabine/Müller, C. Wolfgang (1989). Das Erzähl-Café am Berliner Wedding: ein öffentliches Forum für Berliner Erzähl- und Lesekreise. In Knopf, Detlef u.a. (Hrsg.), *Produktivität des Alters* (Beiträge zur Gerontologie und Altenarbeit, Bd. 75). (S. 39-47). Berlin: Deutsches Zentrum für Altersfragen.

Greiffenhagen, Martin (1990). Politische Generationen. *Erwachsenenbildung, 36* (2), 59-64.

Gronemeyer, Reimer (1990). Von der Familie zum Altersklassenkampf? *Erwachsenenbildung, 36* (2), 54-58.

Hof, Christiane (1991). Gedanken zum Erzählen in der Bildungsarbeit. *Grundlagen der Weiterbildung - Zeitschrift, 2* (6), 305-308.

Kade, Sylvia (1992). *Arbeitsplananalyse: Altersbildung.* Frankfurt: Pädagogische Arbeitsstelle, Deutscher Volkshochschul-Verband.

Kade, Sylvia (1993). Dialoge zwischen den Lebensaltern: ein Plädoyer für die intergenerationelle Bildungsarbeit. *vhs-Kurs- und Lehrgangsdienst* (39), 15-20.

Karl, Fred (1990). *Neue Wege in der sozialen Altenarbeit: Ansätze, Initiativen und Projekte.* Freiburg: Lambertus.

Karl, Fred (1992). Die Öffnung der Gerontologie in den Lebenslauf als Beitrag zur Bildung im Alternsprozeß. In Schlutz, Erhard u.a. (Hrsg.), *Perspektiven zur Bildung*

Älterer (S. 44-52). Frankfurt: Pädagogische Arbeitsstelle des Deutschen Volkshochschul Verbandes.

Knoll, Joachim H. (1990). Beschleunigungsphasen des "Generationenumschlags". *Erwachsenenbildung, 36* (2), 51-54.

Knopf, Detlef (1989). "Erfahrungswissen älterer Menschen nutzen" - Gerontologische Implikationen einer sozialpolitischen Programmatik. In Knopf, Detlef u.a. (Hrsg.), *Produktivität des Alters* (Beiträge zur Gerontologie und Altenarbeit, Bd. 75). (S. 223-231). Berlin: Deutsches Zentrum für Altersfragen.

Kraus, Bernhard (o.J.). Jüngere und Ältere gemeinsam auf dem Weg - Anregungen zum Gespräch. In Sekretariat der Deutschen Bischofskonferenz (Hrsg.), *Praktische Arbeitshilfe zur Woche für das Leben 1993: Leben im Alter* (S. 19-22). Köln: Bachem.

Lutz, Irmtraud (1990). Projekt "Alt und Jung/Kölner Generationenhaus" des Amtes für Diakonie, Köln. In Buschmeyer, Hermann (Bearb.), *Älterwerden und Bildung: Dokumentation von Vorhaben, Modellen, Erfahrungen aus Nordrhein-Westfalen* (1. Aufl.). (S. 54-56). Soest: Landesinstitut für Schule und Weiterbildung.

Meyer, Thomas (1993). Eine neue Kultur für eine Gesellschaft, die älter wird. In Klose, Hans-Ulrich (Hrsg.), *Altern der Gesellschaft: Antworten auf den demographischen Wandel* (S. 228-242). Köln: Bund.

Meyer, Thomas (1993a). Die Kultur erneuern, damit die Gesellschaft älter werden kann. *Vorwärts* (3), 10.

Schachtner, Christel (1988). *Störfall Alter: für ein Recht auf Eigen-Sinn.* Frankfurt: Fischer.

Schachtner, Christel (1989). Was wird werden aus mir? Die andere Wirklichkeit des Alters. In Keupp, Heiner & Bilden, Helga (Hrsg.), *Verunsicherungen: das Subjekt im gesellschaftlichen Wandel. Münchener Beiträge zur Sozialpsychologie* (S. 70-92). Göttingen: Hogrefe.

Schachtner, Christel (1993). Entgrenzte Lebenszeit: Gedanken zum Diskurs über Alter. In Hohl, Joachim & Reisbeck, Günter (Hrsg.), *Individuum, Lebenswelt, Gesellschaft: Texte zur Sozialpsychologie und Soziologie* (S. 173-181). München: Profil.

Schützendorf, Erich (1990). "Gespräche zwischen den Generationen" - Eine semesterübergreifende Veranstaltungsreihe der Volkshochschule des Kreises Viersen. In Buschmeyer, Hermann (Bearb.), *Älterwerden und Bildung: Dokumentation von Vorhaben, Modellen, Erfahrungen aus Nordrhein-Westfalen* (1. Aufl.). (S. 45-49). Soest: Landesinstitut für Schule und Weiterbildung.

Schweitzer, Pam u.a. (1994). *Age Exchange - Erinnerungsprojekte für Kinder und ältere Menschen* (thema 101). Köln: Kuratorium Deutsche Altershilfe.

Stosberg, Manfred (1991). Probleme zwischen den Generationen? In Oswald, Wolf D. & Lehr, Ursula M. (Hrsg.), *Altern: Veränderung und Bewältigung* (1. Aufl.). (S. 132-138). Bern: Huber.

Trilling, Andrea (1992). Gemeinwesenorientierung in der Altenarbeit - Zauberformel gegen die Hilflosigkeit? In Langen, Ingeborg & Schlichting, Ruth (Hrsg.), *Altern und Altenhilfe auf dem Lande: Zukunftsperspektiven* (S. 179-193). München: Minerva.

Weber, Erich (1987). *Generationenkonflikte und Jugendprobleme aus (erwachsenen-) pädagogischer Sicht*. München: Vögel.

Wittrahm, Andreas (o.J.). "Was du ererbst von deinen Vätern..." oder: Der Dialog der Generationen in der Familie zwischen Wunsch und Wirklichkeit. In Sekretariat der Deutschen Bischofskonferenz (Hrsg.), *Praktische Arbeitshilfe zur Woche für das Leben 1993: Leben im Alter* (S. 13-18). Köln: Bachem.

2.2 Im Vordergrund: die leibliche Dimension

Der gesundheitlichen Situation alter Menschen kommt besondere Bedeutsamkeit zu; sie ist mit ein Schlüsselfaktor für das Erleben von Wohlbefinden, Zufriedenheit und Sinn im Alter.

Folgende Krankheiten sind im Alter verstärkt anzutreffen und (Mit-) Ursachen für Hilfe- und Pflegebedürftigkeit:[104]

- Gelenkerkrankungen,
- Herzkrankheiten/Bluthochdruck,
- Stoffwechselkrankheiten,
- Krankheiten der Blutgefäße,
- Hirngefäßerkrankungen,
- Krankheiten des Nervensystems,
- Sehbehinderungen.

Auf diese Erkrankungen ist im Rahmen der Gesundheitsförderungen - auch unter biographischem Blickwinkel besonders zu achten.

Gesundheitsförderung und Leibesbildung

Aus prophylaktischer wie präventiver Sicht erhält die somit Gesundheitsförderung besondere Relevanz.

Drei Formen der Prävention werden unterschieden:[105] Die primäre Prävention intendiert die Erhaltung der Gesundheit bzw. die Verringerung von Krankheitsrisiken und bietet dementsprechende Maßnahmen an; die sekundäre Prävention behandelt spezifische Risikofaktoren und Krankheiten; die tertiäre Prävention zielt auf die Verhütung wiederkehrender Krankheitsbilder (Rückfall) oder von Zweiterkrankungen.

"Gesundheitsförderung wird zugleich als Prozeß verstanden, der sowohl individuelle Befähigung zu gesundheitlichem Verhalten als auch soziale und politische Strategien zur Schaffung gesundheitsförderlicher Verhältnisse umfaßt."[106]

---

[104] vgl. Felscher u.a., 1995, S. 54 f.
[105] vgl. Felscher u.a., 1995, S. 59.
[106] Noack, 1994, S. 57; vgl. auch Felscher u.a., 1995, S. 59 f.

Die Gesundheitsförderung zielt darauf, die Krankheitsrisiken und Lasten zu vermindern, große soziale Unterschiede in Bezug auf die Gesundheitschancen abzubauen und gesundheitsförderliche Lebensweisen zu stärken. Als Leitprinzipien der Gesundheitsförderung werden von der Weltgesundheitsorganisation (WHO) genannt[107] :

- die Schaffung von Bedingungen für eine gesundheitsförderliche Gesamtpolitik,
- die Entwicklung persönlicher Kompetenzen jedes einzelnen Menschen,
- die Schaffung gesundheitsförderlicher Lebenswelten,
- die Unterstützung gesundheitsbezogener Gemeinschaftsaktionen,
- die Neuorganisation von Gesundheitsdiensten.

Gerade hinsichtlich der Kostenentwicklung bzw. der anzuzielenden Kostenentlastung in den Bereichen Altenhilfe und Behindertenhilfe erhält die Gesundheitsförderung besondere Bedeutung. Drei Schwerpunkte der Gesundheitsförderung seien hervorgehoben: die Gesundheitsberichterstattung, die Gesundheitserziehung und -bildung sowie die gemeindeorientierte Gesundheitsförderung.

Die Gesundheitsberichterstattung ist (ähnlich wie die Sozialberichterstattung oder die Armutsberichterstattung) wesentliche Voraussetzung für eine fundierte Ziel- und Schwerpunktsetzung, für eine gezielte Steuerung und Kontrolle im Bereich öffentlicher Gesundheitspolitik. Im Rahmen der Gesundheitsberichterstattung werden unterschiedliche Informationen erhoben[108] :

- Informationen "über die Verteilung und Entstehung von Gesundheitsgefahren nach Gefährdungsbereichen, Bevölkerungsgruppen und Zielkrankheiten (Risikoberichterstattung)",
- Daten über geschlechts-, regions-, arbeits- und schichtenspezifische Gesundheits- und Krankheitssituationen sowie über Sterbefälle (Krankheitsberichterstattung),
- Informationen "über Ausstattung und Leistungen der gesundheitsbezogenen Situationen (Versorgungsberichterstattung: Krankenversorgungssystem, Gesundheitsämter, Sozialstationen, Arbeitsschutz, Selbsthilfegruppen, Gesundheitsinitiativen etc.)",

---

[107] vgl. Laaser u.a., 1993, S. 177 f.
[108] vgl. Deutscher Bundestag, 1994, S. 312 f.; Rosenbrock, 1993, S. 324 f.

- Daten "über Gründe, Verlauf und Ergebnis erfolgreicher und erfolgloser Initiativen privater und staatlicher Akteure zur Verbesserung von Prävention und/oder Krankenversorgung (Politikberichterstattung)".

Die Gesundheits- und die Versorgungsplanung fundiert auf einer soliden Gesundheitsberichterstattung. Für die Planungsprozesse erweisen sich sogenannte regionale Gesundheitskonferenzen als besonders geeignet; in ihnen werden die erhobenen Daten ausgewertet, bewertet und Handlungskonsequenzen erarbeitet.

Gesundheitsbildung kann an unterschiedlichen Lebensaltern ansetzen; so findet sie ihren Platz in Kindergärten, Schulen, in der Jugendarbeit und in der Erwachsenenbildung. Als Methoden der Gesundheitsbildung werden neben reinen Informationsveranstaltungen Gesprächsforen, Arbeitsgruppen und Gesundheits-Werkstätten genannt. Gesundheitsbildung hat sich dabei an der Lebenswelt der Zielgruppen zu orientieren und regionale Besonderheiten in den Blick zu nehmen; eine flächendeckende Bildung mit allgemeinen Inhalten erweist sich oft als zu abgehoben. Prinzipiell ist deswegen auch auf Bürgerbeteiligung und Partizipation der Zielgruppen zu achten.

Aber nicht nur die körperliche Gesundheit steht im Fokus der Gesundheitsbildung, sondern auch die psychische Verfassung der Menschen. Die Beschäftigung mit den Umweltbedingungen und gegebenenfalls die Gestaltung derselben ist ihr ebenso aufgegeben wie die Kompensation von psychischen Leitungseinbußen.

Dem Prinzip der Lebensweltorientierung entspricht es auch, bei der jeweiligen Gemeinde anzusetzen. Dabei "wird unter Gemeindeorientierung wahlweise der Bezug zur abgegrenzten Großkommune, zur Kleinstadt, zum Stadtteil, zur Kirchengemeinde oder auch zu einem Konglomerat von mehreren Kleingemeinden einer Region verstanden"[109]. Vorteile einer gemeindeorientierten Gesundheitsförderung sind[110]:

- die Bündelung und Effektivierung von Maßnahmen der Gesundheitserziehung und Förderung in der Gemeinde,
- die Möglichkeit von →Koordination und Kooperation zwischen unterschiedlichen Organisationen auf Gemeindeebene,
- die Nutzung bestehender Strukturen und Einbeziehung einflußreicher Personen vor Ort zur Förderung der Angebote,

---

[109] Laaser u.a., 1993, S. 195.
[110] vgl. Laaser, u.a. 1993, S. 195 f.

- die Anknüpfung an regionale/örtliche Traditionen, Normen und Orientierungen - mit der Folge, daß sich die Akzeptanz der Gesundheitsförderung bei der Zielgruppe erhöht,
- die unmittelbare Rückbeziehung von Angeboten und Maßnahmen der Gesundheitsförderung auf die Lebenssituation vor Ort.

In den Projekten zur "gesunden Gemeinde" werden alle für den Bereich der Gesundheitsversorgung und Politik bedeutsamen Personen, Einrichtungen und Institutionen angesprochen und zur Mitarbeit motiviert; dazu gehören neben Ärzten, Apotheken, Krankenhäusern, Krankenkassen und Pflegediensten die Erwachsenenbildung, die Jugendarbeit, die Gewerkschaften, die Industrie- und Handelskammern, die Frauenbeauftragten sowie vor allem Selbsthilfegruppen und Bürgerinitiativen.[111]

Konkrete Handlungsfelder der Gesundheitsförderung alter Menschen sind:[112]
- die Beratung hinsichtlich des Ernährungsverhaltens,
- die Durchführung von Krebsfrüherkennungsuntersuchungen,
- die Betreuung von Diabetes-PatientInnen,
- Angebote zu Erhalt und Förderung der körperlichen Beweglichkeit,
- die Betreuung von und in Alteneinrichtungen.

Die Begriffe "Gesundheitsförderung" und "Gesundheitsbildung" stehen in der Gefahr, das Körperliche und Medizinische überzubetonen und einen eher engen Blickwinkel anzulegen. Die Zusammenschau von biologischen, psychologischen und sozialen Aspekten, auch unter Berücksichtigung ökologischer und spiritueller Faktoren ist anthropologisch gesehen notwendig und sinnvoll; der Oberbegriff der "Leibesbildung" wird für diejenigen pädagogischen Maßnahmen vorgeschlagen, die eine solche Gesamtschau des Menschen intendieren.[113]

Förderung der Bewegung im Alter - Motogeragogik

"Die Erhaltung der Beweglichkeit ist eine Grundvoraussetzung für selbständige Lebensführung im Alter. Beweglichkeit ist dabei keineswegs auf die körperliche Beweglichkeit beschränkt, sondern umfaßt vielmehr weite

---

[111] vgl. hierzu auch Kardorff, 1988.
[112] vgl. Felscher u.a., 1995, S. 60.
[113] Papenkort, 1995.

Bereiche der Persönlichkeit."[114] Soziales Aktivsein und geistige Flexibilität sind damit in gleicher Weise angesprochen; ihre Vernetzung mit der körperlichen Mobilität wird hiermit besonders akzentuiert. Persönlichkeitsförderung und Aufbaue bzw. Erhaltung der Handlungskompetenz sind damit letztendlich die Ziele der Motogeragogik.

> Die Motogeragogik versteht sich als ein auf das Alter bezogenes „Konzept einer ganzheitlichen Erziehung und Persönlichkeitsbildung über motorische Lernprozesse. Sie orientiert sich an dem Wissen über die motorische Entwicklung und deren Beeinträchtigungen [im Alter] und nutzt die Motodiagnostik, um den Entwicklungsstand und das jeweilige Vermögen einer Person als Grundlage der Förderung zu erheben."[115]

Bezugswissenschaft dieses Aufgaben- und Tätigkeitsbereiches der Geragogik ist die Motologie: "Motologie als Wissenschaft von der menschlichen Bewegung befaßt sich mit der motorischen Entwicklung, ihren Störungen. den Möglichkeiten ihrer Förderung und vor allem mit den Zusammenhängen zwischen der Bewegungsentwicklung und der Entwicklung der Persönlichkeit."[116] Die Motogeragogik beschäftigt sich mit unterschiedlichen Themenstellungen:[117]

- mit der Körpererfahrung
- mit der Differenzierung der Wahrnehmung
- mit der materialen und der Bewegungserfahrung
- mit der Alltagsmotorik,
- mit der Körperbildung,
- mit der sozialen Erfahrung und
- mit Entspannung.

📖 Literatur

Laaser, Ulrich u.a. (1993). Prävention, Gesundheitsförderung und Gesundheitserziehung. In Hurrelmann, Klaus & Laaser, Ulrich (Hrsg.), *Gesundheitswissenschaften: Handbuch für Lehre, Forschung und Praxis* (S. 176-203). Weinheim: Beltz.

---

[114] "Motogeragogik"..., 1990, S. 6.
[115] Philippi-Eisenburger, 1990, S. 123; Ergänzung durch H.Kl.
[116] "Motogeragogik"..., 1990, S. 6.
[117] vgl. "Motogeragogik"..., 1990, S. 7; Philippi-Eisenburger, 1990, S. 133 ff.

"Motogeragogik" - Universität Marburg entwickelte neue Konzeption für "ganzheitliche Bewegungsarbeit" mit alten Menschen (1990). *Presse- und Informationsdienst, Kuratorium Deutsche Altershilfe* (1), 6-7.

Noack, Richard Horst (1994). Gesundheitsförderung. *Grundlagen der Weiterbildung - Zeitschrift, 5* (2), 57-61.

Papenkort, Ulrich (1995). Gesundheitsbildung: Mit der Gesundheitsförderung gegen Krankheitsverhütung und Gesundheitserziehung an der Leibesbildung vorbei? *Erwachsenenbildung, 41* (1), 39-40.

Philippi-Eisenburger, Marianne (1990). *Bewegungsarbeit mit älteren und alten Menschen: Theorie und Praxis der Motogeragogik.* Schorndorf: Hofmann.

Pollok, Ernest (1995). Progressive Muskelentspannung für Ältere. In Lade, Eckard (Hrsg.), *Ratgeber Altenarbeit: das aktuelle Handbuch für Altenhilfe, Pflege und Betreuung* (Teil 11/3.9). Ostfildern: Fink-Kümmerly + Frey.

Rosenbrock, Rolf (1993). Gesundheitspolitik. In Hurrelmann, Klaus & Laaser, Ulrich (Hrsg.), *Gesundheitswissenschaften: Handbuch für Lehre, Forschung und Praxis* (S. 317-346). Weinheim: Beltz.

2.3 Im Vordergrund: die spirituell-religiöse Dimension

2.3.1 Religiöse und ethische Bildung im Alter

Religiöse Bildung

Auch und gerade im Alter ist es wichtig, den religiösen Teil des Lebens im Rahmen von Bildung zu thematisieren; dies kann mit unterschiedlichen Zielen und Absichten geschehen:[118] um ein tragfähiges Sinnsystem aufzubauen und zu stützen, um sich mit biographischen und (den die Biographie umgebenden) religionsgeschichtlichen Entwicklungen auseinanderzusetzen, um den eigenen Standort gegenüber transzendenten und spirituellen Welten zu klären.

Gerade der biographischen Betrachtung von Glaubensentwicklungen im Lebenslauf kommt eine besondere Bedeutung zu: Die hier erlebten Brüche und Diskrepanzen (z.B. durch das II. Vatikanische Konzil im katholischen Bereich) werden vielfach als verunsichernd und hinsichtlich des eigenen "Seelenheils" im Jenseits als bedrohlich erlebt.

Das Wissen um die Religiosität im Alter ist bislang sehr begrenzt; nichts desto trotz stellen das Gespräch über religiöse Themenstellungen, das Bewußtwerden des eigenen religiösen Standortes, das Kennenlernen anderer Ansichten und Glaubenshaltungen sowie die Reflexion vergangener und aktueller Wandlungen und Entwicklungen in der religiösen Welt - z.B. im Rahmen der →Biographiearbeit - thematische Schwerpunkte einer religiösen Bildung im Alter dar. Besonders hervorgehoben sei die für ältere Menschen häufig ungewohnte, aber auch sehr fruchtbare Auseinandersetzung mit biblischen Texten, die nicht bestimmt ist durch einen "allwissenden" und "alles auslegenden" Geistlichen oder Theologen, sondern in die alle Teilnehmenden gleichberechtigt ihr Glaubensverständnis und ihre Erfahrungen einbringen können (das sogenannte "Bibel-Teilen"[119]).

---

[118] vgl. Klingenberger, 1992, S. 272.
[119] vgl. Missio (Hrsg.), 1989.

Die religiöse Bildung im Alter steht in der Nähe zur →Altenpastoral. Sie greift die Themen von Lebenskrisen im Alter auf (z.B. Krankheit, Einsamkeit, Verwitwung u.a.) und deutet sie vor dem Hintergrund religiöser, hauptsächlich christlicher Glaubensaussagen.

Mit Blick auf die Situation der kirchlichen Gemeinden, der Groß-Kirchen und der alten Menschen darin, lassen sich folgende Aufgaben religiöser Bildung beschreiben:[120]

- die (Wieder-) Begegnung mit der Glaubenswelt nach einem evtl. weniger religiös geprägten Lebenslauf,
- Hilfe und Unterstützung bei der Auseinandersetzung mit einer soziokulturellen Umwelt, die christliche Werte und Verhaltensweisen kritisch anfragt,
- die Befähigung dazu, kirchliche (Reform- oder Restaurierungs-) Entwicklungen zu verstehen, zu akzeptieren oder gegebenenfalls kritisch zu hinterfragen,
- die Unterstützung und Begleitung von Großeltern bei der religiösen Erziehung ihrer (Ur-) Enkel,
- Hilfe und Begleitung für die älteren Männer, die nach der Berufsaufgabe vielfach in beträchtliches Sinnvakuum geraten.

Als konkrete Ziel-und Aufgabenstellungen der Katechese werden genannt:[121]

- die Förderung des Selbstwertgefühls - unabhängig von der persönlichen Leistung(sfähigkeit),
- die Ermutigung zur religiösen Auseinandersetzung mit der Welt,
- die Entdeckung von neuen sinnstiftenden Tätigkeitsbereichen (z.B. in der Gemeinde) und die Vorbereitung darauf,
- die Hilfe bei bedrängenden Fragen (z.B. Schuld oder Angst) und das Angebot darauf bezogener religiöser Praktiken (z.B. Gebet),
- die Vermittlung von Hoffnung - angesichts von Sterben und Tod,
- die Förderung für Offenheit gegenüber aktuellen gesellschaftlichen und kirchlichen Entwicklungen,
- die →Begegnung zwischen den Generationen.

---

[120] vgl. Sauter, 1995
[121] vgl. Sauter, 1995

Besondere Herausforderungen der religiösen Altenbildung ergeben sich zum einen durch die zurückgehende Kirchenbindung künftiger Altersgenerationen, zum anderen durch die neuen religiösen Bewegungen, die auch Zuspruch von seiten der älteren Generationen finden, und schließlich durch die wachsende Zahl ausländischer, nicht christlicher SeniorInnen.

Ethische Bildung

Durch das Erreichen der Altersgrenze wird eine ethische Verantwortung - für sich und andere - nicht abgelegt. Insbesondere christliche Autoren[122] beschreiben Verantwortungsbereiche und ethische Aufgaben, die sich aus der Lebensphase Alter ergeben.

So ist allgemein gesprochen der alte Menschen immer noch - trotz eventueller gesundheitlicher Einschränkungen und Behinderungen - ein freier Mensch und somit auch ein zur Verantwortung bestimmter Mensch. Diese Verantwortung trägt er für sich und andere.

Solche Selbst-Verantwortung zeigt sich z.B. im angemessenen Umgang mit der zur Verfügung stehenden (Lebens-) Zeit, mit Einschränkungen und Behinderungen, mit der Endlichkeit des Lebens.

Die Verantwortlichkeit für die anderen - und dies sind hier vor allem: die jüngeren Generationen - wird eher selten in den Blick genommen; die aktuelle Diskussion (z.B. um Renten, Pflege usw.) geht eher davon aus, daß die Jüngeren Verantwortung für die Älteren haben. Doch nicht zuletzt in der politischen Mitverantwortung und Mitarbeit, in der Schonung der natürlichen Ressourcen, in der Zur-Verfügung-Stellung von Wohnraum oder in der Weitergabe von lebens-notwendigen Wissen realisiert eine solche Verantwortung der älteren Generationen für die Jüngeren.

📖 Literatur

Auer, Alfons (1995). *Geglücktes Altern: eine theologische-ethische Ermutigung* (2. Aufl.). Freiburg: Herder.

Missio (Hrsg.). (1989). *Bibel-Teilen: Werkheft für Gruppen in der Gemeinde* (3. Aufl.). Aachen: Eigenverlag.

---

[122] zum folgenden Auer, 1995, S. 135 ff.

2.3.2 Vorbereitung auf Sterben und Tod sowie Sterbebegleitung

Sterben und Tod in unserer Kultur

Die Vorbereitung auf Sterben und Tod sowie die Sterbebegleitung hat sich zunächst einmal grundsätzlich in Fragen von Sterben und Tod auseinanderzusetzen. Hier sind unterschiedliche Aspekte religiös-theologischer, sozialer-soziologischer und biologischer Art zu berücksichtigen und zu betrachten.

So ist beispielsweise in den Blick zu nehmen, daß Sterben und Tod in unserer derzeitigen gesellschaftlichen und kulturellen Verfassung einerseits tabuisiert bzw. abgedrängt werden; dies führt zu einem sogenannten "isolierten Sterben". Fand Sterben früher traditionellerweise in der Familie bzw. in Glaubensgemeinschaften statt, so ist heute eine Säkularisierung des Sterbeprozesses festzustellen. Andererseits ist zu konstatieren, daß die Menschen über die Medien mit einer (fast nicht mehr zu verarbeitenden) Vielzahl von Tod und Toten konfrontiert werden. Auch dies führt zu einer Ent-Wertung des Todes und der Sterbenden.

Aus psychologischer Sicht muß Sterben als ein individuelles Geschehen angesehen werden, daß sich einem pauschalen Zugang verschließt. In diesem Zusammenhang ist zur Vorsicht gegenüber Modellen von Sterbephasen zu raten.

Ein solches Modell wurde z.B. von Elisabeth Kübler-Ross[123] entwickelt. Sie unterscheidet zwischen den Phasen des 1) Schocks und Nicht-wahr-haben-wollens, 2) der Wut und des Ärgers, 3) des Verhandelns, 4) der Depression und Resignation und 5) der Annahme.

Biographische Erfahrungen und die dadurch mitbestimmte Persönlichkeitsentwicklung sind neben dem sozialen Umfeld des/der Sterbenden (und seiner/ihrer Integration darin) für den individuellen Sterbeprozeß bedeutsam:[124] insbesondere der frühere Lebensstil, die rückblickende Lebensbilanzierung und das Sinnerleben in der aktuellen Situation beeinflussen und gestalten das persönliche Sterbegeschehen.

---

[123] vgl. Kübler-Ross, 1983.
[124] vgl. Schmitz-Scherzer, 1995, S. 249.

90

Sterbebegleitung

Sterbebegleitung ist von der Sterbehilfe deutlich abzugrenzen:
Sterbehilfe meint die Hilfe beim und zum Sterben - verbunden mit dem Ziel der Leidensminderung. Man unterscheidet zwischen der aktiven Sterbehilfe, d.h. der gezielten Lebensverkürzung auf Verlangen bzw. Einwilligung des Sterbenden, und der passiven Sterbehilfe, d.h. der Unterlassung bzw. dem Abbruch von Behandlungsmaßnahmen. Von grundlegender Bedeutung ist in diesem Zusammenhang die juristische Seite: Nach der aktuellen Rechtsprechung besteht eine Letztverantwortung des Arztes, der jedoch den Willen des Patienten zu beachten hat. Es existiert kein Recht auf Tod bzw. auf Tötungshilfe; die Mitleidstötung ist nicht erlaubt. Weiterhin darf es aber auch keine Lebensverlängerung gegen den Willen des Patienten geben. Juristisch problematisch stellt sich die sogenannte "Drittentscheidung" dar, d.h. der Umgang mit Entscheidungen zum Beispiel Angehöriger des Patienten. Der Sterbehilfe-Begriff wird immer wieder auch im Zusammenhang gebracht mit dem "Euthanasie"-Begriff; "Euthanasie" bedeutet eigentlich "schöner Tod"; diese Definition steht jedoch in deutlichem Kontrast zu den Euthanasievorgängen im dritten Reich. Die aktuell zu beobachtende neuere Euthanasiediskussion ist vor allem utilitaristisch ausgerichtet; d.h. sie fragt nach Nutzen und Lasten menschlichen (behinderten und leidenden) Lebens. In dieser neueren Euthanasiediskussion wird die Würde des menschlichen Lebens enttabuisiert; die Personalität des Menschen wird reduziert auf rationales Verhalten, autonomes Leben und auf die Existenz von Selbstbewußtsein. Menschliches Leben, das nicht über solche Kennzeichen verfügt, wird als lebensunwert angesehen; es gilt als verfügbar. Hintergründe der aktuellen Euthanasiedebatte stellen u.a. Erfahrungen mit der derzeitigen Intensivmedizin sowie die Kosten-Nutzen-Rechnung im Gesundheitswesen dar.

> Sterbebegleitung meint den Beistand für den/die Sterbenden und deren/dessen Angehörigen im jeweils individuell verschiedenen Sterbeprozeß - mit Blick auf die Ganzheitlichkeit des Menschen und dem Ziel, das Sterben so lange als möglich im vertrauten häuslichen Raum aktiv (mit-) zu gestalten.

Der Aufgaben- und Tätigkeitsbereich der Sterbehilfe richtet sich an zwei Zielgruppen: Die Sterbenden selbst sowie deren Freunde bzw. Familienangehörige. Ziele der Sterbehilfe sind: Lebenshilfe und Sterbebegleitung, d.h. die Unterstützung im Sterbeprozeß. Eine selbstbestimmte Lebensgestaltung im Sterben soll ermöglicht werden; Sterbende und deren Angehörige und Freunde sollen ganzheitlich und mitmenschlich begleitet werden. Was den Sterbenden selbst betrifft, so soll dieser seinen Alltag in wachem Zustand erleben können; dabei sind aber eventuell auftretende Schmerzen in effektiver Weise zu kontrollieren. Orte der Sterbebegleitung stellen zum einen das private Heim des Sterbenden dar; zum anderen gibt es stationäre Formen der Sterbebegleitung, von denen das Hospiz die bekannteste Form ist.

Die Hospiz-Idee kann als eine moderne Fortführung der "Ars moriendi"-Kultur des Mittelalters verstanden werden:[125] Die Hospizbewegung will die Isolation der Sterbenden überwinden helfen, ein Sterben im häuslichen Bereich so weit als möglich gewährleisten und zusammen mit den Sterbenden und deren Angehörigen und Freunden den Sterbeprozeß aktiv gestalten. Damit sind schon einige Ziele und Prinzipien der Hospizidee angesprochen, die noch durch weitere zu ergänzen sind[126] - sie lassen sich auch grundsätzlich auf andere Formen der Sterbebegleitung übertragen:

- systemisches Denken: Die Familie der/des Sterbenden wird in den Begleitungsprozeß mit einbezogen.
- Ganzheitlichkeit: Sterben - und gegebenenfalls dabei auftretende Schmerzen - ist ein den ganzen Menschen betreffendes Geschehen; körperliche, psychische, soziale und religiöse Faktoren fließen mit in das Erleben der betreffenden Person ein und sind somit bei der Sterbebegleitung zu berücksichtigen.
- Trauerarbeit: Die Arbeit der Hospize endet nicht mit dem Tod der zu betreuenden Person; vielmehr sollen deren Angehörige noch bei ihrem Trauerprozeß begleitet werden.
- Entprofessionalisierung: In den Prozeß der Sterbe- und Trauerbegleitung sollen auch ehrenamtliche MitarbeiterInnen integriert werden. Diese bedürfen dann umfassender →Aus-, Fort- und Weiterbildungsangebote sowie →Supervisionen.

---

[125] vgl. hierzu Ballnus, 1995; Dingwerth, 1992.
[126] vgl. Student, 1987, S. 60 ff.

- Interdisziplinarität: Die Mitarbeiterschaft in Hospizen und Hospizvereinen sollte sich aus möglichst vielen Professionen, die sich mit Sterben und Tod beschäftigen, zusammengesetzt sein.

MitarbeiterInnen in Hospizen sind ÄrztInnen, Pflegekräfte, PsychologInnen und TheologInnen sowie SozialarbeiterInnen und PädagogInnen; diesen sind angemessene Aus- und Fortbildungsmöglichkeiten zum Beispiel auch im Themenbereich der Thanatologie bereitzustellen. Diese und Möglichkeiten zur Supervision ermöglichen eine Verarbeitung und Reflexion der gemachten Erfahrungen und machen die Sterbebegleitung zu einem Lernprozeß[127].

Hospize und deren Mitarbeiter und Mitarbeiterinnen sind auf Kooperation angewiesen: Diese vollzieht sich mit Familienangehörigen und Freunden der Sterbenden, mit →ehrenamtlichen MitarbeiterInnen, mit Angeboten der offenen Altenhilfe sowie mit unterschiedlichem Fachpersonal.

📖 Literatur

Ballnus, W. (1995). Die Hospizidee - eine neue Ars moriendi? *Zeitschrift für Gerontologie und Geriatrie, 28*, 242-246.

Dingwerth, Paul (1992). Lebenshilfe im Sterben: Von den Anfängen der Hospizbewegung und von ihren Zielen. *Bibel und Kirche, 47* (2), 78-86.

Falck, Ingeborg (1993). Sterbebegleitung: In Deutscher Verein für öffentliche und private Fürsorge (Hrsg.). *Fachlexikon der sozialen Arbeit* (3., erneuerte u. erw. Aufl.). (S. 922). Frankfurt: Eigenverlag.

Kübler-Ross, Elisabeth (1983). *Interviews mit Sterbenden* (15. Aufl.). Stuttgart: Kreuz.

Neuer-Miebach, Therese (1993). Sterbehilfe/Euthanasie. In Deutscher Verein für öffentliche und private Fürsorge (Hrsg.), *Fachlexikon der sozialen Arbeit* (3., erneuerte u. erw. Aufl.). (S. 923-924). Frankfurt: Eigenverlag.

Schmidt-Rost, Reinhard (1989). Die Begleitung Sterbender - pastoralpsychologische Überlegungen. In: Lade, Eckard (Hrsg.). *Ratgeber Altenarbeit: das aktuelle Handbuch für Altenhilfe, Pflege, Betreuung* (Teil 12/3.1). Ostfildern. Fink-Kümmerly + Frey.

Schmitz-Scherzer, Reinhard (1992). Sterben heute. In Schmitz-Scherzer, Reinhard (Hrsg.), *Altern und Sterben (*Angewandte Alterskunde, Bd. 6). (S. 9-26). Bern: Huber.

Schmitz-Scherzer, Reinhard (1995). Sterbebegleitung - eine Last für professionelle und familiäre Helfer? *Zeitschrift für Gerontologie und Geriatrie, 28*, 247-251.

---

[127] vgl. Taubert, 1991, S. 209 ff.

Student, Johann-Christoph (1987). Zu Hause sterben - Aufgaben für die Sozialarbeit im Umgang mit sterbenden Menschen und deren Angehörigen. *Medizinsoziologie, 1* (1), 57-64.

Taubert, J. (1991). Sterben und Sterbebegleitung aus der Sicht der Krankenpflege. In Hirsch, Rolf D. & Krauß, Burkhard (Hrsg.), *Gerontopsychiatrie und Altenarbeit I: Beiträge aus der Fortbildungsreihe "Gerontologisches Forum" im Landkreis Göppingen* (Beiträge zur Gerontologie und Altenarbeit, Bd. 67). (3. unveränd. Aufl.). (S. 208-220). Berlin: Deutsches Zentrum für Altersfragen.

2.4 Im Vordergrund: die personale Dimension

2.4.1 Altenbildung

Gemäß der bereits weiter oben erfolgten Unterscheidung soll im folgenden Kapitel die "Altenbildung i.e.S." thematisiert werden. Es handelt sich dabei also um Bildungsangebote, die sich direkt und intentional an die ältere und alte Bevölkerung richten.

Sie gelten als eine wichtige Voraussetzung für das Erleben von Wohlbefinden und positiver Lebensgestaltung im Alter.

Bildung im Alter kann eine Vielzahl von Zielen verfolgen; entsprechend der eingeführten Dimensionen des Menschseins lassen sie sich folgendermaßen ausdifferenzieren:[128]

- Im Blick auf das soziokulturelle Leben können unterschiedliche Ziele als wesentlich erachtet werden: genannt seien hier die Vermittlung von kulturellem Wissen, die Reproduktion von Kultur, aber auch die Einflußnahme und Weiterentwicklung von Kultur, die Konfrontation mit und Einübung von altersgerechten Rollen sowie der Aufbau von Solidarität und die Aufrechterhaltung von gesellschaftlicher Integration.
- Hinsichtlich der Leiblichkeit des älteren Menschen bzw. der ihn umgebenden äußeren Natur läßt sich in der Altenbildung eine Schwerpunktsetzung auf den Bereich der Gesundheit feststellen. Bildungsmaßnahmen hinsichtlich eines angemessenen Umgangs mit naturhafter Umwelt bleiben weitgehend unberücksichtigt; es kann angefragt werden, ob diesbezüglich nicht eine Festigung eines Altersbildes, das den älteren Menschen als einen kranken und körperlich-eingeschränkten ansieht, gefördert wird.
- Grundsätzliche Aufgabe der Geragogik hinsichtlich des geistig-religiösen Lebensbereichs ist der Aufbau bzw. die Stützung eines tragfähigen Sinnsystems bzw. die Hilfe bei Einbrüchen des Sinnsystems sowie die Förderung der Auseinandersetzung mit weiteren Komponenten dieser Lebensdimension.
- Als ein wesentliches Ziel pädagogischen Handelns - hier im Hinblick auf die personale Ebene - im allgemeinen und geragogischen Wirkens

---

[128] vgl. Klingenberger, 1992.

95

im besonderen kann die Vermittlung und der Erwerb von Lebenstüchtigkeit genannt werden. Dabei umfaßt dieser Begriff ein Reihe von Fähigkeiten und Einstellungsweisen. Zu nennen wäre hierbei u.a. das Ziel der Selbständigkeit. Hierzu gehört z.B. auch, daß der ältere und alte Mensch dazu befähigt wird, ein persönlich verantwortetes Ethos aufzubauen und zu leben. Weiterhin zu nennen wäre der Aufbau einer altersadäquaten Identität und die Förderung einer ganzheitlichen Entwicklung im Alter.

Welche konkreten Ziele in Altenbildungsangeboten in Angriff genommen werden, kann - vor allem in einer teilnehmerorientierten Altenbildung - nicht nur von seiten des Veranstalters oder des Dozenten entschieden werden. Vielmehr erscheint hier eine Beteiligung der betroffenen und angezielten älteren Menschen als sinnvoll. Wohl gemerkt: Dialogische Verständigung über Ziele von Altenbildungsangeboten (aber auch über Inhalte und Sozialformen) heißt nicht, daß die älteren Menschen den Geragogen die Ziele diktieren, sondern erfordert eine dialogische Vereinbarung angesichts der jeweiligen Vorstellungen.

Ein wichtiges (personales) Ziel für die Altenbildung besteht in der Ermutigung für das Leben in dieser Lebensphase; ein solches Ziel weiß sich dem "Empowerment"-Ansatz verpflichtet (→Altenberatung); d.h. die Angehörigen älterer Generationen sollen für ihr Leben im Alter bestärkt werden. Dies kann dadurch geschehen, daß spezifische Lebensaspekte besonders fokussiert werden: Verständnis der eigenen Lebenssituation, Erfahrungen von Kompetenz und Lebensbewältigung innerhalb der eigenen Biographie (→Biographiearbeit), soziale (Unterstützungs-) Netzwerke und andere Quellen, aus den Kraft geschöpft werden kann (z.B. Glaube, Natur u.a.):

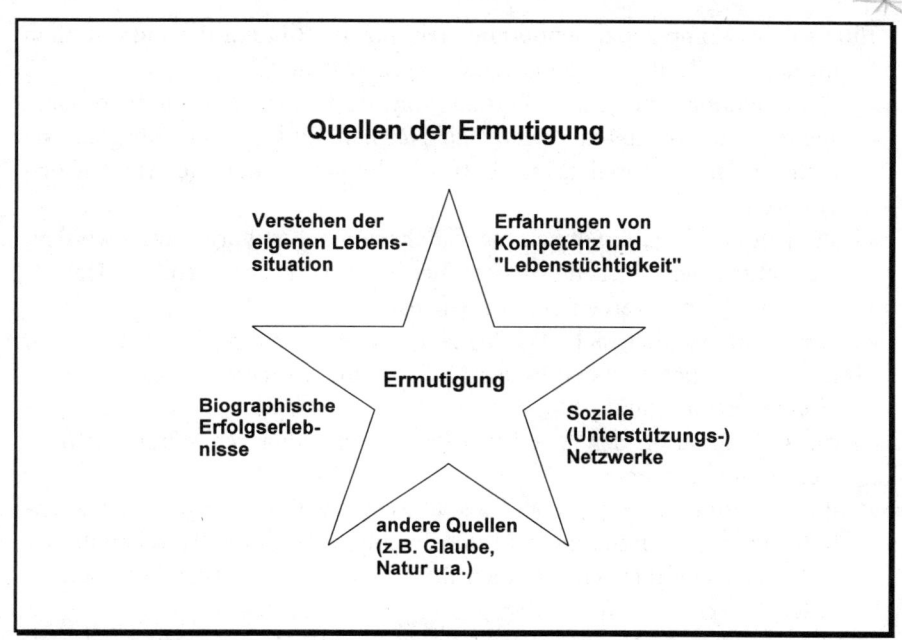

Quellen der Ermutigung

Verstehen der eigenen Lebenssituation

Erfahrungen von Kompetenz und "Lebenstüchtigkeit"

Ermutigung

Biographische Erfolgserlebnisse

Soziale (Unterstützungs-) Netzwerke

andere Quellen (z.B. Glaube, Natur u.a.)

Altenbildnerisches Handeln ist nicht nur zielorientiert; vielmehr ist es auch prinzipiengeleitet: Solche Prinzipien beschreiben, wie ein Ziel erreicht werden soll, welche Aspekte besonders beachtet und im pädagogischen Prozeß berücksichtigt werden sollen. Als solche Aspekte, die auch für die Altenpädagogik relevant sind, wurden in den vorausgegangenen Kapiteln bereits behandelt: die Biographie- und die Lebensweltorientierung sowie die Ganzheitlichkeit. Eine weiteres handlungsleitendes Motiv liegt in der sogenannten "Kompetenzorientierung" vor: Unter Kompetenz wird dabei die "Fähigkeit zur Aufrechterhaltung eines selbständigen, aufgabenbezogenen und sinnerfüllten Lebens in einer anregenden, unterstützenden und die selbstverantwortliche Auseinandersetzung mit Aufgaben und Belastungen fördernden Umwelt" verstanden[129]. Das Kompetenzmodell des Alters - in Abgrenzung zum Disengagement- oder Disuse-Modell - richtet seine Aufmerksamkeit somit auf die Ressourcen, die Entwicklungsmöglichkeiten und die Potentiale des Alters.[130]

---

[129] Kruse, 1992, S. 142; vgl. auch Olbrich, 1992.
[130] vgl. zum folgenden z.B. Dettbarn-Reggentin & Reggentin, 1992; 1992a.

Eine solche Kompetenzorientierung zieht für die Bildung für und mit alten Menschen eine Reihe von Konsequenzen nach sich:[131]

- Die Planung und Durchführung von Bildungsveranstaltungen kann nicht mehr abstrakten Zielen und Normen folgen; vielmehr muß sie sich an den Potentialen und Lebensbedingungen der Zielgruppen orientieren;
- die Bildungsinhalte können nicht mehr von außen vorgegeben werden; sie richten sich nach den Adressaten (deren Erfahrungen und Betroffenheiten) bzw. werden von diesen bestimmt;
- weiterhin wandelt sich das "pädagogische Verhältnis" zwischen den alten Menschen und den in der Altenbildung Tätigen - in Richtung auf Gleichberechtigung;
- die Individualität der jeweiligen Person wird dadurch stärker berücksichtigt und gefördert;
- die Altenbildung erhält somit auch besondere Bedeutung für die nachberufliche Qualifizierung und die Erschließung neuer Tätigkeitsfelder der alten Menschen - mit Folgen für Sinnerleben und Wohlbefinden im Alter.

Die Kompetenzorientierung ist nicht unumstritten:[132] Kritisiert wird, daß sie ihren Blick einseitig auf die Fähigkeiten und Potentialen der alten Menschen richtet und dadurch die Schwächen und Einschränkungen des Alters übersieht und damit die alten Menschen aus dem Blick verliert, deren Fähigkeiten und Potentiale (ob psychisch oder sozio-ökonomisch) eingeschränkt sind. Eine solche Kritik ist ernst zu nehmen; der Kompetenzorientierung ist allerdings auch zugute zu halten, daß sie die defizitorientierte Perspektive überwindet und somit die alten Generationen wie die Altenpädagogik von einer anderen Einseitigkeit befreit. Weiterhin ist zu würdigen, daß dadurch bei Eintritt von Einschränkungen und Behinderungen nicht nur Kompensationen und Anpassungsleistungen alleine im Vordergrund der bildnerischen Arbeit stehen, sondern auch die Förderung von - noch möglichen oder neuen - Fähigkeiten und Fertigkeiten.

Altenbildung wird von unterschiedlichsten Institutionen und Einrichtungen angeboten: von Universitäten und Hochschulen, (Heim-) Volkshochschulen, kirchlichen Einrichtungen, Gewerkschaften und Betrieben/Unternehmen, aber auch von den Einrichtungen und Verbänden der

---

[131] vgl. Dettbarn-Reggentin & Reggentin, 1992, S. 17 f.; Olbrich, 1992, S. 58 ff.
[132] vgl. Hammer, 1994, S. 48 ff.

freien Wohlfahrtspflege. Je nach Träger, Zielrichtungen und Zielgruppe werden solchen Maßnahmen spezifische Etikette angeheftet: →"Seniorenstudium", →"Vorbereitung auf Alter und Ruhestand", →"Weiterbildung älterer ArbeitnehmerInnen" usw.

Die Altenbildung steht vor einer Reihe von Herausforderungen, die ihre Arbeit auf die nächsten Jahre hin prägen und bestimmen wird:[133]

- Nur ein geringer Prozentsatz (ca. 25 Prozent) der älteren und alten Menschen besuchen Bildungsveranstaltungen; die TeilnehmerInnen kommen vielfach aus einem sogenannten "Bildungsbürgertum"; sogenannte "Bildungsungewohnte" sind in Altenbildungsveranstaltungen oft nur selten zu finden.

- Hauptsächlich ältere und alte Frauen sind in den Bildungsveranstaltungen zu finden; der Prozentsatz der teilnehmenden Männer beträgt ca. zehn Prozent.

- Es zeichnet sich bei den künftigen Altersgenerationen eine Veränderung des Bildungsverhaltens ab: Künftige Senioren verfügen über höhere Schul- und Ausbildungsabschlüsse sowie über mehr Weiterbildungserfahrungen: "Die künftigen Älteren und Alten werden sich in der 'Lerngesellschaft' auf gewohntem Terrain befinden."[134]

---

[133] vgl. Neufeld, 1995.
[134] Neufeld, 1995, S. 3.

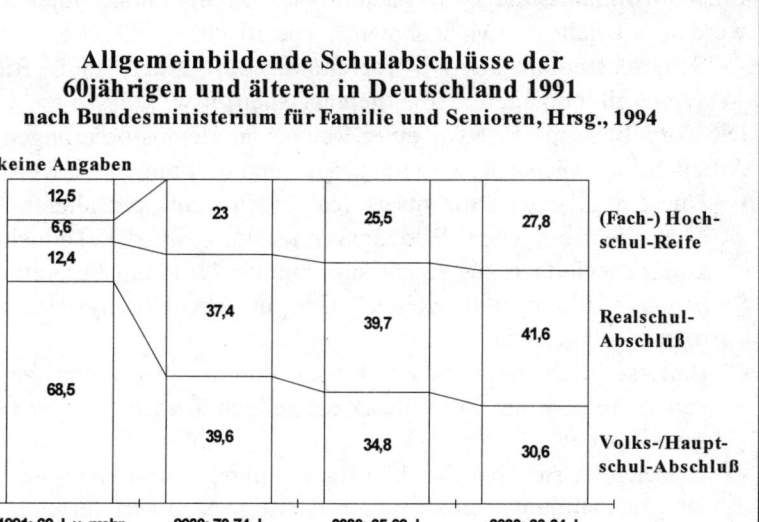

Allgemeinbildende Schulabschlüsse der 60jährigen und älteren in Deutschland 1991
nach Bundesministerium für Familie und Senioren, Hrsg., 1994

- Im Blick auf eine →Begegnung der Generationen und auf eine Vermeidung der Segregation der älteren Generationen wird sich die Altenbildung auf ihr eigenes Selbstverständnis hin besinnen müssen: Will sie neben der Erwachsenenbildung ein eigenständiger Bildungsbereich sein (wofür es gute Argumente gibt, z.B. die spezifische Lebenssituation alter Menschen, deren Lernverhalten) oder will sie sich in die Erwachsenenbildung hinein auflösen?

Seniorenstudium

An verschiedenen deutschen Universitäten wird - an manchen Hochschulen schon seit Mitte der 70er Jahre unter dem Stichwort "Öffnung der Hochschule für ältere Erwachsene"[135] - ein sogenanntes Seniorenstudium angeboten ("Universität des Dritten Lebensalters").

Zum Beispiel an der Ludwig-Maximilians-Universität München, der Westfälischen Wilhelms-Universität, Münster, der Johann Wolfgang

---

[135] vgl. Ahlheim & Eierdanz (Hrsg.), 1988.

Goethe-Universität, Frankfurt, der Justus-Liebig-Universität, Gießen und der Universität Dortmund. Insgesamt wird eine Zahl von 50 Hochschulen genannt, an denen Seniorenstudiengänge zu finden sind. Seit 1984 besteht in Dortmund die Bundesarbeitsgemeinschaft "Öffnung der Hochschule für ältere Erwachsene".

Die Art und Weise, wie sich die verschiedenen Seniorenstudiengänge gestalten, differieren von Universität zu Universität genauso wie die jeweiligen Zulassungsberechtigungen und Studienabschlüsse. So können Seminare zu allgemeinen wissenschaftlichen Fragen, zu Spezialfragen bestimmter Wissenschaften oder zu altersspezifischen Themenstellungen besucht werden. Dabei können die älteren Studierenden zum Teil an den allgemein zugänglichen Lehrveranstaltungen teilnehmen (mit dem Ziel der Integration); zum Teil werden auch spezielle Seminare für die älteren KommilitonInnen angeboten. So lassen sich die Studiengänge unterscheiden nach:[136] der jeweiligen Studienform (zum Beispiel "Gasthörerstudium, berufliche Weiterbildung für ältere Erwachsene, Studium generale, weiterbildendes Studium für Senioren") und nach der jeweiligen Organisationsform (Integrationsmodell, Dialogmodell, Qualifikationsmodell, Teilzielgruppenmodell).

Eine Besonderheit mancher Seniorenstudiengänge liegt darin, daß dort eine Verbindung von Forschung und Lehre vollzogen wird. Zu den Charakteristika der universitären Bildung älterer Menschen gehören weiterhin die Reflexion der Lebenspraxis der älteren Studierenden, die Motivation und Befähigung zu nachberuflichem Engagement und soziokultureller Partizipation (Tätigkeitsbezug) und die Erweckung kreativer Handlungsenergien (Handlungsmotivierung). Als Ziele des Seniorenstudiums können in diesem Zusammenhang genannt werden:[137]

- die Gestaltung des Ruhestands zu einer Zeit selbstbestimmten Engagements (Generativitätsbezug),
- die Veränderung von Haltungen und Handlungsweisen der Studierenden (Veränderungsmotivtaion),
- die qualitative Erweiterung der Erstausbildung in Auseinandersetzung mit jüngeren Generationen (Intergenerativität) sowie
- die Schaffung einer Verweil- und Planungszeit für die kommende Altersphase (Moratorium).

---

[136] Veelken, 1988, S. 199; vgl. auch Veelken, 1990; Eierdanz, 1991.
[137] vgl. Veelken, 1988, S. 199 f.

Das Seniorenstudium bietet für beide Seiten - teilnehmende Senioren und Hochschulen - eine Reihe von Vorteilen, wenn die Öffnung der Hochschulen mehr als nur halbherzig vorangetrieben wird: So lassen sich bei den älteren Studierenden ein Zugewinn an individueller und sozialer Kompetenz ebenso beobachten wie eine verbesserte gesundheitliche Situation und ein neues Sinnerleben. Positive Veränderungen im Selbstbild sowie veränderte Einstellungen gegenüber der Altenarbeit gehören zu den weiteren Folgen des Seniorenstudiums. Nicht zuletzt bieten sich für ältere Studierende während des Studiums und im Anschluß daran Möglichkeiten zu neuer Produktivität und kreativer Betätigung. Auf seiten der Universitäten und Hochschulen führt das Seniorenstudium zu notwendigen und verstärkten Aktivitäten in den Bereichen Gerontologie, Sozialpädagogik und Erwachsenenbildung, zu Kooperationen mit außeruniversitären Einrichtungen und zur "Renaissance der Allgemeinbildung an den Hochschulen".[138]
Angesichts einer starken Nachfrage nach universitären Angeboten für ältere Erwachsene muß allerdings festgestellt werden: Die Studiengänge sind vielfach nur wenig an Bedürfnissen der alten Menschen ausgerichtet; weitverbreitet ist an den Hochschulen der Gasthörer-Status für die Senioren. Nur die wenigsten (ca. 10 Prozent) bieten einen anerkannten Abschluß bzw. ein anerkanntes Examen an. Auch bezüglich der Finanzierung und der personalen Versorgung der Seniorenstudiengänge läßt die Konsolidierung des Seniorenstudiums noch einiges zu wünschen übrig. So wird das Aushängeschild "Seniorenstudium" an nicht wenigen Universitäten und Hochschulen zu einem Etikettenschwindel.[139]

Weiterbildung älterer ArbeitnehmerInnen

Als ältere ArbeitnehmerInnen gelten all diejenigen Männer und Frauen, die sich in der zweiten Hälfte ihrer beruflichen Karriere befinden, noch nicht jenseits der Pensionierungsgrenze stehen und kompetent und gesund ihrer Arbeit nachgehen[140].
Einer vereinseitigenden Sicht dieser Personengruppe gilt es entgegenzutreten: Denn ältere ArbeitnehmerInnen sind nicht nur eine Last (wegen Krankheit, geistigen Abbaus u.ä.), sondern sie sind - wiewohl auch Ein-

---

[138] vgl. Eierdanz, 1991, Veelken, 1988; 1990.
[139] vgl. Eierdanz, 1991; Gitschmann u.a., 1990; Seidel, 1986, S. 56 f.; Veelken, 1988.
[140] vgl. die Definition der OECD; Neubauer, 1986, S. 10.

schränkungen in der Leistungsfähigkeit eintreten können - durch ihre Erfahrungen und Urteilsfähigkeit (Erfahrungswissen) eine Bereicherung des betrieblichen Lebens. Sie verfügen zusätzlich über größere fachliche und organisatorische Kompetenzen (Managementfertigkeiten) sowie über eine höhere Betriebsverbundenheit (Loyalität) und damit eine intensivere Einsatzbereitschaft als jüngere Mitarbeiter[141].

Im Rahmen der beruflichen Weiterbildung kann und sollte es gesonderte Angebote für ältere Mitarbeiter geben - und dies nicht nur mit dem Ziel der Vorbereitung auf Alter und Ruhestand. Vielmehr geht es hier um die Weiterbildung älterer Menschen in bezug auf berufliche Qualifikationen. Allerdings stellen solche Maßnahmen eher noch eine Seltenheit dar, denn aus der Sicht einer Kosten-Nutzen-Perspektive scheinen sich Weiterbildungsmaßnahmen für ältere Mitarbeiter nicht (mehr) zu rentieren. Andererseits muß aber berücksichtigt werden, daß die Unterlassung von weiterbildenden Maßnahmen für ältere Mitarbeiter "zu einem frühzeitigen Leistungsabbau" führen kann, und "die gerade heute so bedeutsamen Fähigkeiten der Flexibilität, Kreativität und Innovationsbereitschaft ... so statt gefördert meist eingeschränkt" werden[142]. Dahinter steht das (wachsende) Bewußtsein, daß die Unternehmen von der Energie, der Erfahrung, dem Überblick und der geistigen Kompetenz ihrer älteren Mitarbeiter abhängig sind. Notwendig wird somit eine berufs-, resp. lebensbegleitende Bildung und Qualifizierung der MitarbeiterInnen. Als weiterer Grund für die pädagogische Begleitung älterer ArbeitnehmerInnen wird zuweilen der genannt, daß die Weiterbildung älterer MitarbeiterInnen den jüngeren signalisiere, daß sich ein Verbleib im Unternehmen rentiere, daß die berufliche Zukunft im Alter gesichert sei, wovon man sich Auswirkungen auf die Arbeitsmotivation der jüngeren MitarbeiterInnen verspricht.

Interessant ist in unserem Zusammenhang noch die Beobachtung, daß sich bezüglich der angebotenen und wahrgenommenen Themenstellungen von Fort- und Weiterbildungsmaßnahmen mit zunehmendem Alter der Mitarbeiter eine Veränderung vollzieht: Je älter die Mitarbeiter sind, desto weniger werden fachspezifische Maßnahmen berücksichtigt, hingegen finden

---

[141] vgl. Kruse & Lehr, 1991; Lehr, 1986; Staudacher u.a., 1986; Winterer, 1989, S. 73 f.
[142] Meixner, 1990, S. 32.

zunehmend arbeits- und gesellschaftspolitische Themenstellungen einen Niederschlag[143].

Unterschiedliche Schwerpunkte können im Bereich der Weiterbildung älterer Arbeitnehmer gesetzt werden:[144]

- die gezielte Förderung und Stärkung spezifischer Fähigkeiten und Potentiale,
- die Verbesserung von Umgang und Kommunikation zwischen Mitgliedern unterschiedlicher Generationen,
- die Begleitung und Unterstützung bei anderweitigen Weiterbildungsmaßnahmen (Lernberatung),
- die Durchführung organisatorischer Maßnahmen und die Beeinflussung bildungsrelevanter Rahmenbedingungen,
- die Fixierung und Weitergabe vorhandener Wissensbestände und Erfahrungen älterer Mitarbeiter,
- die Vorbereitung auf Alter und Ruhestand.

In besondere Herausforderung liegt gegenwärtig wie wohl auch künftig in der Bildung bzw. Begleitung älterer Arbeitsloser.

Vorbereitung auf Alter und Ruhestand

Dieser Aufgaben- und Handlungsbereich der Altenpädagogik wird vielfach auch als "Geroprophylaxe" oder als "Bildung für das Alter" bezeichnet. Er kann sowohl den Bereich des lebenslangen Lernens, als auch der Allgemeinbildung oder der beruflichen Weiterbildung zugerechnet werden.[145]

Die Vorbereitung auf Alter und Ruhestand weiß darum, daß die Lebensphase des Alters als Ergebnis der individuellen Biographie angesehen werden muß; die dort erworbenen Wissensbestände, Fähigkeiten und Fertigkeiten sind bestimmend dafür, wie sinnvoll die Lebensphase Alter erlebt werden kann bzw. welches Ausmaß an Lebenszufriedenheit dort vorzufinden ist. Alter und Ruhestand mögen zunächst von den Betroffenen als Phase des immerwährenden Urlaubs angesehen werden; in dieser Lebensphase sind allerdings Transferleistungen von der fremdbestimmten Arbeit hin zum selbstbestimmten Leben zu vollziehen. Fehlentwicklungen führen hier

---

[143] vgl. Meixner, 1990.
[144] vgl. Staudacher u.a., 1986, S. 64 f.
[145] vgl. zum folgenden Klingenberger, 1992.

einerseits zum nicht enden wollenden Rentnerstreß und andererseits zum Erleben von Leere und Langeweile im Alter.

Die Vorbereitung auf Alter und Ruhestand zielt zum einen auf die Gruppe der älter werdenden Menschen selbst; zum anderen möchte sie aber auch Gesellschaft und Öffentlichkeit dahingehend beeinflussen, daß dort die Entwicklungschancen und -risiken des Alters gesehen und berücksichtigt werden (→Öffentlichkeitsarbeit). Mit Blick auf die älter werdenden Menschen werden folgende Ziele verfolgt: Sie sollen sich rechtzeitig auf das Leben im Alter einstellen; das heißt sie sollen rechtzeitig veränderte und kommende Lebenssituationen antizipieren bzw. sich an diese „anpassen". Hierzu gehört auch der Erwerb neuer Rollen. Damit soll u.a. der Abbau von Überforderung in den konkreten Lebenssituationen erreicht werden. Veränderungen im persönlichen, gesundheitlichen und sozialen Bereich sind zu erkennen und zu berücksichtigen. Durch den Erwerb biographischer Schlüsselqualifikationen und durch die positive Auseinandersetzung mit der künftigen Lebensphase sollen Lebenszufriedenheit und Sinnerleben ermöglicht werden. Insbesondere geht es um eine gezielte Planung des künftigen Lebens, um Lebens- und Aktivitätsbereiche beizubehalten bzw. zu erweitern. Die Vorbereitung auf Alter und Ruhestand will aber nicht nur zur Antizipation künftiger Lebenssituationen beitragen; sie will vielmehr auch konkrete Lebenshilfe bieten. Darüber hinaus will sie einen kritischen Blick auf die gesellschaftlichen Rahmenbedingungen des Älterwerdens eröffnen und aufzeigen, wie diese Rahmenbedingungen beeinflußt werden können.

Es werden mehrere Formen der Vorbereitung auf Alter und Ruhestand unterschieden: Die langfristige Altersvorbereitung setzt schon im Schulalter an und wird im Erwachsenenalter fortgeführt; sie ist eher allgemeinerer Art, und in ihr wird nicht nur das höhere Alter berücksichtigt, sondern werden alle "kommenden" Lebensphasen thematisiert. Die mittelfristige Altersvorbereitung setzt in der 2. Lebenshälfte an und bereitet bewußt auf das kommende Alter vor. Die kurzfristige Altersvorbereitung stellt im Zeitraum unmittelbar vor der Pensionierung oder kurz nach derselben Angebote und Bewältigungshilfen zur Verfügung.

Generell scheint es angebracht, auch altersvorbereitende Bildungsmaßnahmen auf spezielle Zielgruppen hin zu konzipieren, insbesondere bezüglich solcher Personengruppen, für die im Alter eine besondere Problemlage erwartet wird. Solche Zielgruppen können zum Beispiel sein: Personengruppen ab einem bestimmten Lebensalter, zum Beispiel die sogenannten "jungen" oder "neuen" Alten, Frührentner und ältere Arbeitslose, kurz vor der Pensionierung Stehende, Angehörige bestimmter sozialer Positionen oder alleinstehende (Haus-) Frauen, Ausländer u.a.

Zu den Themen der Altersvorbereitung gehören[146]:

- körperliche und seelische Gesundheit,
- Bewältigung der letzten Berufsjahre,
- Einkommen und Rente,
- Wohnung und Wohnumfeld,
- Aufgaben und Betätigungen im Alter,
- Freizeitgestaltung,
- soziale Kontakte und mitmenschliche Beziehungen,
- gesellschaftliche Veränderungen,
- Sinnfrage und Tod.

Die Vorbereitung auf Alter und Ruhestand kann auf unterschiedliche Arten und Weisen erfolgen: So zum Beispiel durch Publikationen und Fachveröffentlichungen, durch Referate und Vortragsreihen, durch Einzel- bzw. Gruppengespräche, durch Kurse und Seminare sowie durch Bildungsurlaube. Maßnahmen der Vorbereitung auf Alter und Ruhestand können durch das Angebot des gleitenden Übergangs in den Ruhestand flankiert werden. Eine besondere Methodik der Altersvorbereitung liegt mit dem Konzept des "work out-Lebenstrainings" vor: Dieses Lebenstraining ist aus zehn Bausteinen aufgebaut, welche flexibel der Situation der älter werdenden Menschen angepaßt werden müssen. Zu diesen Bausteinen gehören:[147]

- die Zeitinventur: Ziel dieser Zeitinventur ist es, aufgrund einer persönlichen Bestandsaufnahme Ziele und Strukturen für den künftigen Lebensweg zu setzen.
- zweite Karriere: Auf der Grundlage einer persönlichen und beruflichen Situationsanalyse werden Planungen für die Gestaltung künftiger Tätigkeiten in der nachberuflichen Lebensphase getroffen.
- Mentorentätigkeit: Es wird bedacht, inwieweit in der nachberuflichen Phase Verantwortung für andere Menschen bzw. für ein Gemeinwesen übernommen werden kann; dies kann sich in einer persönlichen Beratung bzw. in →ehrenamtlichem Engagement äußern.

---

146 vgl. Deutscher Verein für öffentliche und private Fürsorge, 1992.
147 Oberste-Lehn, 1992

- Freizeit-Interessen-Test: Aufgrund der Analyse persönlicher Interessen werden Freizeitaktivitäten für die Phase Alter geplant.
- Fitness-Training: Auf der Grundlage einer sportärztlichen Untersuchung wird die körperliche Verfaßtheit des älter werdenden Menschen analysiert. Vor diesem Hintergrund kann ein jeweils spezifisches Fitnessprogramm erarbeitet werden.
- Kommunikations-Training: Die Kontaktfähigkeit älter werdender Menschen soll durch Kompetenzvermittlung in den Bereichen Gesprächsführung und Rhetorik verbessert werden; somit wird die Möglichkeit der Beziehungsvertiefung bzw. des Aufnehmens neuer Beziehungen eröffnet.
- Kreativ-Training: Auf der Grundlage der Analyse eigener kreativer Kompetenzen und Kapazitäten sollen neue Lebensweisen für die Lebensphase Alter projektiert und ansatzweise umgesetzt werden.
- Mentales Training: "Meditative und körperliche Entspannungstechniken werden mit konzentrativen Trainingselementen der Sinnesorgane gekoppelt und führen neben der Harmonisierung von Körper und Geist zu einem ganzheitlichen Training."[148]
- Weltanschauung: Es erfolgt eine Reflexion der eigenen Lebenserfahrungen vor dem Hintergrund der christlich-abendländischen Weltanschauung; hiermit sollen Fundamente für ein Sinnerleben im Alter geschaffen werden.
- persönliche Datenbank: Diese umfaßt einen Überblick über bestehende Verbindlichkeiten und institutionelle Eingebundenheiten älter werdender Menschen (zum Beispiel Verträge, Versicherungen, Daueraufträge usw.).

Mit Hilfe dieser Bausteine, die je nach Lebenssituation spezifische Schwerpunktsetzungen erfahren, soll ein selbstbestimmtes und sinnvolles Leben im Alter erreicht werden.

Die Vorbereitung auf Alter und Ruhestand wird von verschiedenen Trägern und Einrichtungen übernommen bzw. kann und soll von diesen übernommen werden: So wurde im Zusammenhang mit der langfristigen Altersvorbereitung bereits auf die Bedeutung der Schule hingewiesen. De facto findet aber die Vorbereitung auf Alter und Ruhestand vor allem im Bereich der Erwachsenenbildung und ihre Träger statt. Weitere Veranstalter bzw. Träger stellen Arbeitgeberorganisationen, Gewerkschaften, Be-

---

[148] Oberste-Lehn, 1992, S. 51.

triebe, staatliche Unternehmen und die Einrichtungen der öffentlichen und freien Wohlfahrtspflege dar.

Das Engagement in diesem Aufgaben- und Handlungsbereich der Altenpädagogik stellt sich nicht als unproblematisch dar; künftige Projekte und Modelle werden sich vor allem mit folgenden Fragen auseinandersetzen müssen:

- In wieweit lassen sich die bisherigen Angebote der Vorbereitung auf Alter und Ruhestand, die sich vor allem an die 55jährigen und älteren richten, auch auf jüngere Lebensaltergruppen erweitern?

- Wie ist eine Vorbereitung auf Alter und Ruhestand möglich, ohne daß damit zugleich auch eine defizitäre Sicht des Alters aufgebaut wird?

- Wie kann auf das Alter vorbereitet werden, wenn es *das* Alter nicht gibt?

- Wie kann darauf vorbereitet werden, daß es in diesem pädagogischen Bereich - wie in allen anderen auch - keine Machbarkeit und letztgültige Planbarkeit gibt?

- Wie kann der Kreis der bisherigen TeilnehmerInnen an Angeboten der Altersvorbereitung, der sich vor allem aus Personen der sogenannten Mittelschicht zusammensetzt, erweitert werden?

- Wie kann die Motivation insgesamt erhöht werden, sich an Angeboten und Maßnahmen der Vorbereitung auf Alter und Ruhestand zu beteiligen?

📖 Literatur

Dettbarn-Reggentin, Jürgen & Reggentin, Heike (1992). Zur Einführung: Praktische Modelle und Projekte in der Bildung Älterer. In Dettbarn-Reggentin, Jürgen & Reggentin, Heike (Hrsg.), *Neue Wege in der Bildung Älterer* (Bd. 2: Praktische Modelle und Projekte). (S. 10-20). Freiburg: Lambertus.

Dettbarn-Reggentin, Jürgen & Reggentin, Heike (1992a). Neue Wege in der Altenbildung: zur Einführung. In Dettbarn-Reggentin, Jürgen und Regentin, Heike (Hrsg.), *Neue Wege in der Bildung Älterer* (Bd. 1: Theoretische Grundlagen und Konzepte). (S. 10-23). Freiburg: Lambertus.

Eierdanz, Jürgen (1991). *Seniorenstudium in der Bundesrepublik Deutschland.* Bad Honnef: Bock.

Kruse, Andreas (1992). Die Bedeutung der Bildung für die Entwicklung der Kompetenz bei Krankheit und Funktionseinbußen im Alter. In Dettbarn-Reggentin, Jürgen und Regentin, Heike (Hrsg.), *Neue Wege in der Bildung Älterer* (Bd. 1: Theoretische Grundlagen und Konzepte). (S. 141-155). Freiburg: Lambertus.

Kruse, Andreas & Lehr, Ursula (1991). Ältere Mitarbeiter. In Rosenstiel, Lutz von u.a. (Hrsg.), *Führung von Mitarbeitern: Handbuch für erfolgreiches Personalmanagement* (S. 409-418). Stuttgart: Schäffer.

Lehr, Ursula (1986). Ältere Mitarbeiter im Betrieb: die Zukunft bewältigen - mit oder ohne die Älteren? In Bayerisches Staatsministerium für Arbeit und Sozialordnung (Hrsg.), *Ältere Mitarbeiter im Betrieb: Fakten - Tendenzen - Empfehlungen* (S. 13-47). München: Eigenverlag.

Meixner, H. Eberhard (1990). Betriebliche Weiterbildungsmaßnahmen und Bildung für das Alter. In Geißler, Erich E. (Hrsg.), *Bildung für das Alter - Bildung im Alter: Expertisensammlung* (S. 29-40). Bonn: Bouvier.

Neufeld, Hildegard (1995). Bildung und Weiterbildung im dritten Lebensabschnitt: Die Rolle der Universitäten und Hochschulen. *BAGSO-Nachrichten* (2), 3-13.

Oberste-Lehn, Herbert (1992). Lebenstraining: eine Möglichkeit zur Vorbereitung auf das Alter. In Karl, Fred & Tokarski, Walter (Hrsg.), *Bildung und Freizeit im Alter* (S. 39 ff.). Bern: Huber.

Olbrich, Erhard (1992). Das Kompetenzmodell des Alterns. In Dettbarn-Reggentin, Jürgen und Regentin, Heike (Hrsg.), *Neue Wege in der Bildung Älterer* (Bd. 1: Theoretische Grundlagen und Konzepte). (S. 53-61). Freiburg: Lambertus.

Staudacher, Edeltraut u.a. (1986). Der ältere Mitarbeiter im Betrieb: Chancen und Probleme. In Bayerisches Staatsministerium für Arbeit und Sozialordnung (Hrsg.), *Ältere Mitarbeiter im Betrieb: Fakten - Tendenzen - Empfehlungen* (S. 62-66). München: Eigenverlag.

Veelken, Ludger (1988). Seniorenstudium - ein Modell nachberuflicher wissenschaftlicher Weiterbildung für ältere Erwachsenen. *Zeitschrift für Gerontologie, 21 (4),* 198-205.

Winterer, Bernhard (1989). Zur Situation älterer Arbeitnehmer: Problemlagen und Einschätzungen. In Kardorff, Ernst von & Oppl, Hubert (Hrsg.), *Sozialarbeit für und mit alten Menschen* (Soziokulturelle Herausforderungen, sozialpolitische Aufgaben, Bd. 1). München: Minerva.

2.4.2 Altenberatung

Allgemeine Anmerkungen zur Beratung

"Beratung" ist zu einem Modebegriff und zu einem begehrten Handeln geworden; fast für alle Personengruppen und für jede Situation gibt es Beratungsangebote: für Schüler, Familien, Frauen, Schuldner, Eheleute, Betriebe, Institutionen und eben auch für alte Menschen. Die Beratung stellt eine pädagogische und somit auch geragogische Hilfeleistung bzw. Handlungsform dar, in der dem (älteren und alten) ratsuchenden Menschen ein Lösungsvorschlag für (s)eine Problemsituation angeboten wird. Beratung zielt darauf hin, den Wissenshorizont so zu erweitern, auf Haltungen und Einstellungen so Einfluß zu nehmen bzw. die Fähigkeiten und Fertigkeiten der Ratsuchenden so zu vergrößern, daß sie fundierter entscheiden (Entscheidungsrationalität) und handeln (Gestaltungs- und Handlungsrationalität) können - sich selbst, der sozialen oder der dinglichen Umwelt gegenüber. Oberstes Ziel der Beratung ist somit die "Hilfe zur Selbsthilfe". Zielsetzungen beraterischen Handelns auf der psychologischen Ebene werden wie folgt umschrieben:[149] Beratung in pädagogisch-psychologischer Ausrichtung soll die individuelle Entwicklung der Klienten fördern; sie soll weiterhin in vorbeugender Weise Entwicklungsprobleme vermeiden helfen, und schließlich besteht ihre Aufgabe darin, Fehlentwicklungen korrigieren zu helfen.

Die Notwendigkeit zur Beratung scheint in der Gegenwart immer größer zu werden; die Vielgestaltigkeit und Pluralität der Lebensmöglichkeiten und -entscheidungen, die Beschleunigung und (Un-) Gleichzeitigkeit gesellschaftlicher wie persönlicher Entwicklungen sowie die zum Teil in gehäufter Weise auftretenden Krisen und Problemstellungen können zu existentiellen Verunsicherungen von (alten) Menschen führen - denen man mit Beratungsangeboten begegnen muß.

Beratung besitzt vor diesem Hintergrund sowohl präventiven als auch interventiven Charakter. Genannte Zielformulierungen erfordern allerdings unterschiedliche Formen der Beratung. In der sogenannten "Komm-Struktur" suchen die Ratsuchenden den Berater auf; sie werden angestoßen durch bestimmte drängende Lebensfragen, aber eventuell auch durch die

---

[149] vgl. Scheller & Heil, 1986, S. 96.

110

Themenstellungen bestimmter Bildungsveranstaltungen, die sie besucht haben. Jedoch gibt es mittlererweile auch schon Formen zugehender Beratung ("Bring"-Struktur"), die die Menschen auch in ihrem Lebensumfeld aufsucht. Diese Form der lebenswelt- und gemeinwesenorientierten Beratung wird als effektiver angesehen, weil der Beratungsprozeß hier direkt in dem sozialen Kontext stattfindet, der auch für die Problemkonstellation mit maßgebend ist. Vermieden wird so auch eine rein psychologisierende Beratung, die die Problementstehung eher auf die betroffene Person fokussiert und soziale Bedingungen eher außer Acht läßt.[150] Weitere Formen der Beratung können hinsichtlich der Zahl und der Zusammensetzung der daran beteiligten Personen unterschieden werden: die Einzel-, Paar-, oder Gruppenberatung (z.B. Familie).

Beratungskonzepte stammen aus unterschiedlichen Quellen bzw. beziehen sich auf diverse sozialwissenschaftliche Theorien; hierzu gehören:[151]

- die Psychoanalyse (S. Freud, Neo-Freudianer),
- die kognitive Therapie (A. Ellis),
- die Transaktionsanalyse (E. Berne),
- die Kommunikationstherapie (P. Watzlawick),
- das Psychodrama (J.L. Moreno),
- die induzierte Imagination (D. Rahm),
- die Themenzentrierte Interaktion (R. Cohn),
- systemische Ansätze, wie z.B. die systemische Familientherapie (H. Stierlin).

Ein wichtiger Ansatz für die Beratungstätigkeit (aber auch für die Bildungsarbeit) stellt das Empowerment-Konzept dar.[152] Ziel dieses Konzeptes ist die "Stärkung und Erweiterung der Selbstverfügungskräfte des Subjekts, es geht um die (Wieder-) Herstellung von Selbstbestimmung über die Umstände des eigenen Alltags.

Empowerment umfaßt dabei stets zwei Elemente:

1. Kontrollüberzeugung, d.h. die feste Gewißheit der Person, daß sie Brüche und Krisen im Lebenszyklus, sollten sie eintreten, 'fest im Griff' hat, und

---

[150] Allgemeines zur Beratung in: Scheller & Heil, 1986; zu den zugehenden Formen vgl. Karl, 1988.

[151] vgl. Giese & Retaiski, 1993.

[152] vgl. zum folgenden Herriger, 1991; Keupp, 1994.

2. Kontrollerfahrung, d.h. das konkrete Erleben, daß man über Fähigkeiten und Fertigkeiten verfügt, um den Alltag aktiv zu gestalten, daß man selbst erfolgreicher Konstrukteur einer nach eigenen Bauplänen veränderten Lebenswelt ist."[153]

Hinter diesem Ansatz steht eine veränderte Wahrnehmung der zu Beratenden: Sie sind nicht länger mit Defiziten behaftete Objekte pädagogischen Handelns, die passiv die Ratschläge des Beratenden entgegennehmen bzw. befolgen und somit die Verantwortung an den Beratenden delegieren; der/die zu Beratende wird "als kompetenter Akteur wahrgenommen, als Konstrukteur eines gelingenden Alltags"[154]. Das Individuum soll (wieder) befähigt werden, sich selbst als Subjekt seiner Lebenswelt anzusehen. Erfahrungen der Unterlegenheit und der Hilflosigkeit sollen bearbeitet und überwunden werden: "Am ... Ende von Empowermentprozessen steht so der Entwurf eines gefestigten Selbstverständnisses, nach dem die eigene Person ein 'Aktivposten' in der Gestaltung lebenswerter Lebensverhältnisse und Autor der eigenen Lebensgeschichte ist"[155]. Der Blick richtet sich hierzu auf die dem Individuum eigenen Ressourcen und Kompetenzen und auf seine ihm förderlichen Netzwerke.

Das Empowerment-Konzept zielt dabei nicht nur auf das einzelne Individuum (Fall- bzw. Personenorientierung); vielmehr werden auch gruppenbezogene (z.B. Selbsthilfegruppen) und strukturelle Prozesse (z.B. soziale Bewegungen) intendiert (Feld- und Gemeindeorientierung): "Die aktive Gestaltung der eigenen Lebensräume, Partizipation und Bürgerbeteiligung sind Bausteine einer neuen Lebensqualität, die für den einzelnen ein psychosoziales Schutzschild gegen biographische Brüche und belastende Lebensereignisse ist und ihn vor den Fallstricken erneuter Abhängigkeit bewahrt."[156]

Dem hier kurz skizzierten Ansatz kommt für die Arbeit mit alten Menschen besondere Bedeutung zu: Den das hier zugrundeliegende Menschenbild (selbstbestimmtes Subjekt) korreliert mit den neuen Verständnisweisen des Alters und der alten Menschen: Im Rahmen der sogenannten "Kompetenztheorie" wird diesen ja auch Selbstverantwortlichkeit und Le-

---

[153] Herriger, 1991, S. 222.
[154] Herriger, 1991, S. 224.
[155] Herriger, 1991, S: 224.
[156] Herriger, 1991, S. 226.

benskompetenz zugesprochen und einer (leider immer noch wirkenden) Defizitsicht widersprochen.

Der Pädagoge, in unserem Falle der Geragoge, ist immer auch, vielleicht sogar im wesentlichen, Berater. Selbst in reinen Informationsveranstaltungen kommt es zu "Zwischen-Tür-und-Angel"-Gesprächen, in denen Menschen - meist auf die Veranstaltung reagierend - um persönlichen Rat bitten. Wesentliche Aufgaben des Geragogen bestehen dann in solchen Situationen in der Empathie für den Fragenden, in der Konzentration auf zukünftiges, problemlösendes Handeln und in der Ermutigung der an ihn herangetretenen Personen. Mit Blick auf das Empowerment-Konzept ist ein Verzicht auf fertige Instant-Lösungen, die Herstellung von (Sinn- und Handlungs-) Zusammenhängen sowie eine aktivierende Haltung zu fordern. Bezüglich eines solchen Tätigkeitsfeldes und solcher Aufgaben erscheinen Erwachsenenpädagogen und Geragogen oft zu wenig vorbereitet und ausgebildet.

Die Beratung stellt einen möglichen Brückenschlag zwischen Bildung zum einen und Sozialarbeit zum anderen dar: Denn einerseits können durch bestimmte soziale Notlagen Bildungsprozesse initiiert werden, andererseits können aber auch Bildungsprozesse bestimmte Notlagen erst ins Bewußtsein rufen, die dann gemeinsam mit einem Sozialarbeiter bewältigt werden müssen. Weiterhin steht die Beratung in unmittelbarer Nähe zur Therapie. Hier muß sich der Berater dieser Nähe und teilweisen Überlagerung bewußt sein und der Versuchung widerstehen, über die Grenzen des pädagogischen Handelns hinaus tätig zu werden. Beraterische Intervention erscheint diesbezüglich dann für angebracht, wenn eine Problemlösung auf kognitivem Wege und innerhalb eines gewissen zeitlichen Rahmens als möglich und erfolgreich erscheint.[157]

Tätigkeitsfelder der Altenberatung

Resultierend aus der besonderen Lebenssituation älterer und alter Menschen stellen sich für die Beratung für und mit alten Menschen spezielle Aufgabenstellungen und Tätigkeitsbereiche; diese können beispielsweise betreffen: Bildungsprozesse, Trauerprozesse, allgemeine Lebensfragen, Wohnverhältnisse u.a.m.:[158]

---

[157] vgl. Tymister, 1987, S. 127 f.
[158] vgl. z.B. Bechtler, 1986, S. 256; Deutscher Verein..., 1992.

- Bildungs- und Lernberatung: Eine wesentliche beraterische Aufgabe bezüglich der Zielgruppe der älteren und alten Menschen ist die Weiterbildungs- und Lernberatung. Hier geht es darum, die betreffende Person mit ihren individuellen Voraussetzungen zu weiterbildenden Maßnahmen zu motivieren, sie auf angemessene Möglichkeiten, z.B. Institutionen, bestimmte Gruppenaktivitäten oder Inhalte hinzuweisen und eventuell auftretende Lernschwierigkeiten zu "behandeln" und zum gewünschten Lernerfolg beizutragen.

  Auftretende Lernschwierigkeiten können dabei auf die jeweilige Person (individuelle Lernschwierigkeiten), auf bestimmte Gruppenkonstellationen (z.B. Beziehungsprobleme) oder auf den Bildungsinhalt (z.B. ein Reizthema) bzw. dessen Bearbeitung zurückgeführt werden (z.B. auf eine für den alten Menschen ungewohnte Methode). Hierbei sind insbesondere auch lebensgeschichtliche Faktoren der betroffenen Person zu berücksichtigen.[159]

- Freizeitberatung: Sie informiert über Freizeitangebote, Erholungsmöglichkeiten, kulturelle Angebote und deren Erreichbarkeit.

- Allgemeine Sozialberatung: Eine solche Sozialberatung allgemeiner Art umfaßt Fragen des sozialen Lebens, so z.B. die sozialen Kontakte oder die finanzielle Versorgung. Hinzu gehört auch die Information über Einrichtungen und Versorgungsleistungen der Altenhilfe und der Altenarbeit.

- Lebensberatung: Sie bietet Hilfen bei individuellen Krisen und Gefährdungen an, z.B. Einsamkeit, Verwitwung, Generationskonflikte usw.

- Trauerberatung: Ein weiteres Tätigkeitsfeld der Beratung liegt in der Zuwendung zu verwitweten und trauernden Menschen. Die Trauerberatung versucht, den "normalen" Trauerprozeß zu fördern und ein Abdriften in "pathologisches" Trauern zu verhindern, wobei jeweils für den einzelnen Klienten zu definieren ist, was unter einem "pathologischen Trauerprozeß" zu verstehen ist. Dabei soll der Trauernde lernen, den erlittenen Verlust zu akzeptieren, den Schmerz zu durchleben, sich an die neue Lebenssituation anzupassen und emotionale Energie von der verstorbenen Person abzuziehen und auf neue soziale Kontakte zu richten[160].

---

[159] vgl. Tymister, 1987.
[160] vgl. Hallay u.a. 1988, S. 14; Ergänzung durch H.Kl.

114

Als "pathologisch" werden "all jene Symptome, Verhaltensmuster und Einstellungen ... [bezeichnet], die - über den Schmerz hinaus - unmittelbar Leiden erzeugen, die die Fähigkeiten der Trauernden, ihr Alltagsleben zu leben über einen längeren Zeitraum hinweg vermindern oder zerstören, die schließlich insgesamt zu schwerwiegenden oder anhaltenden oder irreversiblen psychischen oder physischen Schäden führen".

- die Einkommens- und Finanzberatung: Sie dient vor allem der Information hinsichtlich staatlicher/kommunaler finanzieller Leistungen wie Renten und Pensionen, Sozialhilfe und Wohngeld u.a.
- Wohnberatung: Ausgehend von der besonderen Wohn- und Lebenssituation älterer und alter Menschen bedarf diese Personengruppe zuweilen besonderer Hilfestellungen allgemeiner und spezifischer Art. Beratungsmaßnahmen können sich ganz allgemein auf Frage des Wohnens im Alter richten (z.B. privates Wohnen, Wohngemeinschaften, Altenheim), aber auch ganz spezielle Fragen betreffen (z.B. Wohnungssanierung, Umzug, Rechtsfragen, gruppenpsychologische Problemstellungen in Wohngemeinschaften u.a.). Hierbei bietet sich durchaus auch die Mitarbeit der Älteren selbst als Berater bei solchen Fragestellungen an.[161]
- Gesundheits- und Ernährungsberatung: Im Rahmen dieses Beratungsangebotes werden individuelle Hilfestellungen zur Krankheitsprophylaxe, -behandlung und -nachsorge erteilt. Dabei orientiert sich die Gesundheitsberatung nicht nur an einem rein körperorientierten, medizinischen Gesundheits- bzw. Krankheitsbegriff; vielmehr berücksichtigt sie auch soziale und ökologische, psychische und geistige Aspekte körperlichen Wohlbefindens bzw. körperlicher Beeinträchtigung. Besondere Bedeutung erhält in diesem Zusammenhang auch die Ernährungsberatung.
- Rechtsberatung: Für vertrags-, pflege- und erbrechtliche Fragestellungen werden hier Hilfen und Informationen angeboten.
- Verbraucher- und Sicherheitsberatung: Im Mittelpunkt dieser Beratungsthemen stehen Fragen der Sicherheit im Alter (im Wohn- und Verkehrsbereich) sowie im Konsumbereich.
- Beratungsbörsen: Eine besondere Form der Beratung für und mit alten Menschen stellen sogenannte "Beratungsbörsen" dar. Diese sind nicht

---

161 vgl. Schachtner, 1989, S. 162.

von einem bestimmten Kompetenzgefälle (professionelle[r] BeraterIn - alter Mensch) geprägt; vielmehr beraten sich hier ältere Menschen gegenseitig. Diese stellen sich gegenseitig ihr jeweiliges Spezialwissen zur Verfügung, z.B. über Behördengänge, Haushaltsprobleme, Freizeitangebote u.a.[162]

- Beratung von Angehörigen oder Kontaktpersonen: Die beraterische Tätigkeiten von Geragogen richtet sich aber nicht nur an die alten Menschen selbst, sondern auch an die Personen, die mit ihnen zu tun haben: ihre Angehörigen, Nachbarn, Freunde oder andere Kontaktpersonen. Zuweilen stellen sich auch für diese Personengruppen wesentliche Fragen in Bezug auf die alten Menschen, mit denen sie Kontakt haben. Am deutlichsten wird dies beispielsweise bei pflegenden Angehörigen oder im Falle eintretender dementieller Erkrankungen bei den alten Menschen.[163]

Informations-, Anlauf- und Vermittlungsstelle (IAV)

Die Orte der Beratung sind sehr vielfältig (z.B. Ämter, Sozialstationen u.a.). Als eine besondere Form und Institution der Beratung wird in jüngster Zeit die Informations-, Anlauf- und Vermittlungsstelle gehandelt:[164]

"Informations-, Anlauf- und Vermittlungsstellen (IAV-Stellen) in der ambulanten Alten- und Krankenhilfe haben die Aufgabe, ältere, behinderte oder chronisch kranke Bürger und ihre Angehörigen über Möglichkeiten der Unterstützung in selbständiger Lebensführung und bei einer pflegerischen Versorgung zu informieren und zu beraten, mit diesem Personenkreis erforderliche Hilfen abzuklären, das örtlich vorhandene Dienstleistungsangebot nachzuweisen sowie auf Wunsch die nötige Unterstützung in die Wege zu leiten. IAV-Stellen übernehmen eine koordinierende Aufgabe im örtlichen Verbund ambulanter Hilfen in Einzelfällen sowie zur Sicherung und Verbesserung der Bedarfsdeckung allgemein. "[165]

---

[162] vgl. Schachtner, 1988, S. 235 f.
[163] vgl. Geuß, 1990a, S. 59 f.
[164] vgl. Wendt, 1992; 1993, S. 175 ff.
[165] Wendt, 1993, S. 175.

116

Informations-, Anlauf- und Vermittlungsstellen können auf zweierlei Weise organisiert sein: Zum einen als selbständige Dienststelle, die von den Pflegeträgern erhalten wird, zum anderen als eine an eine bestehende Einrichtung angeschlossene Stelle, die der Dienstaufsicht des Trägers dieser Einrichtung untersteht.

Informations-, Anlauf- und Vermittlungsstellen leisten mehr als nur Beratung; ihnen werden folgende Aufgaben und Tätigkeiten zugeordnet[166] :

- IAV-Stellen fördern die Erreichbarkeit von unterstützenden Maßnahmen und Einrichtungen für alte, kranke und behinderte Menschen. Sie tun dies durch eine offensive →Öffentlichkeitsarbeit und durch persönliche Beratung.
- Die IAV-Stelle informiert über bestehende Unterstützungsmöglichkeiten für alte, kranke und behinderte Bürger (zum Beispiel Pflegedienste, Nachbarschaftshilfen, finanzielle Leistungen, Selbsthilfegruppen u.a.).
- Die IAV-Stelle klärt im jeweils spezifischen Fall den bestehenden Hilfebedarf ab und berät über formelle und informelle Hilfen. Gegebenenfalls hilft sie auch bei der Beantragung derselben.
- Die IAV-Stelle übernimmt auf Wunsch die jeweils spezifische Hilfeplanung für kranke, alte und behinderte Menschen. Sie kann ihre Klienten an jeweils zuständige und geeignete Einrichtungen und Stellen überweisen. Im konkreten Fall kann die IAV-Stelle zum Beispiel alte Menschen an Wohn- und Pflegeheime vermitteln bzw. die Vermittlung von Tages- und Kurzzeitpflegeplätzen übernehmen.
- Die IAV-Stelle koordiniert bestehende Maßnahmen und Angebote von ortsnahen Trägern und Einrichtungen; des weiteren übernimmt sie die Kontrolle der ihr angeschlossenen Einrichtungen.
- "Die IAV-Stelle trägt zur Sicherung der Qualität der Dienstleistungen in der ambulanten Alten- und Krankenhilfe bei. Über Rückmeldungen seitens der Dienste und Einrichtungen und seitens der Bürger, welche die Leistungen in Anspruch nehmen, werden bei der IAV-Stelle Erfahrungen mit der Güte der pflegerischen, sozialen und anderen Leistungen gesammelt und auftretende Mängel bekannt."[167]
- Die IAV-Stelle arbeitet bei der örtlichen →Altenhilfe- und Sozialplanung mit. Ihr kommt auch die Mitwirkung bei der Erstellung eines Sozialberichts zu.

---

[166] vgl. Wendt, 1992; 1993, S. 176 ff.
[167] Wendt, 1993, S. 179.

- Die IAV-Stelle leistet interne und externe Bildungsarbeit, d.h. sie organisiert und führt Bildungsveranstaltungen durch, die sich zum einen an die hauptberuflichen Fachkräfte richten und die zum anderen Familienangehörige, Selbsthilfegruppen und →ehrenamtliche Helfer zum Ziel haben.
- Die IAV-Stelle legt über ihre Arbeit eine Dokumentation an bzw. erstellt eine Statistik über die von ihr geleistete Arbeit.

📖 Literatur

Bechtler, Hildegard (1986). Zur Beratung alter Menschen - Begründung, gegenwärtige Angebote, Methodische Aspekte. In Schmidt, Roland (Hrsg.), *Ausbildung und Praxisfelder für Sozialarbeit/Sozialpädagogik in der Altenarbeit* Beiträge zur Gerontologie und Altenarbeit, Bd. 65). (S. 241-271). Berlin: Deutsches Zentrum für Altersfragen.

Geuß, Herbert (1990). Pflegebedürftigkeit im Alter. In Howe, Jürgen u.a. (Hrsg.), *Lehrbuch der psychologischen und sozialen Alternswissenschaft* (Bd. 2: Psychosoziale Probleme älterer Menschen)- (S. 53-65). Heidelberg: Asanger.

Giese, Dieter & Retaiski, Herbert (1993). Beratung. In Deutscher Verein für öffentliche und private Fürsorge (Hrsg.), *Fachlexikon der sozialen Arbeit* (3., erneuerte u. erw. Aufl.). (S. 136-138). Frankfurt: Eigenverlag.

Hallay, S. u.a. (1988). Trauerberatung. *Psychologie heute, 15* (10), 14-15.

Herriger, Norbert (1991). Empowerment - Annäherungen an ein neues Fortschrittsprogramm der sozialen Arbeit. *Neue Praxis, 21* (3), 221-229.

Keupp, Heiner (1994). *Psychologisches Handeln in der Risikogesellschaft: gemeindepsychologische Perspektiven.* München: Quintessenz.

Schachtner, Christel (1988). *Störfall Alter: für ein Recht auf Eigen-Sinn.* Frankfurt: Fischer.

Schachtner, Christel (1989). *Ein neues Leben - Altwerden in einer Wohngemeinschaft.* Frankfurt: Fischer.

Scheller, Reinhold & Heil, Friedrich, Ernst (1986). Beratung. In Sarges, Werner & Frikke, Reiner (Hrsg.), *Psychologie für die Erwachsenenbildung: ein Handbuch in Grundbegriffen* (S. 94-98). Göttingen: Hogrefe.

Tymister, Hans-Josef (1987). Beratung als Interventionsmodell in der Lehr-Lern-Situation. In Dieterich, Rainer u.a., *Psychologische Perspektiven der Erwachsenenbildung* (S. 119-133). Bad Heilbrunn: Klinkhardt.

Wendt, Wolf Rainer (1992). Nutzer- statt Anbieterorientierung. *Blätter der Wohlfahrtspflege, 139* (11+12), 287-290.

2.4.3 Biographiearbeit mit älteren Menschen

Der Biographie und dem Lebenslauf wird in der erziehungswissen-schaftlichen Diskussion in jüngster Zeit verstärkte Aufmerksamkeit zugewendet. Dies ist in einem größeren Kontext der "Neuentdeckung der Zeit als Lebenszeit" in der theoretischen wie praktischen Päd-agogik zu sehen.[168]

Aktuelle Individualisierungs- und Pluralisierungsprozesse in unserer Ge-sellschaft stellen den Hintergrund biographischer Arbeit - nicht nur - mit älteren Menschen dar; hinzu kommt die fast schon banale Aussage, daß die Identitäten älterer und alter Menschen lebensgeschichtlich geprägt worden sind. Diese Erkenntnis erhält besondere Bedeutsamkeit angesichts der Tat-sache, daß die sogenannte "Normalbiographie" in der Auflösung begriffen ist. Der Blick auf individuelle Biographien wie kollektive Lebensläufe wird somit zu einem wichtigen Bestandteil des pädagogischen Denkens und Handelns - nicht nur in Bezug auf die ältere Generationen.

Die Reflexion der eigenen Biographie sowie die planende Selbststeuerung eigener lebensgeschichtlicher Entwürfe werden zu neuen Herausforderun-gen eines aktuellen Bildungsbegriffes.[169] Dieser ist allerdings bislang kaum für die Altenbildung adaptiert worden.

Die biographische Reflexion dient nicht nur dem besseren Verständnis von PatientInnen, KlientInnen oder BildungsteilnehmerInnen und somit einer individuell angemesseneren Gestaltung von Hilfs-, Pflege- und Lernpro-zessen; sie nutzt vielmehr auch der Selbst-Erkenntnis und dem Selbst-Verständnis älterer und alter Menschen und eröffnet ihnen neue Wege der Selbstthematisierung, stärkt deren Selbst-Bewußtsein und Selbst-Wertgefühl und fördert die Entfaltung bislang vernachlässigter oder zu-rückgestellter Interessen.

Dimensionen und Stränge der Biographie

Der Begriff "Biographie" weist unterschiedliche Dimensionen und Stränge auf, die für die Konstituierung bzw. Konstruktion von Biographie von grundlegender Bedeutung sind; diese zu unterscheiden kann den verste-henden Zugang zu alten Menschen fördern.

---

[168] vgl. Wiater, 1994.
[169] vgl. Alheit, 1994.

Zu den Dimensionen der Biographie gehören: zum einen die kognitiven Muster einer Person, also deren Deutungsmuster, zum anderen die Muster, die sich in den Handlungs- und Verhaltensweisen einer Person abzeichnen, also die Handlungsmuster und schließlich die emotionalen Muster einer Person:

> "Emotionen scheinen in der Entwicklung einer Biographie eine strukturierende Funktion einzunehmen, so daß sie als Katalysatoren und Organisatoren eines Curriculums [d.h. eines Lebenslaufs] so wirken wie der Faden in einer kristallinen Lösung, an dem sich die Kristallformen bilden, verfestigen und eine Struktur entwickeln."[170]

Folgt man den in den einführenden Kapiteln zugrundegelegten Ausführungen über die Dimensionen des Menschseins, so lassen nachstehende Teil-Biographien oder Stränge einer Gesamt-Biographie unterscheiden:

- die soziale Biographie: Das Individuum verbringt seine unterschiedlichen Lebensphasen manchmal mit den gleichen, häufig aber mit immer wieder anderen Menschen (Herkunftsfamilie, Freunde, KollegInnen, PartnerIn, Kinder, Enkel) bzw. macht kurz- oder längerfristige Einsamkeitserfahrungen - dies stellt seine soziale Umwelt dar, deren Wandel durch den Lebenslauf hindurch beschrieben werden kann. Zur sozialen Biographie gehören aber auch die materiellen Bedingungen, in denen das Individuum durch seinen Lebenslauf hindurch gelebt hat (z.B. seine Armuts- oder Wohlstandsbiographie).

- die Kultur-Biographie: Im Laufe seines Lebens lebt der Mensch in unterschiedlichen kulturellen Welt bzw. soziokulturellen Milieus (städtische oder ländliche Kultur, konfessionelle Kulturen u.a.); diese lassen sich im Rahmen einer Kultur-Biographie beschreiben.

- die Körper- und Öko-Biographie: Auch der menschliche Körper erfährt im Laufe der Biographie spezifische Einflüsse und Prägungen; ein eng begrenzter Sonderfall davon stellt die gesundheitliche Biographie dar, wie sie z.B. in der ärztlichen Anamnese erhoben wird. Aber auch die Einstellung zu und der Umgang mit der äußeren (naturhaften) Umwelt unterliegt biographischen Wandlungen.

- die Mytho-Biographie: "Wer Autobiographie liest, findet die Fäden der religiösen Herkunft stets mit verwoben und selbst dort noch vorhanden, wo man ihrer Spur entronnen zu sein glaubt - und dies natürlich nicht allein in Biographien evangelischer oder katholischer Webart, sondern

---

[170] Mader, 1994, S. 99; Ergänzung durch H.Kl.

je auch in andersreligiöser beziehungsweise in liberaler, agnostischer und atheistischer Variante."[171] Damit ist angedeutet, was unter einer Mytho-Biographie zu verstehen ist[172]: Jedes Leben vollzieht sich vor dem Hintergrund von unbewußten oder bewußten transpersonalen Mächten; die Wahrnehmung, Integration in das eigene Leben oder Verleugnung solcher Mächte durch den Lebenslauf hindurch sollten in der biographischen Betrachtung berücksichtigt werden.

- Die Lern- und Bildungsbiographie: Die Bildungsbiographie erhält ihre besondere Bedeutung im Zusammenhang mit der Diskussion um die Chancengleichheit im (Weiter-) Bildungswesen:

  "Es gehört zum Selbstverständnis der Weiterbildung und begründet ihre gesellschaftliche Legitimation, davon auszugehen, daß in lebenslang immer wieder neu aufgenommenen, sozusagen multiplen Bildungsprozessen Voraussetzungen für Subjektwerdung und für die Angleichung bzw. Verbesserung der Lebenschancen immer wieder neu erworben werden können. Normativ - und in der Folge auch faktisch entstehen so Lebensläufe, die durch das Muster der darin eingeschlossenen Bildungsprozesse charakterisierbar werden, es entstehen sozusagen (Normal-) Bildungsbiographien."[173]

  Mit einem solchen Verständnis von "Bildungsbiographie" sind allerdings nur die intentionalen bzw. institutionalisierten Bildungsprozesse angesprochen. Funktionale, quasi nebenher laufende Beeinflussungen der Persönlichkeitsbildung bleiben bei einer derartigen Begriffsverwendung ausgeschlossen; deren Beachtung vollzieht sich weitgehend unter den Begriffen "Sozialisation", "(historische/biographische) Sozialisationsforschung" u.ä.

- Die Persönlichkeits-Biographie, d.h. die biographische Beschreibung personaler Aspekte wie Charakter, Bewältigungsformen, Erleben von Lebenszufriedenheit und Wohlbefinden usw. ergibt sich vor dem Hintergrund der zuvor genannten Teil-Biographien.

---

[171] Halbfas, 1989, S. 339.
[172] vgl. hierzu Halbfas, 1989, S. 338 ff.
[173] Rabe-Kleberg, 1993a, S. 167.

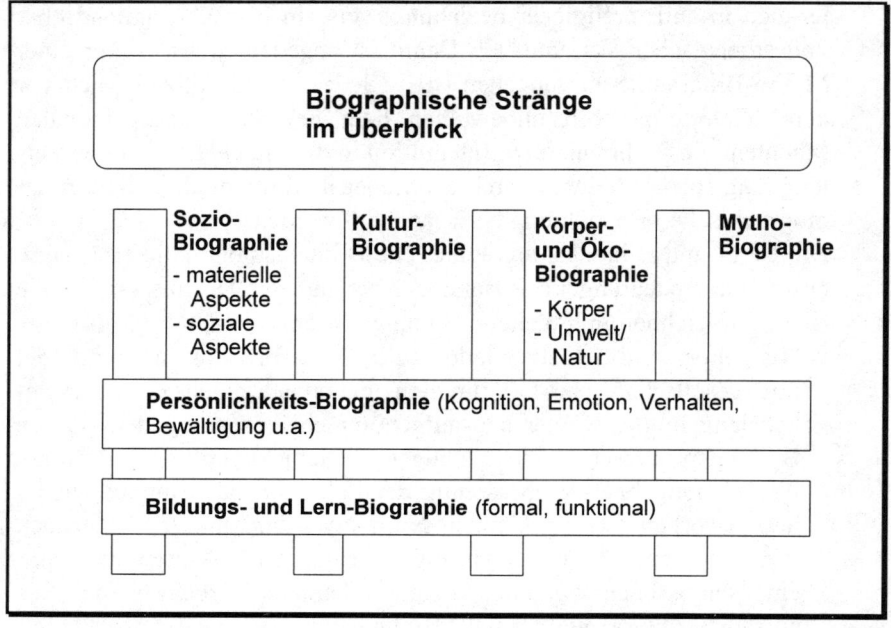

Biographische Stränge im Überblick

| Sozio-Biographie
- materielle Aspekte
- soziale Aspekte | Kultur-Biographie | Körper- und Öko-Biographie
- Körper
- Umwelt/Natur | Mytho-Biographie |

Persönlichkeits-Biographie (Kognition, Emotion, Verhalten, Bewältigung u.a.)

Bildungs- und Lern-Biographie (formal, funktional)

Lebenswelten im biographischen Wandel

Die Lebensweltorientierung stellt eine Weiterentwicklung zweier Ansätze dar: so des soziographischen Ansatzes, der sich insbesondere an der sozialen Situation Einzelner orientiert, und des psychologischen Ansatzes, der seinen Blick auf individuell-psychologische Faktoren richtet.

Der Begriff "Lebenswelt" stammt vornehmlich aus der Phänomenologie und der phänomenologischen Sozialforschung. In der Phänomenologie wurde "Lebenswelt" verstanden als eine apriorische Erkenntnisgrundlage, als ein Gegenbegriff zu der verwissenschaftlichten Welt(-sicht), die ihren Bezug zur konkreten Lebenswelt verloren hat[174]. Die verstärkte Verwendung des Lebensweltbegriffes ist auch eine Reaktion auf die komplexer werdende Realität unserer Gesellschaft und Kultur. Die zunehmende Individualisierung, der Verlust an Verbindlichkeit von Lebensmustern und -institutionen erfordert in

---

[174] vgl. Kaiser, o.J., [S. 2].

theoretischer (Wissenschaft) wie praktischer Hinsicht (bildende und beratende Interventionen) eine Konzentrierung auf die Lebenswelt des Einzelnen.

Bezüglich des Verständnisses und begrifflichen Gebrauchs von "Lebenswelt" können zwei Verwendungsformen festgestellt werden - beide kommen einem ganzheitlichen Verständnis pädagogischen Handelns entgegen: Zuweilen herrscht ein eher soziales, räumliches oder ökologisches Verständnis von "Lebenswelt" vor; Orientierung an der Lebenswelt bedeutet dann Ansetzen am Lebensraum des Menschen. Pädagogisches Denken und Handeln knüpft dann an den ökologisch-räumlichen und sozialen Netzwerken und Umfeldern, in denen die Menschen leben und von denen sie beeinflußt werden, an. Ein solches Verständnis führt zu der pädagogischen Konsequenz, auf die Lebensräume Einfluß zu nehmen bzw. diese in das pädagogische Handeln zu integrieren (z.B. in der Stadtteil-, →Gemeinde- oder Gemeinwesenorientierung).

Die zweite Verwendungsform von "Lebenswelt" ist eher von sozialpsychologischen Überlegungen bestimmt: Mit "Lebenswelt" werden hier "fixe, komplexe und spezifische Handlungszusammenhänge zur Bewältigung anthropologisch bedingter und gesellschaftlich geforderter Aufgaben" umschrieben[175]. Strukturmerkmale und Handlungsdimensionen der Lebenswelt sind:[176]

- die jeweils spezifischen Interaktions-, Umgangs- und Gesprächsformen,
- die jeweils spezifischen Lebensgeschichten und biographischen Wege mit ihren jeweiligen Knotenpunkten,
- die jeweils spezifischen Handlungsziele, -mittel, -orte, die in bestimmten "Drehbüchern" (Skripts) festgeschrieben sind,
- die jeweils spezifischen Setzungen von "Gut" und "Böse", von "Recht" und "Unrecht", also die jeweils spezifischen Bewertungs- und Legitimationsmuster,
- die jeweils spezifischen Handlungserwartungen, z.B. die Annahme, daß es immer so bleiben wird, wie es schon immer war,
- die jeweils spezifischen Verstehens-, Orientierungs- und Deutungsmuster.

---

[175] Kaiser, o.J., [S. 2].
[176] vgl. Kaiser, o.J., [S. 2].

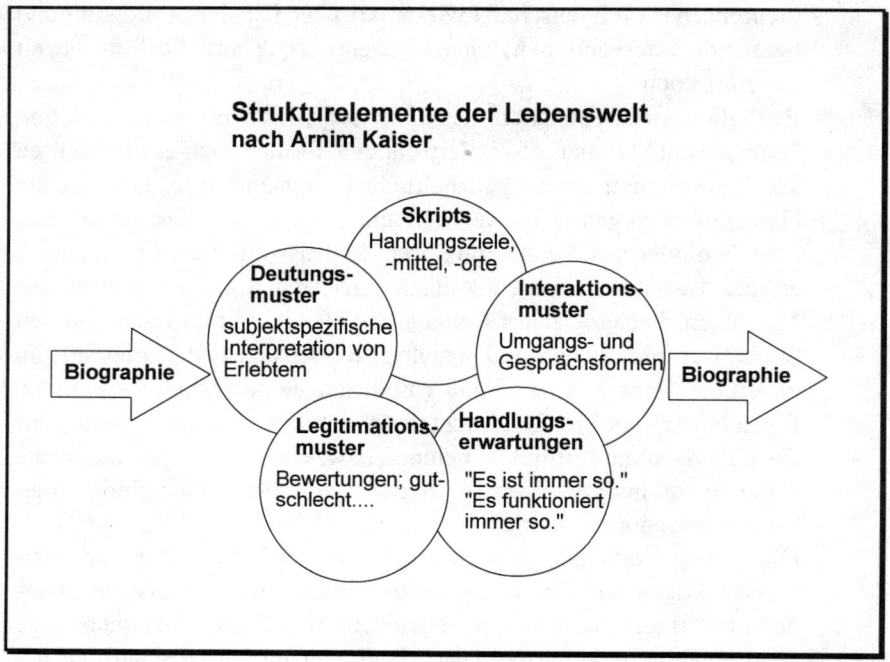

Strukturelemente der Lebenswelt
nach Arnim Kaiser

Biographie

Skripts
Handlungsziele,
-mittel, -orte

Deutungs-
muster

subjektspezifische
Interpretation von
Erlebtem

Interaktions-
muster

Umgangs- und
Gesprächsformen

Biographie

Legitimations-
muster

Bewertungen; gut-
schlecht....

Handlungs-
erwartungen

"Es ist immer so."
"Es funktioniert
immer so."

Solche Strukturmerkmale und die ihnen entsprechenden Handlungsmuster von Lebenswelt werden in der eigenen Sozialisation erworben. Eine solche produktiv-aktive Auseinandersetzung mit Lebensphänomenen und -wegen ist wesentlicher Bestandteil der Persönlichkeitsentwicklung[177] . Das (soziale) Handeln des Einzelnen ist durch diese Dimensionen hindurch immer interpretierendes Handeln, es nimmt aber auch wieder Einfluß auf die Lebenswelt des Einzelnen.

Das Lebensweltkonzept in der Pädagogik will der Komplexität und Pluralität des gegenwärtigen Lebens gerecht werden; es will dem Individuum Handlungsfreiheit und Lebenshilfe vermitteln. Dabei geht es von der Perspektive des einzelnen Subjekts bzw. spezifischer Personengruppen aus und will diesem/diesen helfen, das was ihm/ihnen aus der jeweiligen Lebenswelt bekannt ist, aus einer neuen Perspektive zu sehen und dement-

---

[177] vgl. Hurrelmann, 1986.

124

sprechend alternativ handeln zu lernen[178]. Bildung wird somit zu einem gemeinsamen Suchprozeß der am pädagogischen Prozeß Beteiligten. Lebensweltorientierte Bildungsarbeit ist abzugrenzen von der themen- oder sachorientierten Bildungsarbeit; während letztere ein Gegenstandsfeld erarbeitet, wendet sich erstere der Aufarbeitung der konkreten Situationen der TeilnehmerInnen zu[179]. Die Lebensweltorientierung ist also nicht - wie wir schon sahen - die einzig mögliche Sicht- und Handlungsweise in der Bildungsarbeit. Lebensweltorientierung ist nur in bestimmten Lern- und Themenfeldern (so z.B. in der ökologischen, sozialen oder politischen Bildung) angebracht. Hier leistet sie Wesentliches im Hinblick auf ein ganzheitliches Vorgehen. Lebensweltorientierung steht aber auch in der - die Ganzheitlichkeit von Lerngegenständen bedrohenden - Gefahr, die makrosoziologischen Zusammenhänge aus dem Blick zu verlieren und sich in der Konzentration auf die Subjektivität des politischen Engagements zu enthalten.

Will sich Bildungsarbeit i.w.S. an der Lebenswelt ihrer (potentiellen) Teilnehmer orientieren, dann ist sie darauf angewiesen, die Probleme und Interessenslagen der in spezifischen Lebenswelten Lebenden zu erkunden. Die Lebensweltanalyse wird somit zur Planungsvoraussetzung von Bildungsveranstaltungen.

Mit Hilfe unterschiedlicher Methoden und Medien kann biographisches Reflektieren und Lernen gefördert werden: Hierzu gehören die sozialhistorisch biographische Gesprächsführung, die sogenannte Erzählmethode, die Geschichtswerkstatt oder der Einsatz von Formen kreativen Gestaltens. Einsetzbare Medien sind (Auto-) Biographie, Fotos, andere Dokumente sowie Musikstücke und Lieder. Die Biographische Methode steht in inhaltlicher wie methodischer Nähe zur →Begegnung zwischen den Generationen und diversen therapeutischen Ansätzen.

Aufgaben der Biographiearbeit

Je nach Blickrichtung erfüllt die Biographiearbeit unterschiedliche Aufgaben und Funktionen:
- Der Blick in der Vergangenheit dient der Lebensbilanzierung. Die Lebensbilanz dient der Aktivierung der Vergangenheit, der Selbstverge-

---

[178] vgl. Lück, o.J., S. 7.
[179] vgl. Kaiser, o.J., [S. 2].

wisserung und der Erzeugung eines Zugehörigkeits- und Beheimatungsgefühls (sowohl in sozialer wie in transzendentaler Hinsicht) und der Eröffnung von Zukunftsmöglichkeiten.

- Der Blick in die Gegenwart dient der Lebensbewältigung bzw. aus professioneller Sicht der Lebensbegleitung.
- Der Blick in die Zukunft dient der Lebensplanung. Die Lebensplanung ist ein ganzheitliches Geschehen: Kognitiv werden Vorstellungen von der Zukunft entwickelt; diese werden emotional bewertet und dementsprechend werden pragmatisch Handlungspläne entworfen.

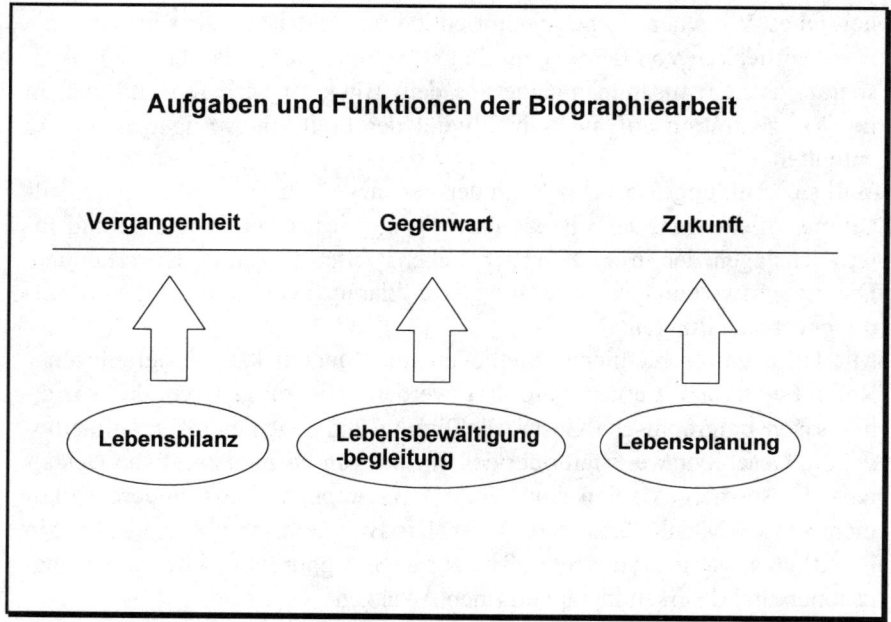

Die "Einsatzbereiche" biographischer Methoden in der Arbeit mit und für alte Menschen sind vielfältig; allerdings sind bislang nur wenige Adaptionen vorzufinden. Am weitesten verbreitet ist das biographische Arbeiten in der offenen Altenarbeit (z.B. in Erzählkaffees u.a.); aber auch im Pflegebereich wird die Bedeutung des biographischen Zugangs in wachsender Weise erkannt: Die "biographische Pflege" erlaubt eine engere Pflegebeziehung, mehr Verständnis für den/die Patienten/in, gegebenenfalls auch eine Umkehrung des Verhältnisses von Geben und Nehmen, indem der/die zu

Pflegende auch aus ihrem biographischen "Schatz" etwas an die Pflegeperson zurückgibt.[180]

📖 Literatur

Alheit, Peter (1994). Was die Erwachsenenbildung von der Biographie- und Lebenslaufforschung lernen kann. In Lenz, Werner (Hrsg.), *Modernisierung der Erwachsenenbildung* (S. 28-56). Wien: Böhlau.

Bierlein, Karl Heinz (1994). *Lebensbilanz: Krisen des Älterwerdens meistern - kreativ auf das Leben zurückblicken - Zukunftspotentiale ausschöpfen.* München: Claudius.

Blaumeister, Heinz (1993). Biographischer Ansatz. In Deutscher Verein für öffentliche und private Fürsorge (Hrsg.), *Fachlexikon der sozialen Arbeit* (3., erneuerte u. erw. Aufl.). (S. 176-177). Frankfurt: Eigenverlag.

Blimlinger, Eva u.a. (1994). *Lebensgeschichten: Biographiearbeit mit alten Menschen.* Hannover: Vincentz.

Eirmbter, Eva (1991). Biographie und Alter im Bildungszusammenhang. In Lade, Eckard (Hrsg.), *Ratgeber Altenarbeit: das aktuelle Handbuch für Altenhilfe, Pflege und Betreuung* (Teil 7/5.8). Ostfildern: Fink-Kümmerly+Frey.

Gudjons, Herbert u.a. (1993). *Auf meinen Spuren: das Entdecken der eigenen Lebensgeschichte. Vorschläge und Übungen für pädagogische Arbeit und Selbsterfahrung* (3. Aufl.). Hamburg: Bergmann & Helbig.

Halbfas, Hubertus (1989). *Wurzelwerk: geschichtliche Dimensionen der Religionsdidaktik* (Schriften zur Religionspädagogik, Bd. 2). (1. Aufl.). Düsseldorf: Patmos.

Hurrelmann, Klaus (1986). Das Modell des produktiv realitätsverarbeitenden Subjekts in der Sozialisationsforschung. In Hurrelmann, Klaus (Hrsg.), *Lebenslage, Lebensalter, Lebenszeit: Beiträge aus den ersten fünf Jahrgängen der "Zeitschrift für Sozialisationsforschung und Erziehungssoziologie"* (S. 11-23). Weinheim: Beltz.

Kaiser, Arnim (o.J.). *Der lebensweltorientierte Ansatz.* [Kopiertes Arbeitsblatt].

Landesinstitut für Schule und Weiterbildung (Hrsg. (1990). *Biographisches Lernen: Erfahrungen und Reflexionen* (1. Aufl.). Soest: Verlagskontor.

Lück, Wolfgang (o.J.). *Thesen zu lebensweltorientierter Erwachsenenbildung.* [Kopiertes Thesenpapier].

Mader, Wilhelm (1994). Emotionalität und Individualität im Alter - Biographische Aspekte des Alterns. In Kade, Sylvia (Hrsg.), *Individualisierung und Älterwerden* (S. 95-114). Bad Heilbrunn. Klinkhardt.

Morgenroth, Hannelore (1995). *Den roten Faden finden: Auswege aus dem Labyrinth unseres Lebens.* München: Kösel.

---

[180] vgl. Blimlinger u.a., 1994, S. 110 ff.

Rabe-Kleberg, Ursula (1993). Bildungsbiographien - oder: Kann Hans noch lernen, was Hänschen versäumt hat? In Meier, Artur & Rabe-Kleberg, Ursula (Hrsg.), *Weiterbildung, Lebenslauf, Sozialer Wandel* (S. 167-182). Neuwied: Luchterhand.

Wiater, Werner (1994). Die Wiederentdeckung der Zeit in der Pädagogik. Einführende Überlegungen. In Wiater, Werner (Hrsg.), *Erwachsenenbildung und Lebenslauf: Mündigkeit als lebenslanger Prozeß* (S. 9-14). München: Vögel.

2.4.4 Geschlechtsspezifische Altenarbeit

Die spezifische Lebenssituation von Männern und Frauen im Alter machen differenzierte Angebote notwendig. Um diese Aussage zu stützen, muß zunächst einmal diese spezifische Lebenssituation in Lebenslauf und Alter - in der nachfolgenden Tabelle in typisierender Weise - beschrieben werden:[181]

Unterschiede hinsichtlich	bei Frauen	bei Männern
Lebenserwartung	stärkere Zunahme	schwächere Zunahme
Anteil an der Altenpopulation	mit dem Lebensalter anwachsend	mit dem Lebensalter geringer werdend
Lebensform	Partnerschaft, anschließend Verwitwung und Singledasein	Partnerschaft; wenn Verwitwung: hohe Bereitschaft zur Wiederheirat
Hilfebedarf im Alter	anwachsend, da alleine lebend	gering, da in Partnerschaft lebend
Lebensinhalte	bei den älteren Frauen: Haus- und Familienarbeit; bei den jüngeren Frauen: Berufstätigkeit mit Familienphase	Berufs- und Arbeitswelt; Relativierung typisch "männlichen" Verhaltens mit zunehmenden Alter möglich
Bewältigungsmuster	Thematisierung von Problemen; Inanspruchnahme sozialer Ressourcen	Schweigen über das Innenleben; "Einzelkämpfernatur"
Normalbiographie	wechselnde Prozesse des Bindens und Lösens, des Neuanfangs und des Endens	geradlinige Biographie, kontinuierliche Berufsausübung (Ausnahme: Arbeitslosigkeit); Versorgtheit im Ruhestand durch die Ehefrau

---

[181] vgl. hierzu Backes, 1989; Fahrenberg, 1993.

Krisenpunkte	Auszug der Kinder aus dem Elternhaus; Klimakterium; Partnerverlust und Witwenschaft; Pflege älterer Angehöriger; unzulängliche soziale Absicherung (durch die Berufstätigkeit der Frauen künftig abnehmend); größere gesundheitliche Beschwerdenhäufigkeit	Eintreten in den Ruhestand; Verwitwung

Frauenbildung im Alter

Gerontologen bezeichnen die „Feminisierung des Alters" als Grundmerkmal des Alter(n)s in der Gegenwart[182]; damit ist ein Dreifaches gemeint: der zahlenmäßig mit dem Lebensalter wachsende Anteil der Frauen an der Altenpopulation (aufgrund der höheren Lebenserwartung), die daraus resultierende Tatsache, daß Altenarbeit vielfach Frauenarbeit ist, und das Faktum, daß es vor allem Frauen sind, die im Alter von Armut betroffen sind.

Die pädagogische Beschäftigung mit Frauen im Alter wird sich mit dem gewandelten Frauenbild und -selbstverständnis verändern müssen. Waren Frauen, die in den geragogischen Veranstaltungen bislang zu finden waren, im Durchschnitt schlechter ausgebildet als die Männer, finanziell ungünstiger gestellt und in ihren Freizeitmöglichkeiten eher eingeschränkt, so werden bei den älteren Frauen künftig andere soziokulturelle Umstände festzustellen sein. Insgesamt wird sich die Lebenssituation älterer und alter Frauen pluralisieren. Danach werden sich dann auch geragogische Angebote zu richten haben: weg von Betreuungs- und Unterhaltungsveranstaltungen, von Seniorenclub und Altentreff hin zu selbstverantworteten und selbstbestimmten, aktiv(ierend)en Programmen. Genannt werden in diesem Zusammenhang die Mitarbeit in Nachbarschaftshilfen und Selbsthilfezusammenschlüssen, soziales Engagement in Krankenhäusern und Altenheim ("Großmutter auf Zeit", "Gesellschafterin"), aber auch die

---

[182] Karl, 1995.

"Entfaltung persönlicher Interessen". Thematisch ist eine Beschäftigung mit der eigenen biographischen Geschichte und der aktuellen Lebenssituation anzustreben (Themen wie "Einsamkeit" oder "Frauenschicksale in unserem Jahrhundert").[183]

Für besondere krisenträchtige Situationen während des Alternsprozesses und im Alter erscheint es notwendig, Begleitungs- und Beratungsangebote zur Verfügung zu stellen. So ist bereits in den USA eine Entwicklungsberatung für Frauen zu finden, die sich beispielsweise angesichts des Auszugs der Kinder aus dem Elternhaus die Aufgaben gestellt hat, "Mütter auf diese Lebenssituation vorzubereiten und mit ihnen individuelle Wege zu suchen, um den Prozeß des Älterwerdens ohne Kinder zu erleichtern"[184] Weiterhin sei auch noch auf berufliche Eingliederungsmaßnahmen für Frauen nach der Familienarbeitsphase hingewiesen. Diese zwei Beispiele weisen auf die besondere Bedeutung der →Altersvorbereitung (Geroprophylaxe) bei Frauen hin; diese hat insbesondere drei Aufgaben zu erfüllen:[185] die Hilfe bei der Gestaltung selbstbestimmten und eigenständigen Lebens, die Ermöglichung und den Aufbau eigener sozialer (außerfamiliärer) Beziehungen und die Festigung eines von gesellschaftlichen Stereotypen unabhängigen Selbst-Bewußtseins.

Männerbildung im Alter

Die Männer sind für eine Altenpädagogik der Zukunft aus zweierlei Gründen von Bedeutung: Zum einen ist ein langsamer Anstieg ihres Anteils an der Altenpopulation zu erwarten (deswegen weil die künftigen Männergenerationen nicht durch Weltkriege „ausgedünnt" wurden); zum anderen sind Männer im Alter - glaubt man den Sozialsationsforschern[186] - von drei besonderen Problemlagen betroffen: vom Verlust ihres Status als Familienernährer, vom Verlust ihrer beruflichen Identität und vom „Schwinden der Manneskraft".

Ob und wie solche Einbrüche bewältigt werden können, hängt von den(sozialen) Kompetenzen der Männer und von ihren biographisch-

---

[183] vgl. Gitschmann u.a., 1990; Niederfranke, 1994; Seidel, 1986.
[184] Fahrenberg, 1986.
[185] vgl. Fahrenberg, 1993, S. 11.
[186] Böhnisch & Winter, 1993, S. 171 f.

erworbenen Geschlechtsrollen-Verständnissen ab. Insbesondere mit Blick auf die im Alter notwendigen sozialen Kompetenzen lassen sich für die Altenbildung mit Männern als Aufgaben formulieren:

- das Ablegen-Können überzogenen Autonomie-Denkens (wie es in der traditionellen Männerrolle zu finden ist) und das Annehmen-Können der eigenen Endlichkeit,
- das produktive Akzeptieren-Können erlebter Hilfslosigkeit und das Verfügen über Krisen-Bewältigungs-Kompetenzen,
- das Ablegen-Können einer Außen-Orientierung (Suche nach Anerkennung und Prestige) und die Hinwendung nach Innen bzw. auf sich selbst.

Der Mann ist in der Gerontologie wie in der Geragogik ein "unbekanntes Wesen", d.h. über ihn liegen nur in geringem Umfang Forschungsergebnisse vor und für ihn werden in der Altenarbeit kaum spezifische Angebote offeriert.[187]

Das primäre Ziel von Bildungsmaßnahmen für ältere und alte Männer besteht darin, sie für ihr Leben im Alter kompetent zu machen. Unter Anknüpfung an alte Lernerfahrungen sollen neue Sicht-, Einstellungs- und Verhaltensweisen weitergegeben bzw. erarbeitet werden, die sich dann in verschiedenen Fähigkeiten entfalten können, "zum Beispiel auch in der Fähigkeit und dem Bemühen, keine Kontrolle mehr ausüben zu wollen, bzw. die eigene Wirksamkeit im Loslassen-Können zu erfahren, indem zum Beispiel Aspekte der herrschenden männlichen Geschlechtsrollennorm aufgegeben werden können."[188].

Männer stellen in Altenbildungsmaßnahmen eher die Minderheit dar - auch aus demographischen Gründen: So liegt beispielsweise bei Seniorenprogrammen der Prozentsatz der teilnehmenden Männer unter 20 Prozent. Daraus kann gefolgert werden, daß gerade bei Männern ein erhebliches Stück an Motivierungsarbeit geleistet und ein Männer ansprechendes Programm geboten werden muß. So stellen die klassischen Seniorennachmittage für Männer sicherlich ein eher unattraktives Angebot dar. "Seniorenwerkstätten", „Seniorenberatungsdienste" u.ä. kommen den Interessen und Bedürfnissen alter Männer wahrscheinlich eher entgegen.[189]

---

[187] vgl. Fooken, 1986; 1986a; 1989.
[188] Fooken, 1989, S. 246.
[189] vgl. Gitschmann u.a., 1990, S. 12; Seidel, 1986, S. 59 ff.

In Bezug auf die "Männerbildung im Alter" kann schließlich noch festgehalten werden, "daß die hier ... zu bewältigenden Probleme häufig ihre Ursachen schon in der (früh-) kindlichen Erziehung haben. ... Deshalb müssen auch Erfordernisse für die (früh-) kindliche Erziehung dargelegt werden: fundamentale, 'gesunde' Einstellungen zum Beispiel zum Verhältnis 'männlich-weiblich' oder 'jung-alt' müssen hier schon grundgelegt werden (und dabei darf nicht vergessen werden, daß Erziehung auch immer von den in der Gesellschaft existierenden Werten und Normen beeinflußt wird)."[190]

📖 Literatur

Backes, Gertrud Maria (1989). Veränderte Lebens- und Arbeitsbedingungen und Perspektiven "erfolgreichen" Alterns der Frau? In Baltes, Margret M. u.a. (Hrsg.), *Erfolgreiches Altern: Bedingungen und Variationen* (1. Aufl.). (S. 118-124). Bern: Huber.

Böhnisch, Lothar & Winter, Reinhard (1993). *Männliche Sozialisation: Bewältigungsprobleme männlicher Geschlechtsidentität im Lebenslauf.* Weinheim: Juventa.

Fahrenberg, Brigitte (1986). Die Bewältigung der 'empty nest situation' als Entwicklungsaufgabe der älterwerdenden Frau: eine Literaturanalyse. *Zeitschrift für Gerontologie, 19* (5), 323-335.

Fahrenberg, Brigitte (1993). Wenn Frauen älter werden - Rollen- und Identitätsprobleme. In Bildungswerk der Erzdiözese Freiburg u.a. (Hrsg.), *Älter werden* (Alternative 5: Frauen leben anders: Geschlechterrollen). (S. 3-16). Freiburg: Eigenverlag.

Fooken, Insa (1986). Gerontologie - eine Männerwissenschaft oder: Der Mann im Alter - das unbekannte Wesen? *Zeitschrift für Gerontologie, 19* (4), 221-222.

Fooken, Insa (1986a). Männer im Alter - Psychologische und soziale Aspekte. *Zeitschrift für Gerontologie, 19* (4), 249-275.

Fooken, Insa (1989). Kompetenz im Alter - Ein Beitrag zur Psychologie des Mannes. In Rott, Christoph & Oswald, Frank (Hrsg.), *Kompetenz im Alter: Beiträge zur III. Gerontologischen Woche* (1. Aufl.). (S. 245-270). Vaduz: Liechtenstein.

Klingenberger, Hubert (1987). Entwicklungen und Probleme des Mannes im mittleren Lebensalter. In Beck, Reinhilde u.a., *Frauen, Männer und das Träumen: pädagogisch bedeutsame Prozesse und Probleme individuellen Erlebens* (S. 138-167). München: Reisen und Bildung.

---

[190] Klingenberger, 1987, S. 161.

Niederfranke, Annette (1994). Pluralisierung von Lebenslagen und Lebensstilen älterer Frauen. In Kade, Sylvia (Hrsg.), *Individualisierung und Älterwerden* (S. 45-58). Bad Heilbrunn: Klinkhardt.

3 AUFGABEN- UND HANDLUNGSFELDER, IN DEREN ZENTRUM DAS PERSONALE UMFELD ALTER MENSCHEN STEHT

Zweierlei Arbeitsbereiche lassen sich unterscheiden, wenn sich der Blickwinkel auf das personale Umfeld der älteren Generationen richtet: zum einen die Angehörigenarbeit, die Unterstützung und Hilfe für die Familienmitglieder und Verwandten der alten Menschen anbietet und zum anderen die Gemeinwesen- und Gemeindearbeit, die die Kommune und die Kirchen-/Pfarrgemeinde, in den alte Menschen leben, (mit-) gestalten will.

3.1 Angehörigenarbeit

Nur 4 Prozent der über 65-jährigen leben in Heimen; 90 Prozent der Pflegebedürftigen werden von Familienangehörigen gepflegt. Pflegepersonen sind vor allem Frauen; Töchter und Ehefrauen finden sich hauptsächlich (80 Prozent) in der Rolle der Pflegeperson wieder; die Pflege wird aber auch von Schwiegertöchtern übernommen. Töchter und Schwiegertöchter stehen dabei in einer besonderen Situation, denn zum einen versorgen sie noch die eigenen Kinder, zum anderen haben sie die Pflege der Eltern/Schwiegereltern übernommen. Man spricht deshalb auch von einer "Sandwich-Generation". Beachtenswert ist weiterhin, daß 50 Prozent der Pflegepersonen älter als 70 Jahre sind.[191]

Die Motive zur Pflegeübernahme bilden ein breites Spektrum; sie sind insofern relevant, als sie das Erleben und das Verarbeiten der Pflegesituation wesentlich beeinflussen. Unter den Motiven zur Pflegeübernahme finden sich u.a.:

• Dankbarkeit gegenüber der pflegebedürftigen Person,
• innerfamiliäre Erwartungen und Normen,
• Versprechungen bzw. Abmachungen mit der pflegebedürftigen Person,
• der Mangel an Pflegealternativen,
• die mangelnde Wahrnehmung von bestehenden Pflegealternativen,

---

[191] vgl. zu diesem Kap. Bayer-Feldmann, 1989; Bruder, 1988; 1989; Schultze-Jena, 1991.

- die Erwartung von materiellen u.a. Vorteilen,
- spezifische emotionale Bindungen zwischen Pflegeperson und pflegebedürftiger Person,
- finanzielle Gründe (zum Beispiel Altenteilverpflichtungen).

Auch hinsichtlich der Pflegeanlässe ist zu beachten, daß diese einen besonderen Einfluß darauf haben, wie die Pflegesituation von beiden betroffenen Personen erlebt und verarbeitet wird. Hier können grundsätzlich
chronische Erkrankungen von akuten Erkrankungen unterschieden werden;
bei der akuten Erkrankung, also dem schnellen Eintreten einer Pflegesituation gibt es vor allem Probleme hinsichtlich der Umstellung von der
einen Situation auf die andere. Chronische Erkrankungen dagegen erzeugen Probleme hinsichtlich der Einschätzung der Situation (zum Beispiel
Dauer).

Die →Pflege eines bedürftigen Familienangehörigen bringt für die Pflegeperson eine Reihe von belastenden Faktoren mit sich:[192] Die ständige An-
wesenheit kann zum einen zu einer Horizontverengung hinsichtlich der
Interessen und der Erfahrungsspielräume der Pflegeperson führen; des
weiteren kann sie in zunehmenden Maße eine soziale Isolation mit sich
bringen: Soziale Kontakte können nur noch in erschwerter Weise wahrgenommen werden. →Pflege ist mit zum Teil erheblichen körperlichen Anstrengungen verbunden; dies kann zu erheblichen gesundheitlichen Beein-
trächtigungen führen, vor allem wenn man berücksichtigt, daß ca. die
Hälfte der Pflegepersonen älter als 70 Jahre ist. →Pflege von Familienangehörigen ist aber vor allem mit psychischen Belastungen verbunden: So
ist die Beziehung zwischen Pflegeperson und pflegebedürftiger Person (in
der Regel eine Eltern/Kind- oder Ehepartnerbeziehung) einer grundlegenden Veränderung unterzogen; so kann zum Beispiel die starke Belastung,
die durch die →Pflege entsteht, zu einer Abnahme von Zuneigung bei den
Kindern/beim Partner führen, was wiederum mit Schuldgefühlen verbunden sein kann. Auch die Einstellung des Pflegebedürftigen selbst zur Pflegesituation kann zu erheblichen Belastungen für die Pflegeperson führen.
Aggression, Resignation, Klagen und Trauer - all diese Reaktionsweisen
der Pflegebedürftigen auf ihre Situation führen zu psychischen Belastungen. Ist der Pflegebedürftige verwirrt und nicht ansprechbar, so besteht für
die Pflegeperson weiterhin keine Möglichkeit zur kommunikativen Auseinandersetzung mit dem/der Pflegebedürftigen. Die Angst vor dem Tod

---

[192] vgl. hierzu Bruder, 1988; 1989; Schultze-Jena, 1991, S. 103 ff.

der gepflegten Person oder zumindest vor der Verschlechterung des Gesundheitszustandes erhöht weiterhin den Grad der psychischen Belastung. Nicht zuletzt gehören mangelnde Kenntnisse über die →Pflege zu den belastenden Faktoren. Doch nicht nur auf die Pflegeperson, sondern auch auf deren Familie kommen Belastungen zu: So können angesichts eingeschränkter Zeitressourcen Konflikte zwischen den Familienmitgliedern auftreten; andere Familienmitglieder können sich durch das Engagement der Pflegeperson vernachlässigt fühlen. Zusätzlich kommen finanzielle Einschränkungen durch die Pflegesituation erschwerend hinzu. All das zeigt natürlich Folgen: Nervosität, Depressionen, psychosomatische Reaktionen, Alkohol- und Tablettensucht sowie Aggression und Gewalttätigkeit können infolge zu großer Belastungen innerhalb der Pflegesituation auftreten.

Die Pflegesituation hat allerdings nicht nur Auswirkungen auf die Pflegeperson; vielmehr können auch Konsequenzen für die gepflegte Person festgestellt werden: So führt einerseits die familiäre →Pflege dazu, daß die gepflegte Person in der vertrauten Umgebung verbleiben kann, daß ihr ein hoher Grad von Zuwendung zukommt; allerdings kann die Umkehrung des Eltern-Kind-Verhältnisses auch zu resignativen oder aggressiven Verhaltensweisen führen.

Familiäre Pflege kann also sowohl für die Pflegeperson als auch für die gepflegte Person Belastungen von hoher Intensität mit sich bringen. Hier besteht dringend der Bedarf nach einer →Beratung und Begleitung der von der Pflegesituation betroffenen Personen. Wenn angesichts leerer Kassen nach einer Verstärkung der familiären →Pflege gerufen wird, so erscheint dies nur dann redlich, wenn gleichzeitig Rahmenbedingungen für eine Entlastung der pflegenden Angehörigen und der gepflegten Person geschaffen werden. Die Pflegenden dürfen nicht alleine gelassen werden, deren freiwilliges Engagement darf nicht ausgenützt werden, in der Bereitstellung unterstützender Rahmenbedingungen zeigt sich schnell, inwieweit die Forderung nach familiärer Pflege lediglich ein politisches Lippenbekenntnis ist. Zu der Schaffung angemessener Rahmenbedingungen gehören u.a. die Einrichtung mobiler sozialer Dienste oder die Schaffung von Kurzzeit- und Tagespflegeplätzen (z.B. falls die Pflegeperson in Urlaub fahren möchte). Zu solchen entlastenden Angeboten gehören neben der therapeutischen Arbeit und der sachlichen Hilfe (zum Beispiel Geld) die →Beratung und der Erfahrungsaustausch in Gruppen pflegender Angehöriger. Zu den Zielgruppen der →Beratung gehören neben den pflegenden

Angehörigen selbst, deren Familie sowie die zu pflegende Person; bei allen drei Zielgruppen sind Formen zugehender →Beratung zu erwägen. Die →Beratung sollte von einem Fachteam vorgenommen werden; hierzu gehören u.a. Mediziner, Theologen, Psychologen sowie Sozialarbeiter und Pädagogen. →Beratung sollte für spezifische Krisen- und Problemsituationen angeboten werden; sie sollte vorbereitender Art sein (präventiv, zum Beispiel Gesundheitsberatung), sie sollte während des Pflegefalles stattfinden (interventiv), und sie sollte im Trauerfall zur Verfügung stehen, d.h. nach der Betreuungssituation.

Die Begleitung pflegender Angehöriger kann auch in Selbsterfahrungsgruppen stattfinden. Ziele solcher Gruppen sind neben anderen:
- seelische Entlastung,
- die Förderung von Kommunikation und Austausch,
- die Durchbrechung der sozialen Isolation,
- die psychische Unterstützung und die Schaffung von Sicherheit,
- sowie die fachliche Begleitung.

Als ein zentrales Ziel von →Beratung bzw. Selbsthilfegruppen wird die Schaffung von "filialer Reife" genannt;[193] filiale Reife umfaßt u.a. die emotionale Selbständigkeit gegenüber der zu pflegenden Person, die Ablösung vom Elternteil, eine Einstellung die mit dem Schlagwort "autoritäre Fürsorglichkeit" beschrieben wird sowie einen adäquaten Umgang mit Schuldgefühlen. Auf Seiten der zu pflegenden Personen wird "parentale Reife"[194] angezielt; dies meint, daß die zu pflegende Person eine Einstellung zeigt, in der sie die Hilfe von eigenen Kindern bzw. Schwiegerkindern annehmen kann. Hinsichtlich der Inhalte von Gruppengespräch und →Beratung besteht ein breites Spektrum. Dieses umfaßt neben anderen:
- Informationen zum Krankheitsbild und dessen Behandlung (um realistische Urteile zu ermöglichen),
- Weisen des Umgangs mit dem/der Pflegebedürftigen,
- gegenseitige Entlastung in der Betreuung,
- Gefühle von Schuld und Angst,
- Information über Formen der Entlastung (um Einschränkungen zu reduzieren),
- gegenseitigen Erfahrungsaustausch,
- das Bewußtmachen von Rollenerwartungen,

---

[193] vgl. zur filialen Reife: Schultze-Jena, 1991, S. 115 f.
[194] Knipscheer, 1989, S. 146 f.

- die Klärung von eigenen Motivationen und Bereitschaften,
- die Erörterung von Zukunftsperspektiven hinsichtlich des Endes der Pflege (zum Beispiel durch Nutzung stationärer Dienste),
- Informationen über und Vermittlung von sozialen Diensten.

Selbsthilfe- und Selbsterfahrungsgruppen pflegender Angehöriger sollten an Sozialstationen bzw. ambulanter pflegerischer Dienste angebunden werden. Sie arbeiten weitgehend mit Methoden der →Supervision bzw. der Balint-Gruppen. Hinzuweisen ist in diesem Zusammenhang schließlich auf die Bedeutung öffentlicher Informationsveranstaltungen, die gegebenenfalls auf spezifische Formen der Beratung bzw. der Gruppenarbeit hinweisen und weiterführen können (→Öffentlichkeitsarbeit).

📖 Literatur

Bayer-Feldmann, Claudia (1989). Beratung pflegender Angehöriger. In Lade, Eckard (Hrsg.), *Ratgeber Altenarbeit: das aktuelle Handbuch für Altenhilfe, Pflege und Betreuung* (Teil 7/2.2). Ostfildern: Fink-Kümmerly + Frey.

Bruder, Jens (1988). Wenn der Geist der Eltern nachläßt: demente alte Menschen in der Familie. In Göckenjan, Gerd & Kondratowitz, Hans-Joachim von (Hrsg.), *Alter und Alltag* (1. Aufl.) (S. 255-269). Frankfurt: Suhrkamp.

Bruder, Jens (1989). Belastungen pflegender Familienangehöriger bei desorientierten alten Menschen - Möglichkeiten professioneller Beratung und Unterstützung. In Döhner, Hanneli & Halves, Edith (Hrsg.), *Helfen im Alter: was können wir tun?* (1. Aufl.). (S. 62-78). Hamburg: Ergebnisse

Knipscheer, C.P.M. (1989). Familiäre Pflege, Reife und erfolgreiches Altern. In Baltes, Margret M. u.a. (Hrsg.). Erfolgreiches Altern: Bedingungen und Variationen (1. Aufl.). (S. 142-148). Bern: Huber.

Schultze-Jena, H. (1991). Intervention bei Angehörigen von hilfebedürftigen Älteren. In Hirsch, Rolf D. & Krauß, Burkhard (Hrsg.), *Gerontopsychiatrie und Altenarbeit I: Beiträge aus der Fortbildungsreihe "Gerontologisches Forum" im Landkreis Göppingen* Beiträge zur Gerontologie und Altenarbeit, Bd. 67). (S. 101-122). Berlin: Deutsches Zentrum für Altersfragen.

3.2 Gemeinwesen- und Gemeindearbeit

Gemeinwesenarbeit

Die Gemeinwesenarbeit wird als die "dritte Methode der Sozialarbeit" nach der Einzelhilfe und der Gruppenarbeit bezeichnet. Charakteristisch ist für sie eine Fokuserweiterung über die Gruppe - z.B. der Angehörigen - hinaus auf regionale und personale Umfelder von "Problempersonen und -gruppen", so z.B. in der Stadtteilarbeit. Sozio-ökonomische und politische Aspekte und Bedingungen geraten somit in das Blickfeld dieses Handlungsbereichs und seiner methodischen Vorgehensweisen.[195]

Unter historischer Perspektive grenzt sich die hinter der Gemeinwesenarbeit stehende Gemeinwesenorientierung von zwei anderen, älteren Leitbildern sozialer Arbeit ab: Im sogenannten "caritativen Leitbild" wird ein Fürsorgeverhältnis zwischen einer selbstlos gebenden Person und einer untertänig und dankbar nehmenden Person beschrieben. Im sogenannten "technokratischen Leitbild" herrscht das Prinzip der Machbarkeit vor; der/die Hilfesuchende wird als Maschine verstanden, die lediglich den adäquaten Input benötigt, um wieder angemessen funktionieren zu können. Mangelnde Reparierbarkeit wird dem Individuum, nicht der Methode zur Last gelegt.

> "Das gemeinwesenorientierte Leitbild bemüht sich um eine ganzheitliche Sichtweise: Älterwerden ist zunächst ein Anliegen des gesamten Gemeinwesens, ... ein Kollektivphänomen, über das demokratisch zu befinden ist."[196]

In konzeptioneller Hinsicht lassen sich drei Verständnisweisen von Gemeinwesenarbeit unterscheiden:[197] So wird Gemeinwesenarbeit zum einen verstanden als →"Koordination traditioneller Methoden und Kooperation traditioneller Träger von Sozialarbeit"; zum anderen findet sich ein Verständnis von Gemeinwesenarbeit als "sozialpolitische Befriedigung auf der Basis vorhandener Interessen und Bedürfnisse"; und schließlich versteht

---

[195] vgl. hierzu Richter-Junghölter, 1993, S. 392 f.
[196] Guggemos, 1995, S. 6.
[197] Richter-Junghölter, 1993, S. 393.

140

sich Gemeinwesenarbeit als "aggressive Intervention mit dem Ziel der Erweiterung und Veränderung vorhandener Interessen und Bedürfnisse".

Die Gemeinwesenarbeit möchte die von Problemlagen betroffenen Subjekte über die (sozialen, wirtschaftlichen, politischen) Bedingungen ihrer Lebenssituation informieren, zum selbstbewußten und selbständigen Handeln ermutigen und bei der eigenständigen Problemlösung begleiten. An der Erarbeitung bzw. Modifizierung sozialer wie politischer Programme sollen dabei die Betroffenen beteiligt werden.

Ziele und Prinzipien der Gemeinwesenarbeit sind also:[198]

- Von Problemlagen Betroffene sollen lernen und dazu motiviert werden, ihre eigenen Interessen öffentlich wahrzunehmen.

- Entscheidungsstrukturen sollen mit Zielrichtung "Demokratisierung" verändert werden:

- An Planungs- und Versorgungsprozessen sind die jeweils davon Betroffenen zu beteiligen.

- Politisches Lernen soll sich dadurch vollziehen, daß in je akuten Konflikten kollektive Erfahrungen reflektiert und parteiliches Handeln gefördert wird.

- Individualistische Handlungsorientierungen sollen durch einen strukturell-institutionellen Blick abgelöst oder zumindest ergänzt werden.

- Probleme sollen nicht zergliedernd analysiert und anschließend stigmatisiert werden; vielmehr geht es um den Aufweis von Problemzusammenhängen.

- Die MitarbeiterInnen in den Einrichtungen und Institutionen sollen mehr Verantwortung für ihre Arbeit übernehmen und müssen dementsprechend →aus-, fort- und weitergebildet werden.

- Es werden Verbindungen zur Organisationen und Einrichtungen außerhalb des sozialen Bereiches aufgebaut und gepflegt (z.B. Sport- und Kulturvereine, Presse u.a.), damit diese bei ihren Planungen auch die Interessen und Belange der älteren Generationen berücksichtigen können (→Öffentlichkeitsarbeit).

---

[198] vgl. Guggemos, 1995; Richter-Junghölter, 1993, S. 393.

Gemeinwesenorientierte Altenarbeit

Das Altern und die Lebenssituation im Alter sind zum einen eine je individuelle Angelegenheit; zum anderen sind sie aber auch abhängig von sozialen, wirtschaftlichen oder politischen Bedingungen. Deshalb darf sich gemeinwesenorientierte Altenarbeit nicht darin beschränken, ortsnahe und dezentrale Hilfsangebote zu machen; vielmehr geht es immer auch darum, "die eigene Tätigkeit stets auf die Möglichkeiten der Präsentation/des Öffentlichmachens, der Einmischung und des Infragestellens und (günstigenfalls) der Vernetzung, Verquickung, Vermischung zu überprüfen und diese Möglichkeiten phantasievoll zu nutzen"[199].

Im Bereich der Altenhilfe/-arbeit ist der Gemeinwesenansatz vor allem im Altenheim elaboriert worden[200]; er steht hier in direktem Zusammenhang nach Forderungen "zur Öffnung der Heime nach innen und außen, d.h. demokratische Mitsprache aller Beschäftigten und Bewohner/innen bei der Gestaltung der Heimpolitik, Suche nach aktiver gesellschaftlicher Partizipation der Heimbewohner/innen, Thematisierung von Leiden und Tod, aber auch von z.B. Sexualität im Alter, Diskussion des Umgangs mit 'Störenfrieden' im Heim, Orientierungshilfen, Individualisierung der Räume und Gänge, Schaffung von Kommunikationsmöglichkeiten, Zulassen von Pflanzen und Haustieren - kurzum: die Umgestaltung der Heime von totalen Institutionen hin zu Lebensorten für alle Beteiligten mit dem Ziel weitgehender Normalität"[201].

Als Aufgabenfelder und Zielgruppen einer Gemeinwesenarbeit im Altenheim um die konkrete Arbeit mit den jeweiligen HeimbewohnerInnen herum nennt Konrad Hummel[202]:

- die Einbeziehung der MitarbeiterInnen eines Heimes und deren Angehörige (z.B. durch Mitarbeiterversammlungen, Betriebsausflüge usw.),
- die Begegnung der jeweiligen Zimmernachbarn der HeimbewohnerInnen (z.B. durch einen Etagensprecherrat),
- der Kontakt mit den Nachbarn im räumlichen Umfeld eines Altenheimes (z.B. durch eine Stadtteilzeitung),

---

[199] Trilling, 1992, S. 190.
[200] vgl. z.B. Hummel, 1990.
[201] Guggemos, 1995, S. 6 f.
[202] vgl. 1990, S. 71.

- die Etablierung eines "Freundeskreises" eines Altenheimes (z.B. durch monatliche Treffen),
- die Einbeziehung und Partizipation der ehrenamtlichen MitarbeiterInnen im Heim (z.B. durch monatliche Treffen),
- die Integration der Angehörigen der HeimbewohnerInnen (z.B. durch Informationsblätter und regelmäßige Veranstaltungen),
- die Öffnung des Altenheimes für Tagesgäste und ältere MitbürgerInnen aus der Kommune (z.B. durch offenen Mittagstisch, öffentliche Veranstaltungen, Programmbeirat usw.),
- die Information der (kommunalen) Öffentlichkeit (z.B. durch die Medien),
- die Durchführung von (offenen) Bildungsveranstaltungen im Hause,
- die Einbeziehung von SozialarbeiterInnen und Krankenhauspersonal, von Politikern und Ärzten, Pfarrern u.a. (z.B. durch Begegnungstreffen, Kuratorium u.a.).

Ein weiterer Bereich der Altenhilfe/-arbeit, in dem die Gemeinwesenorientierung bereits einen Niederschlag gefunden hat, ist die →Vernetzung. Durch die Einrichtung sogenannter "Clearing-" oder "Leitstellen" werden die für die Lebenssituation der alten Menschen bedeutsamen Kräfte und Einrichtungen eines Gemeinwesens zusammengeführt und zur Zusammenarbeit gebracht (so z.B. in Saarlouis oder in Augsburg).

Die hier genannten Prinzipien haben einen konkreten Niederschlag im nordrhein-westfälischen Modellprojekt "Sozialgemeinde" gefunden: "Die Idee der Sozialgemeinde ist der Versuch, Sozialpolitik auf der kommunalen Ebene in der Weise zu gestalten, daß einerseits eine breitestmögliche Beteiligung von Betroffenen, Experten, Finanziers, Verbänden, Organisationen, gerontologischer Politikberatung, Selbsthilfegruppen etc. erfolgt und andererseits auf der Verwaltungsebene die Planung und Organisation von kommunaler Altenpolitik ämterübergreifend koordiniert werden kann."[203] Bürgernähe, →Koordination und Partizipation sind wesentliche Ziele dieses Konzepts.

Eine andere Konsequenz aus einer gemeinwesenorientierten Altenarbeit ist die Einsetzung sogenannter "SeniorenmoderatorInnen":

---

[203] Ministerium für Arbeit, Gesundheit und Soziales..., o.J. S. 7; vgl.auch Borosch, 1992.

"Zum einen soll er/sie zwischen Organisationen und Gruppen vor Ort vermitteln können; zum anderen soll er/sie das Rahmenkonzept des Altenplanes des Landkreises auf die örtlichen Verhältnisse übertragen sowie des weiteren umgekehrt auch die Entwicklungen vor Ort in den Planungsprozeß des Landkreises ... einbringen können."[204] Seine/ihre Hauptaufgabe liegt in der Förderung und Weiterentwicklung der gemeindebezogenen Altenarbeit. Eingesetzt wurden solche SeniorenmoderatorInnen z.B. in Saarlouis.

Altenarbeit in der (Pfarr-) Gemeinde

Gemeindliche Altenarbeit orientierte sich lange Zeit an caritativen und fürsorgerischen Aufgaben; der Seniorennachmittag/-kaffee kann bis in die Gegenwart noch als Prototyp gemeindlicher Altenarbeit angesehen werden. Doch dieser Prototyp gerät in eine Krise; ein dreifacher Abschied ist vorzunehmen:[205] zum einen der Abschied von der großen Zahl: die bestehenden Seniorennachmittage werden immer kleiner ("sterben aus"); junge Senioren rücken kaum nach; neue Formen der Altenarbeit erreichen nicht mehr große Massen. Zum anderen der Abschied von der vertrauten Methode des "Kaffeenachmittags": Neue aktivierende und die alten Menschen beteiligende Formen der Altenarbeit müssen etabliert werden; der Seniorennachmittag wird nur noch eine Möglichkeit der Altenarbeit neben anderen sein. Und schließlich der Abschied vom Selbstbild einer fürsorgenden, matriachalen Altenbetreuerin: Dies scheint eine der Hauptaufgaben der Zukunft zu sein, denn vielen ehrenamtlichen MitarbeiterInnen in der gemeindlichen Altenarbeit fällt es schwer, von einem solchen Selbstverständnis loszulassen und sich selbst "nur noch" als BegleiterIn von selbständigen, aktiven und selbstbewußten alten Menschen anzusehen.

---

204 Asam & Winter, 1992, S. 257.
205 aus einem Impulsreferat von Andrea Martin im Bildungswerk Rosenheim, 1993

Abschiede der gemeindlichen Altenarbeit
nach Andrea Martin

- Abschied von der vertrauten Form des Alten-Kaffee-Nachmittags (als alleiniger Form der gemeindlichen Altenarbeit)

- Abschied von "den großen Zahlen"

- Abschied vom Selbstbild des/der AltenarbeiterIn: von der BetreuerIn zur ErmöglicherIn und BegleiterIn

Vor diesem Hintergrund wird die Zielbestimmung von gemeindlicher (Alten-) Arbeit bedeutsam; für kirchliche Gemeinschaften existiert hierzu ein Modell, daß die Säulen einer lebendigen Gemeinde benennt:[206]

- Eine lebendige Gemeinde besitzt eine Vision; damit gemeint ist eine Zielvorstellung, auf die hin sich eine Gemeinde bewegt.

- Eine lebendige Gemeinde lebt in Gemeinschaft; dort, wo es eine konkrete Zielvorstellung gibt, entsteht auch eine Gemeinschaft derer, die ihr folgen.

- Eine lebendige Gemeinde verfügt über ein (Handlungs-) Programm; die Ableitung eines solchen Programms ergibt sich fast zwangslogisch aus einer vorgegebenen Zielvorstellung (Vision). Die Gemeinde bekommt so in ihrem Handeln einen "roten Faden"; für Außenstehende verfügt sie über eine "Visitenkarte" (Corporate Identity).

- Eine lebendige Gemeinde braucht auch eine Verwaltung (Administration), die die zur Zielerreichung notwendigen Rahmenbedingungen zur Verfügung stellt.

---

[206] vgl. Zulehner, 1994; 1994a; in Anlehnung an Saarinen, 1986; vgl. auch Klingenberger, 1994, 1995.

Säulen des Gemeindelebens
nach Paul M. Zulehner (1994)

Zielvorstellung (Vision)	Gemeinschaft	Programm	Verwaltung (Administration)
Orientierunggebende und handlungsmotivierende Leitvorstellung	sich zwangsläufig aus der gemeinsamen Vision ergebendes Miteinander	schrittweise und arbeitsteilige Kooperation zur Zielerreichung	Bereitstellung der (sozioökonomischen) Mittel zur Zielerreichung

tragendes Fundament: der christlich-biblische Glaube

Ein solches Säulenmodell ist die für Altenarbeit in der Gemeinde von zweifacher Bedeutung:

Zum einen kann sich ein Visionsmangel auf der Gemeindeebene auch negativ auf die gemeindliche Altenarbeit auswirken. Gemeindliches Handeln ist heute stark an der Verwaltung des Alltags orientiert und nach innen gerichtet. Wo Gemeinde-Visionen fehlen, da fehlt es auch der gemeindlichen Erwachsenenbildung (und anderen gemeindlichen Handlungsfeldern, z.B. der Altenarbeit[207]) an Zielen und Orientierungen. Neben anderen sind folgende Zielvorstellungen/Visionen von Gemeinde denkbar: Gemeinde als Ort der Begegnung von Menschen in unterschiedlichen Lebenslagen und Generationen, Gemeinde als Ort gelebter Solidarität mit benachteiligten Menschen, Gemeinde als Ort der Überwindung von Einsamkeit.[208]

Zum anderen wird durch dieses Modell deutlich, daß die gemeindliche Altenarbeit selbst nicht auf Visionen verzichten kann, die ihr Orientierung für ihr Handlungsprogramm geben können. Solche Visionen sind ständig

---

[207] vgl. Klingenberger, 1994.
[208] vgl. hierzu auch Honold, 1993.

146

zu hinterfragen, damit sie nicht an den Interessen und Bedürfnissen der alten Menschen vorbeigehen.

Dies alles erfordert nicht zuletzt eine ständige und konsequente →Aus-, Fort- und Weiterbildung der (haupt-, neben- und ehrenamtlichen) MitarbeiterInnen in den Gemeinden.

📖 Literatur

Asam, Walter H. & Winter, Peter (1992). Neuordnung und Gemeindeorientierung in der Altenarbeit: der Saarlouiser Weg. In Asam, Walter H. (Hrsg.)., *Neue Altenpolitik: Sicherung der Pflege durch Sozialplanung* (S. 237-258). Freiburg: Lambertus.

Borosch, Roland (1992). Die Bedeutung der Idee der Sozialgemeinde für die altenpolitische Planung: der Weg des Landes Nordrhein-Westfalen. In Asam, Walter H. (Hrsg.), *Neue Altenpolitik: Sicherung der Pflege durch Sozialplanung* (S. 70-79). Freiburg: Lambertus.

Guggemos, Peter (1995). Politikum Älterwerden - Das Konzept der Gemeinwesenorientierung. In Lade, Eckard (Hrsg.), *Ratgeber Altenarbeit: das aktuelle Handbuch für Altenhilfe, Pflege und Betreuung* (Teil 7/8.2). Ostfildern: Fink-Kümmerly + Frey.

Honold, Werner (1993). Gemeinde wird erlebt... In Cremer, Marlies & Honold, Werner (Hrsg.), *Neuer Mut und späte Freiheit. "Junge Senioren" in der Gemeinde: Berichte, Erfahrungen, Anregungen* (1. Aufl.). (S. 42-88)). Leinfelden-Echterdingen: Junge Gemeinde.

Hummel, Konrad (1990). Das gemeinwesenorientierte Konzept der Altenarbeit. In Hummel, Konrad & Steiner-Hummel, Irene (Hrsg.), *Wege aus der Zitadelle: gemeinwesenorientierte Konzepte in der Altenpflege* (2., überarb. Aufl.). (S. 3-76). Hannover: Vincentz.

Klingenberger, Hubert (1994). Arbeitskreis Gemeindegestaltung. In Katholisches Altenwerk in der Erzdiözese München und Freising (Hrsg.), *Älterwerden in unserer Gesellschaft: Lebenslagen und Alternsverläufe älterer Menschen. Dokumentation.* München: Eigenverlag.

Klingenberger, Hubert (1995). Auf dem Weg zur "Lernenden Gemeinde": zu Situation und Zukunftsaussichten gemeindlicher Erwachsenenbildung in katholischer Trägerschaft. *Grundlagen der Weiterbildung - Zeitschrift, 6* (4), 211-213.

Ministerium für Arbeit, Gesundheit und Soziales des Landes Nordrhein Westfalen in Zusammenarbeit mit der Forschungsgesellschaft für Gerontologie e.V. (Hrsg.). (o.J.). *Konzeption Modellprojekt Sozialgemeinde im Bereich der Altenarbeit: Umsetzung des 2. Landesaltenplans Nordrhein-Westfalen.* Düsseldorf: Kopiertes Manuskript.

Richter-Junghölter, Gisela (1993). Gemeinwesenarbeit. In Deutscher Verein für öffentliche und private Fürsorge (Hrsg.), *Fachlexikon der sozialen Arbeit* (3., erneuerte u. erw. Aufl.). (S. 392-393). Frankfurt: Eigenverlag.

Saarinen, Martin F. (1986). *The Life Cycle of a Congregation.* New York.

Trilling, Angelika (1992). Gemeinwesenorientierung in der Altenarbeit - Zauberformel gegen die Hilflosigkeit? In Langen, Ingeborg & Schlichting, Ruth (Hrsg.), *Altern und Altenhilfe auf dem Lande: Zukunftsperspektiven* (Kommunale Sozialpolitik, Bd. 8). (S. 179-194). München: Minerva.

Zulehner, Paul M. (1994). Wie eine christliche Gemeinde wirken sollte. In Koch, Günter & Pretscher, Josef (Hrsg.), *Wozu Kirche? Wozu Gemeinde? Kirchenvisionen* (S. 63-88). Würzburg: Echter.

Zulehner, Paul M. (1994a). *Ein Obdach für die Seele: geistliche Übungen - nicht nur für fromme Zeitgenossen* (1. Aufl.). Düsseldorf: Patmos.

4 AUFGABEN- UND HANDLUNGSFELDER, IN DEREN ZENTRUM TRÄGER UND MITARBEITERIN-NEN DER ALTENHILFE STEHEN

Geragogische Aufgaben- und Handlungsfelder zielen auch auf die Organisationen, Strukturen und MitarbeiterInnen der Altenhilfeeinrichtungen und -träger. Diese Tätigkeitsbereiche sind dem Management zuzuordnen und richten sich auf die Organisationsentwicklung, die Qualitätssicherung, die Koordination und Vernetzung, die Aus-, Fort- und Weiterbildung, die Praxisbegleitung i.w.S. und die Förderung und Begleitung Ehrenamtlicher. Diese Aufgaben- und Tätigkeitsbereiche werden zuweilen auch unter den Begriff "Sozialmanagement" subsumiert[209]. Dazu gehören auch Führungs- und Leitungsaufgaben; sie werden hier nicht gesondert thematisiert.

4.1 Organisationsentwicklung und Institutionen-/Trägerberatung

Organisationsentwicklung

Die Organisationen der Altenhilfe, -arbeit und -bildung lassen sich grundsätzlich in zwei Gruppen einteilen: in solche, die primär auf die Betreuung, Unterstützung und Begleitung von (hilfebedürftigen) Menschen abzielen und keinen wirtschaftlichen Gewinn intendieren (sogenannte "Non-Profit-Organisationen"), und solche, die auf Gewinn aus sind und sich im sozialen Bereich engagieren. Letztere sind derzeit im Vormarsch.

Gemeinnützige oder "Non-Profit"-Organisationen stehen in einem Spannungsverhältnis zwischen ökonomischer und caritativer Welt:[210] Auf der einen Seite - in der ökonomischen Welt - existiert der Anspruch der Nutzen- und Gewinnmaximierung; dort sind weitgehend Professionals als MitarbeiterInnen tätig - zusammen mit Eigentümern und KundInnen als handelnde Personen -, die auch durch finanzielle Anreize motiviert sind und sich innerhalb hierarchischer Strukturen betätigen. Auf der anderen

---

[209] vgl. Buchkremer, 1995, S. 295 ff.; Müller-Schöll-Priepke, 1992.
[210] vgl. zum folgenden Mitschke, 1995, S. 29 f.

149

Seite - in der "caritativen Welt" - gibt es einen großen Anteil →ehren-
amtlicher MitarbeiterInnen, die sich auf der Grundlage bestimmter ge-
meinsamer Werte und durch intrinsische Faktoren motiviert engagieren;
beeinflußt wird deren Arbeit durch eine große Zahl von Gremien und Be-
zugsgruppen.

Non-Profit-Organisationen haben ihre Arbeit zwischen diesen Stühlen zu
gestalten:

Non-Profit-Organisationen zwischen den Stühlen

Nutzen- und Gewinn-maximierung	Unterstützung/Begleitung (hilfebedürftiger) Menschen
Professionals	Ehrenamtliche
Eigentümer - Kunden - MitarbeiterInnen	Vielzahl von Bezugsgrup-pen und Gremien
Motivation durch finanzielle Anreize	intrinsische Motivationen
hierarchische Strukturen	Zusammenarbeit auf der Grundlage gemeinsamer Werte
Ökonomische Welt	Caritative Welt

Den Forderungen nach und den Theorien über "Organisationsentwicklung"
liegt ein wesentlicher Gedankengang zugrunde, der einer vorausgehenden
Erläuterung bedarf: Hierzu ist es notwendig, sich Annahmen und Modellen
zuzuwenden, die versuchen, menschliches Verhalten zu erklären. Grob
vereinfacht lassen sich hier drei solcher Modelle unterscheiden:[211]

- Das sogenannte "Eigenschaftsmodell" führt menschliches Verhalten
  auf stabile Persönlichkeitseigenschaften zurück, die das Auftreten und
  Handeln einer Person steuern und bedingen; solche Persönlichkeitseigenschaften sind konsistent (gleiches Verhalten in vergleichbaren Si-

---

[211] vgl. König & Volmer, 1993, S. 11 ff.

tuationen), generalisierbar und konstant; eine Verhaltensveränderung ist somit nur schwer möglich.

- Das sogenannte "Maschinenmodell" vergleicht den Menschen mit einer Maschine, deren "Output" vom jeweiligen "Input" abhängig ist, d.h. die (An-) Reize, denen eine Person begegnet, sind (mit-) verantwortlich für deren Verhalten; wer ein anderes Verhalten wünscht, muß also dementsprechend die "Eingaben" in die "Maschine Mensch" verändern.

- Das sogenannte "Systemmodell" nimmt die Elemente (das sind in Organisationen die MitarbeiterInnen), die Beziehungen zwischen ihnen (Hierarchie, Kommunikation u.a.) sowie die Systemumwelt in den Blick, berücksichtigt deren Interdependenzen, Interaktionen und Regelhaftigkeit und versucht somit organisatorische Problemstellungen zu bearbeiten und zu lösen.

Hiermit kann nun auch der Grundgedanke formuliert werden: Menschliches Verhalten kann nicht nur durch intrapersonale Faktoren und Eigenschaften erklärt werden; vielmehr sind die ökologischen, systemischen, institutionellen, organisatorischen, soziokulturellen usw. Rahmenbedingungen zu berücksichtigen. Es „hilft nichts", wenn der Mensch lernt, die Organisation, in der er arbeitet, aber nicht mitlernt! Die „Lernende Organisation" - eine besondere Herausforderung für pädagogisches Denken und Handeln!

Erklärungsmodelle menschlichen Verhaltens
nach Eckard König & Gerda Volmer (1993)

Eigenschafts-Modell	Maschinen-Modell	System-Modell
Das Verhalten einer Person beruht auf seinen stabilen Persönlichkeitseigenschaften.	Das Verhalten einer Person ist abhängig von den Reizen (Input), denen sie ausgesetzt ist.	Das Verhalten einer Person ist mitbestimmt durch die Qualität des sie umgebenden Systems
z.B. Faulheit, Fröhlichkeit, Schüchternheit, Aggression	z.B. Verhalten des Vorgesetzten, der Kollegen etc.	z.B. Personen, Beziehungen, Umwelten usw.

Für gemeinnützige oder Non-Profit-Organisationen besteht eine steigende Anzahl von Anforderungen, die einen Organisationsentwicklungsprozeß notwendig machen:[212]

- Im Bereich der →Personalentwicklung und Mitarbeiterführung werden drei Entwicklungen bzw. Tatsachen immer bedeutsamer: die Krise des Ehrenamtes, das Entlohnungsgefälle zwischen dem privatwirtschaftlichen und dem öffentlichen Bereich sowie der steigende Druck zur Professionalisierung der sozialen Arbeit.

- Hinsichtlich der Aufgabenstellungen, die sich an die Non-Profit-Einrichtungen richten sind relevant: der demographische Wandel, insbesondere die sogenannte "Überalterung der Gesellschaft", soziale (Fehl-) Entwicklungen wie wachsende bzw. konstant bleibende Armuts- bzw. Arbeitslosenzahlen sowie Wanderungsprozesse.

- Weiterhin sind die knapper werdenden finanziellen Mittel zu berücksichtigen: Diese resultieren aus den leeren Kassen der öffentlichen Hand, der sich zum Schlechteren entwickelnden Finanzsituationen der

---

[212] Mitschke, 1995, S. 30 ff.

Träger und der nicht mehr so hohen Spendenbereitschaft der BürgerInnen.

- Schließlich muß die als neu zu bezeichnende Konkurrenzsituation auf dem sozialen Markt zwischen den gemeinnützigen und privatwirtschaftlichen Organisationen und jeweils auch unter diesen selbst berücksichtigt werden.

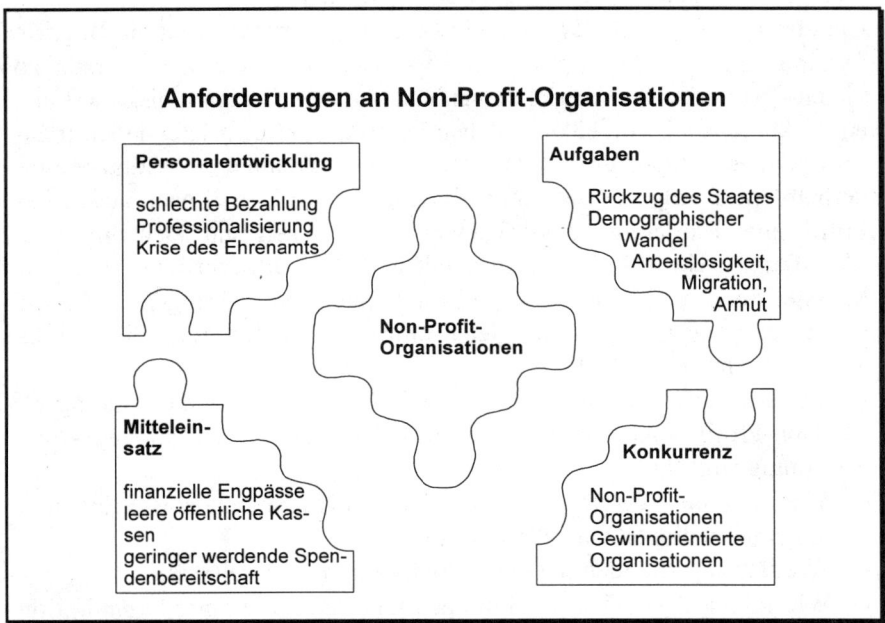

Solche Tatsachen und Entwicklungen setzen die Non-Profit- und die Profit-Organisationen unter Wandlungs- und Handlungsdruck; es besteht unter der Zielvorgabe der Effektivität und Effizienz dringender Bedarf nach Organisationsentwicklungsprozessen und -instrumentarien.

Die Organisationsentwicklung möchte einerseits die Arbeitsbedingungen der MitarbeiterInnen eines Betriebes, Verbandes oder einer Einrichtung verbessern und somit zur Prophylaxe bzw. zum Abbau von Burnout und innerer Kündigung beitragen; andererseits ist ihr Ziel die Flexibilisierung und Anpassung von Organisationen an aktuelle Trends, neu auftretende Aufgabenstellungen sowie an die Erwartungen von seiten der Kunden/Klienten und MitarbeiterInnen.

Der Organisationsentwicklung liegen dabei unterschiedliche Axiome und Prinzipien zugrunde:[213] So bedürfen Veränderungen in Organisationen der Partizipation der MitarbeiterInnen. Doch auch die MitarbeiterInnen selber müssen Verhaltens- und Einstellungsveränderungen nachvollziehen; der →Fort- und Weiterbildung kommt somit besondere Bedeutung zu: Die Organisationsentwicklung hat eine interne Lernkultur zur Voraussetzung und zieht eine solche notwendigerweise nach sich.

Geradezu zu einem Modewort sind in diesem Zusammenhang die Begriffe "Vision" und "Leitbild" geworden; Visionen und Leitbilder werden an vielen Orten, in vielen Einrichtungen und bei vielen Trägern diskutiert und entwickelt. Dabei wird einem solchen Leitbild eine integrierende Kraft zugeordnet; es stellt sozusagen das Dach aller Programme und Aufgaben innerhalb eines Trägers bzw. einer Einrichtung dar; es soll nach außen das Profil einer Einrichtung/eines Trägers verdeutlichen und nach innen die Identifikation der MitarbeiterInnen mit ihrem Arbeitgeber bzw. ihrer Arbeitsstelle erhöhen. "Die Vision sollte auf einen Nenner bringen, wofür die Organisation als Ganzes steht; gleichzeitig sollte sie lebendig sein und die Mitarbeiter mitreißen."[214]

Leitbilder beantworten fünf grundlegende Fragen, die für die Führung einer Non-Profit-Organisation - und auch der Profit-Organisationen - von Bedeutung sind:[215]

- Was sind die Wurzeln, die Geschichte und Gründungs- sowie Entwicklungsmotivationen einer Organisation?
- Wie läßt sich die Identität einer Organisation beschreiben?
- Wie schauen die Ziele, Zielgruppen und Angebote einer Organisation aus bzw. wie sollen sie aussehen?
- Wie können die anvisierten Ziele erreicht werden? Welche Methoden und Mittel sind einzusetzen?
- Welche Ressourcen benötigt die Organisation, um ihre Ziele zu erreichen?

Ein solchermaßen erarbeitetes Leitbild muß sich an den Bedürfnissen der Klienten (oder Kunden) orientieren, nach innen (also auf die eigenen MitarbeiterInnen hin) und nach außen (also in die Öffentlichkeit hinein) vermittelbar sein.

---

[213] vgl. Reinmann-Rothmeier & Mandl, 1993; Scholz, 1993, S. 687.
[214] Mitschke, 1995, S. 32.
[215] vgl. Leitbild-Prozeß im Caritasverband..., 1995.

In diesem Zusammenhang spricht man vom sogenannten "Fahrstuhl-Test"[216]: Wird ein(e) MitarbeiterIn einer Einrichtung im Fahrstuhl danach gefragt, was das Leitbild seiner/ihrer Organisationen sei, so muß er/sie zwischen zwei Stockwerken kurz und bündig auf die Frage antworten können.

Weiterhin muß das Leitbild einer Organisation operationalisierbar und damit auch dessen Umsetzung kontrollierbar sein; und schließlich muß das Leitbild einem bestimmten Anspruchsniveau genügen, wobei dieses aber nicht zu hoch angesetzt werden darf - aus Gründen der Verständlichkeit und der Vermittelbarkeit.

Die strategische Bedeutsamkeit eines Leitbildes in ihrer Auswirkung auf das Programmangebot läßt sich folgendermaßen darstellen:[217]

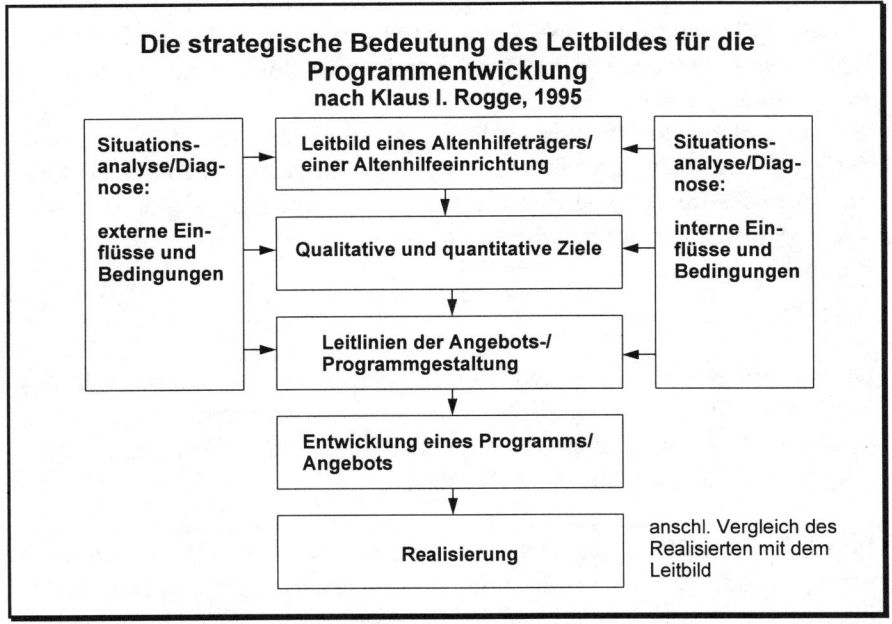

Die Organisationsentwicklung findet im Bereich sozialer Organisationen erst eine langsame Berücksichtigung; hierfür können vor allem drei Fakto-

---

[216] Mitschke, 1995, S. 33.
[217] in Anlehnung an eine Graphik von Rogge, 1995, S. 15; vgl. auch Mitschke, 1995, S. 32 ff.

155

ren benannt werden:[218] Zum einen wird die Organisation vielfach noch als ein "notwendiges Übel" betrachtet, das die eigentliche Arbeit, d.h. die soziale Arbeit behindert oder wenigstens nicht unterstützt; zum anderen stellen Begriffe wie "Effizienzsteigerung" oder "hohe Produktivität" häufig keine Wert-Begriffe, sondern vermeintliche Gefährdungen der sozialen Arbeit dar. Und schließlich wird Organisationsentwicklung als bedrohlich erlebt, weil sie mit ihren Prinzipien der Partizipation und der Betroffenenbeteiligung bestehende (Macht-) Strukturen von Verbänden und Einrichtungen infragestellt.

Institutionenberatung

Bei Organisationsentwicklungsprozessen wird häufig auf externe BeraterInnen zurückgegriffen; eine sogenannte Institutionenberatung findet ihre Anlässe in konkreten Konflikten oder Problemen sowie in grundsätzlichen Innovationsabsichten.

Eine grundlegende Situationsanalyse, die Beteiligung der Betroffenen an der Ziel- und Maßnahmenfestlegung und die Interdisziplinarität des Beratungsteams - im Altenbereich eben auch mit AltenpädagogInnen - sind wichtige Prinzipien der Institutionenberatung.[219]

Projektmanagement

Organisationsentwicklung und Trägerberatung bedienen z.B. sich des Werkzeugs "Projektmanagement". Aber nicht nur im Entwicklungsbereich ist dieses Instrument anzutreffen, sondern auch im investiven, sozialen oder (→Fort- und Weiter-) Bildungsbereich.

> Projekte sind zeitlich begrenzte, aus dem alltäglichen Rahmen (Routine) herausragende Aufgaben (mit Einmaligkeits-Charakter), zu deren Erfüllung es der →Koordination und Kooperation verschiedener Funktionsbereiche und Mitarbeiter bedarf.[220]

---

[218] vgl. Buchkremer, 1995, S. 292.
[219] vgl. hierzu Maelicke, 1993.
[220] vgl. hierzu Boy u.a., 1994, S. 19 ff.; Decker, 1995, S. 204 ff.

Insbesondere der Abstimmung kommt im Projektmanagement eine wichtige Funktion zu, sind doch die Aufgliederung der Projektaufgabe in Teilaufgaben und begrenzte Verfügung über Ressourcen weitere Kennzeichen eines Projekts.

Einem solchen Projekt sind drei Herausforderungen immanent: zum einen ein größerer Abstimmungs- und Entscheidungsbedarf, zum anderen die Notwendigkeit der Konsensbildung und schließlich die Steuerung und Überprüfung der durchzuführenden bzw. durchgeführten Maßnahmen. Diesen Herausforderungen stellt sich das Projektmanagement. Es vollzieht dabei eine Gratwanderung zwischen drei Vorgaben: dem Sachziel, d.h. also der inhaltlichen Projektaufgabe, dem Kostenziel, d.h. also den zur Verfügung stehenden Ressourcen, und dem Terminziel, d.h. dem vorgegebenen Zeitrahmen.

Projekte folgen einem spezifischen Phasenmodell:[221]

- In der Definitionsphase werden die zu bearbeitenden Probleme, Ziele und Potentiale abgeklärt; das Projekt wird näher definiert (auch die zur Verfügung stehenden Ressourcen), bevor der konkrete Auftrag erteilt wird.
- In der Planungsphase werden einzelne Schritte und Abläufe festgelegt.
- In der Realisierungsphase werden die Planungsschritte umgesetzt; diese Umsetzung wird dabei immer wieder auf ihre Zielorientierung überprüft und gegebenenfalls korrigiert.
- Die Abschlußphase dient der Auflösung des Projektes bzw. der Projektgruppe und der Darstellung der Projektergebnisse nach außen und innen (→Öffentlichkeitsarbeit).

Gerade in der Zusammenarbeit mit ehrenamtlichen MitarbeiterInnen kommt dem Projektmanagement künftig eine besondere Bedeutung zu: Vor dem Hintergrund zunehmend eingeschränkter zeitlicher Ressourcen potentieller (ehrenamtlicher) MitarbeiterInnen und wachsender Ängste des uneingeschränkten In-Beschlag-nehmens durch eine soziale Organisation erhält die zeitliche Befristetheit von Projekten hohe Attraktivität. Führungs- und Leitungspersonen werden sich in der →Aus-, Fort- und Weiterbildung in wachsendem Maße mit dem Projektmanagement auseinanderzusetzen haben.

---

[221] vgl. Boy u.a., 1994, S. 35 f.

📖 Literatur

Boy, Jacques u.a. (1994). *Projektmanagement: Grundlagen, Methoden und Techniken, Zusammenhänge* (1. Aufl.). Bremen: Gabal.

König, Eckard & Volmer, Gerda (1993). *Systemische Organisationsberatung: Grundlagen und Methoden* (System und Organisation, Bd. 1). Weinheim: Deutscher Studien Verlag.

Leitbild-Prozeß im Caritasverband der Erzdiözese München und Freising e.V. (1995). In Caritasverband der Erzdiözese München und Freising e.V. (Hrsg.), *Dokumentation der Fachtagung Forum Caritas München: Non-Profit-Organisationen im Aufbruch* (S. 68 ff.). München: Eigenverlag.

Maelicke, Bernd (1993). Institutionsberatung. In Deutscher Verein für öffentliche und private Fürsorge (Hrsg.), *Fachlexikon der sozialen Arbeit* (3., erneuerte u. erw. Aufl.). (S. 496). Frankfurt: Eigenverlag.

Maisberger, Paul (1991). Marketing für Non-Profit-Organisationen. *Grundlagen der Weiterbildung - Zeitschrift, 2* (3), 121- 125.

Mitschke, Thomas von (1995). Anforderungen an ein modernes Management in Non-Profit-Unternehmen. In Caritasverband der Erzdiözese München und Freising e.V. (Hrsg.), *Dokumentation der Fachtagung Forum Caritas München: Non-Profit-Organisationen im Aufbruch* (S. 28-41). München: Eigenverlag.

Reinmann-Rothmeier, Gabi & Mandl, Heinz (1993). Lernen in Unternehmen. *Unterrichtswissenschaft, 21* (3), 233-260.

Rogge, Klaus I. (1995). Aspekte einer Weiterbildungsbetriebslehre. *Erwachsenenbildung, 41* (1), 13-18.

Scholz, Gotthard (1993). Organisationsentwicklung. In Deutscher Verein für öffentliche und private Fürsorge (Hrsg.), *Fachlexikon der sozialen Arbeit* (3., erneuerte u. erw. Aufl.). (S. 687-688). Frankfurt: Eigenverlag.

4.2 Qualitätssicherung und Evaluation

Qualitätssicherung und Qualitätsmanagement

Die noch relativ junge Qualitätssicherungsdiskussion kann den falschen Eindruck nahelegen, den Anbietern und Trägern von Altenhilfe, -arbeit und -bildung sei es bislang nicht um Qualität gegangen; dies ist sicherlich nicht so. Vielmehr erhält vor dem Hintergrund unterschiedlicher Entwicklungen (z.B. der Schaffung von Märkten) die Dokumentation und Veröffentlichung von qualitativ wertvollen Leistungen und Arbeitsergebnissen besondere Bedeutung.

"Qualität ist keine absolute, unveränderliche Größe. Nicht einmal bei Produkten (wie bei Autos) läßt sich Qualität anders als in relativen Merkmalen ausdrücken; umso weniger bei Dienstleistungen. Qualität ergibt sich aus der Übereinstimmung zwischen den Erwartungen hinsichtlich der Leistungen und der tatsächlich erbrachten Dienstleistung."[222]

Das Konzept der Qualitätssicherung wurde zunächst im angelsächsischen Raum für den Bereich des Gesundheitswesens entwickelt. In der stationären Pflege und in der beruflichen Weiterbildung[223] wurden die Konzepte weiterentwickelt.

"In einem allgemeinen organisationssoziologischen Sinn ist Qualitätssicherung ein zielgerichtetes, auf Gruppendynamik angelegtes Verfahren zur schrittweisen Verbesserung der Aufgabenerfüllung einer Organisation durch stufenweise Problemlösung. Dieses Verfahren läßt sich auch als ein selbstreferenter Prozeß des Bewußtmachens und Bewußthaltens der eigenen Aufgaben und der Bedingungen ihrer optimalen Erfüllung über Problemerkenntnis, Problemanalyse und Problemlösung verstehen".[224]

Qualitätssicherung und -management gewährleisten nicht automatisch qualitative Arbeitsprozesse und - ergebnisse; sie sind lediglich Hilfsmittel

---

[222] Garms-Homolova; zit. nach Meinhold, 1995, S. 292; vgl. auch Siebert 1995.

[223] vgl. Feuchthofen & Severing (Hrsg.), 1985.

[224] Giese, 1992, S. 304; vgl. auch Meinhold, 1995, S. 292. Gesetzliche Grundlagen der Qualitätssicherung im Sozial- und Altenbereich SGB V, 9, §§ 135-139; HeimG § 6, Abs. 3, Nr. 2+3 u.a.

auf dem Weg dazu. Sie müssen jeweils der Größe, dem Aufbau, den Funktionen einer Organisation und Einrichtung angepaßt werden.

Was qualitätsvoll ist, kann weiterhin von Ort zu Ort verschieden sein; somit ist eine Qualitätsentwicklung vor Ort vonnöten: "Es geht ... darum, einrichtungsübergreifend und interdisziplinär auf kommunaler Ebene externe Qualitätssicherungsmaßnahmen zu erproben und zu etablieren."[225] Qualitätsstandards - als akzeptierte und allgemeinverbindliche Normen - legen fest, was hinsichtlich der Strukturen, der Prozesse und der Ergebnisse als qualitätsvoll anzusehen ist. So wird mittel- und langfristig die Sicherstellung sachgerechter und hochwertiger Dienstleistungen und Angebote gewährleistet.

Kundenorientierung in der Sozialen Arbeit?

Die Diskussion um die Qualitätssicherung geht einher mit einem neuen Verständnis der Klientel sozialer Einrichtungen und Maßnahmen, die sich als "Kundenorientierung" etikettieren läßt. Der/die KlientIn wird nicht mehr als zu betreuendes Objekt angesehen, das sich im Rahmen eines mehr oder weniger engen sozialen Systems bewegen kann/muß; vielmehr wird er/sie als selbständiges Subjekt angesehen, das aus einem Marktangebot auswählen kann und die aus seiner/ihrer Sicht qualitätsvollsten und passendsten Offerten aufgreift. Ein solcher Paradigmenwechsel beruht nicht nur auf Zeitgeist-Trends, die einer Ökonomisierung des sozialen Bereiches Vorschub leisten wollen; vielmehr muß die Einführung des "Kunden"-Begriffs in die soziale Arbeit als eine notwendige Provokation angesehen werden, die die bisherigen Formen der sozialen Arbeit und deren Management kritisch hinterfragen möchte; letztlich reagiert eine solche Orientierung auch auf tatsächliche Veränderungen in der sozialen Arbeit.

Ein kurzer Blick auf den "Kunden"-Begriff kann - unter analytischem Blickwinkel - dessen (Un-) Angemessenheit aufzeigen: "Eine Person mit dem Begriff 'Kunde' zu kennzeichnen, setzt eine gewisse souveräne Position dieser Person in einem Marktgeschehen voraus:
- Die Person muß sich auf einem Markt bewegen können.
- Sie ist ein am Marktgeschehen interessierter Konsument (aktiver Nachfrager).

---

[225] Klie, 1994, S. 138.

- Sie muß zwischen verschiedenen Angeboten wählen können.
- Sie muß für das zu erwerbende Produkt oder die nachgefragte Leistung einen Preis entrichten.
- Sie übt über die Angebotswahl einen Einfluß aus auf Inhalt und Qualität des Angebots.
- Der Kunde ist existentiell notwendig für den Anbieter einer Leistung oder eines Produkts und wird daher umworben."[226]

Der "Kunden"-Begriff im Hilfe- und Bildungsbereich ist umstritten; folgende Unterschiede zwischen "KundIn" einerseits und "KlientIn/TeilnehmerIn" andererseits sind zu berücksichtigen:[227]

- Während Kunden in der Regel ein kostendeckendes Entgelt entrichten müssen, wird der Unkostenbeitrag des Klienten/Teilnehmers durch Zuschüsse, Subventionen u.a. gesenkt.
- Kundenorientierte Dienstleistungen zielen auf die individuellen Interessen dieser Personengruppen; Hilfs- und Bildungsangebote orientieren sich auch am Interesse des Gemeinwohls. Die Altenhilfe reagiert nicht nur auf individuelle Kundeninteressen, sondern agiert auch aufgrund bzw. vor dem Hintergrund gesellschaftlich erwünschter und durch "professionals" formulierter Zielvorstellungen.
- Während Kunden in der Regel die Qualität der Ware vor dem Kauf prüfen können, geht der Teilnehmer/Klient in der Regel ein Risiko angesichts der dargebotenen Dienstleistung ein.
- Der "Kunden"-Begriff legt eher eine Konsumentenhaltung nahe, während im Hilfe- und Bildungsbereich eine aktive Mitwirkung des Teilnehmers/Klienten erwartet wird.
- Das Verhältnis zwischen SozialarbeiterInnen und KlientInnen ist weitaus komplexer als das zwischen Anbietern und KundInnen; so kommen hier in der Sozialarbeit/-hilfe auch persönliche Beziehungen, Empathie-Abgrenzungs-Probleme und Fragen der Verantwortung für den/die KlientIn zum Tragen.

Nichtsdestotrotz ruft die Diskussion um die Kundenorientierung in der Sozialen Arbeit "notwendige Irritationen" hervor: "Sie lenkt die Aufmerksamkeit auf
- die Notwendigkeit, sich Adressatenwünsche stärker bewußt zu machen,

---

[226] Merchel, 1995, S. 327 f.
[227] vgl. Merchel, 1995, S. 328 ff.; Siebert, 1995, S. 13.

- die Selbstbezüglichkeit der Institutionen in eine kritische Diskussion einzubeziehen,
- professionelle Denk- und Handlungsmuster zu überprüfen ...,
- die beim 'Kunden' ankommende Qualität und d.h. die Transparenz der Leistung."[228]

Qualitätssicherung wird aber so oder so - ob Kunden- oder Teilnehmer-/Klientenorientierung - zu einem Muß in einem expandierenden Sozial- und Bildungsmarkt. Neben der Kundenorientierung können noch weitere Faktoren festgemacht werden, die eine Qualitätssicherung erforderlich machen:[229]

- knappe Finanzen, leere Kassen und daraus notwendig werdende Sparmaßnahmen;
- die Legitimation von Kostenforderungen gegenüber (öffentlichen und privaten) Geldgebern im Rahmen der Leistungs- und Effektivitätskontrolle;
- die Publikation der Leistungen einer Einrichtung und die Imagepflege;
- die Motivationsförderung der MitarbeiterInnen einer Einrichtung;
- die Beantragung eines offiziell anerkannten Zertifkats der Qualitätssicherung.

Die Entwicklung von Qualitätsstandards kann für unterschiedliche Bereiche der Altenhilfe - hier als Beispiele - bedeutsam sein: Im Alten- und Pflegeheimbereich werden mit Hilfe kollegialer Kontrolle, bei Beteiligung der Betroffenen, also der Heimbewohner und ihrer Angehörigen und unter der Moderation der Heimaufsicht Qualitätsprüfungen vorgenommen. In der (ambulanten) Pflege, z.B. in Sozialstationen, können mit Hilfe einer sogenannten Qualitätssicherungskonferenz Standards einer prinzipien- und verbraucherorientierten Pflege festgelegt werden. →Kollegiale Beratungen und "Kunden-"Befragungen gelten hier als weitere "Werkzeuge" der Qualitätssicherung. Ähnliche theoretische Überlegungen und praktische Umsetzungen lassen sich auch im →geriatrischen Bereich und im Arbeitsfeld der →Gerontopsychiatrie finden.

Den Kommunen obliegt künftig der Auftrag, die Qualität der Angebote im Bereich "Pflege", aber auch in der Altenhilfe insgesamt zu sichern[230]: "Die

---

[228] Merchel, 1995, S. 330.
[229] vgl. Meinhold, 1995, S. 290.
[230] vgl. hierzu insgesamt: Wallrafen-Dreisow, 1994; Klie, 1994; Naegele, 1994; Deutsche Gesellschaft für Gerontologie und Geriatrie u.a., 1993.

Verantwortung für eine lokal verankerte Kultur gegenseitiger Hilfe, der →Vernetzung und Koordination unterschiedlicher Leistungsträger und -erbringer sowie die Verantwortung für die Entwicklung einer lokalen Pflegekultur kann nur örtlich, d.h. auf kommunaler Ebene wahrgenommen werden."[231] Aber auch die Träger, Veranstalter und Anbieter im Bereich Altenhilfe werden sich künftig an den Maßgaben und Kriterien einer Qualitätssicherung orientieren müssen.

Qualitätssicherung durchläuft einen je fest umschriebenen Prozeß, der verschiedene Phasen durchläuft:[232]

- eine unverbindliche Qualitätsdiskussion, die durch gesetzliche Grundlagen oder Geldverteilungsrichtlinien "erzwungen" wird;
- die Auswahl spezifischer Organisationsbereiche, deren Qualität gesichert werden soll (vielfach sogenannte Kontaktbereiche mit den Kunden);
- die Formulierung von Qualitätsstandards (z.B. allgemeine wie "Ganzheitlichkeit", "Kontinuität" oder "Ressourcenerschließung"), Arbeitsprinzipien und Handlungsregeln (wenn möglich unter Beteiligung der "Kunden");
- die Festlegung, Durchführung und Dokumentation qualitätssichernder Maßnahmen
- sowie gegebenenfalls die Beantragung eines Zertifikats der Qualitätssicherung (z.B. nach der europäischen DIN-Norm ISO 9000 ff.).

Qualitätssicherung auf kommunaler Ebene kann in unterschiedlicher Weise institutionalisiert bzw. an bestehende Institutionen angeschlossen werden. So kann diese Aufgabe einem sogenannten "Amt für Altenhilfe" oder einem/einer Seniorenbeauftragten übertragen werden. Auch sogenannte kommunale Qualitätssicherungskonferenzen können hier aktiv werden: "Die auf der Grundlage des § 89 PflegeVG auf Bundesebene zu erstellenden Qualitätsstandards werden von der kommunalen Qualitätssicherungskonferenz modifiziert und in bezug auf die örtlichen Gegebenheiten konkret weiterentwickelt."[233]

---

[231] Klie, 1994, S. 137.
[232] vgl. hierzu Meinhold, 1995, S. 289 ff.
[233] Wallrafen-Dreisow, 1994, S. 131 f.

Dabei werden qualitätssichernde Instrumente entwickelt und etabliert. Zu solchen qualitätssichernden Instrumenten gehören[234]:

- einrichtungsinterne und einrichtungsübergreifende Qualitätszirkel,
- Qualitätssicherungsbeauftragte,
- interdisziplinäre Fallbesprechungen,
- interne Qualitätskontrollverfahren,
- →Fort- und Weiterbildung sowie Beratung des Personals in Diensten und Einrichtungen,
- Ausgleich der Ausbildungsstandards,
- Fortbildung und Beratung von pflegenden Angehörigen,
- einheitliche Standards für die Gestaltung von Pflegekursen für pflegende Angehörige,
- Qualitätssicherungskonferenzen.

Die Durchführung einrichtungsinterner Qualitätssicherungsmaßnahmen kann zur Voraussetzung bzw. zum Kriterium der Geldzuweisung und Bezuschußung gemacht werden.

Evaluation

Obwohl schon seit längerer Zeit theoretisch diskutiert, handelt es sich bei der Evaluation aus praktischer Perspektive um relatives Neuland. Doch trotz der schon umfangreichen Theoriediskussion und verschiedenster Generationen von Zugängen und Evaluationskriterien gibt es derzeit keinen allgemein anerkannten Evaluationsbegriff.[235]

"Evaluation bedeutet Auswertung, Bewährungs-, Wirkungs- oder Erfolgskontrolle von Verfahren, Programmen, Maßnahmen usw."[236]

Die Bedeutung der Evaluation ist - nicht nur unter dem Aspekt der Qualitätssicherung - im Steigen begriffen; Evaluationen dienen so zum einen der Rechtfertigung und Legitimierung von Angeboten und Maßnahmen; sie helfen, Angebote und Maßnahmen zu verbessern und bieten letztlich die

---

[234] vgl. Deutsche Gesellschaft für Gerontologie und Geriatrie u.a., 1993; Wallrafen-Dreisow, 1994, S. 132.

[235] vgl. Wesseler, 1994, S. 671 ff.

[236] Pfaffenberger, 1993, S. 313.

Möglichkeit der Überwachung und Kontrolle sozialer Dienstleistungen.[237] Nicht zu vernachlässigen ist die Bedeutsamkeit von Evaluationen für die →Öffentlichkeitsarbeit: Sie schaffen öffentliches Bewußtsein (→Altenberichterstattung) und bieten notwendige Entscheidungsgrundlagen für Geldgeber und Sponsoren (→Social Sponsoring).

Bezugsfelder bzw. Gegenstände der Evaluation liegen[238]

- im sogenannten "Input", d.h. in den Voraussetzungen von Anbietern und KlientInnen sowie in den finanziellen wie materiellen Ressourcen;
- im Prozeß, wozu die angewandten Methoden, Interventionen und Hilfsmittel, die Interaktionen und Kommunikationen sowie die Beziehungen unter den Agierenden gerechnet werden;
- im sogenannten "Output", also den direkten, kurzfristigen Ergebnissen, aber auch in den nicht-intendierten Nebenwirkungen;
- im sogenannten "Outcome", das sind die längerfristigen Resultate in ihren Auswirkungen auf Anbieter, KlientInnen u.a.;
- sowie im "Context", also in den wirtschaftlichen und politischen, soziokulturellen, institutionellen und organisatorischen Rahmenbedingungen von Angeboten und Maßnahmen.

Je nach Zeitpunkt und Funktion, Herkunft des Evaluators, angewandten Methoden und Gegenstand der Evaluation lassen sich unterschiedliche Modelle zur Aus- und Bewertung von Angeboten und Maßnahmen heranziehen (z.B. ex ante- und post ante-Evaluationen, interne vs. externe, formale vs. informale Evaluationen u.a.).

Evaluation bedeutet "Erfolgsmessung" im weitesten Sinne. Damit ist aber die Aufgaben- und Handlungsbereich der Altenpädagogik vor eine schwierige Aufgabe gestellt: Denn - ähnlich wie beim Qualitätsbegriff - wie soll der "Erfolg" definiert, operationalisiert und erfaßt werden? Können Effektivität und Effizienz im sozialen Bereich angemessene Maßstäbe sein und wie lassen sie sich je nach Tätigkeitsbereich inhaltlich füllen?

📖 Literatur

Deutsche Gesellschaft für Gerontologie und Geriatrie u.a. (1993). *Memorandum zur Qualitätssicherung bei Pflegebedürftigkeit der ersten Bundeskonferenz zur Qualitätssicherung bei Pflegebedürftigkeit.* Hamburg: Kopierte Stellungnahme.

---

[237] vgl. Wesseler, 1994, S. 673.
[238] vgl. Pfaffenberger, 1993, S. 313 f.; Wesseler, 1994, S. 674 f.

Feuchthofen, Jörg & Severing, Eckart (Hrsg.). (1995). *Qualitätsmanagement und Qualitätssicherung in der Weiterbildung*. Neuwied: Luchterhand.

Giese, Dieter (1992). Qualitätssicherung in der Altenhilfe. *Blätter der Wohlfahrtspflege, 139* (11+12), 304-307.

Klie, Thomas (1994). Kommunale Strategien zur Qualitätssicherung - Das Beispiel Heilbronn. In Kuratorium Deutsche Altershilfe (Hrsg.), *Qualitätsgeleitetes Planen und Arbeiten in der Altenhilfe: 19 Workshops und Seminare zur Qualitätssicherung* (S. 137-141). Köln: Eigenverlag

Meinhold, Marianne (1995). Über einige Mißverständnisse in den aktuellen Qualitätsdiskussionen. *Neue Praxis, 25* (3), 288-292.

Merchel, Joachim (1995). Sozialverwaltung oder Wohlfahrtsverband als "kundenorientiertes Unternehmen": ein tragfähiges, zukunftsorientiertes Leitbild? *Neue Praxis, 25* (4), 325-340.

Naegele, Gerhard (1994). Kommunale Strategien zur Qualitätssicherung, Strukturen und Instrumente. In Kuratorium Deutsche Altershilfe (Hrsg.), *Qualitätsgeleitetes Planen und Arbeiten in der Altenhilfe: 19 Workshops und Seminare zur Qualitätssicherung in der ambulanten und stationären Altenhilfe* (S. 142-143). Köln: Eigenverlag.

Pfaffenberger, Hans (1993). Evaluation. In Deutscher Verein für öffentliche und private Fürsorge (Hrsg.), *Fachlexikon der sozialen Arbeit* (3., erneuerte u. erw. Aufl.). (S. 313-314). Frankfurt: Eigenverlag.

Reinmann-Rothmaier, Gabi & Mandl, Heinz (1995). Qualitätssicherung in der Weiterbildung. In Geißler, Karlheinz A. u.a. (Hrsg.), *Handbuch Personalentwicklung und Training: ein Leitfaden für die Praxis* (5.2.5.0). Köln: Deutscher Wirtschaftsdienst.

Siebert, Horst (1995). Qualitätssicherung- pädagogisch gesehen. *DVVmagazin* (2), 10-15.

Wesseler, Matthias (1994). Evaluation und Evaluationsforschung. In Tippelt, Rudolf (Hrsg.), *Handbuch Erwachsenenbildung/Weiterbildung* (S. 671-686). Opladen: Leske + Budrich.

4.3 Koordination, Kooperation und Vernetzung

Aus wissenschaftlicher wie politischer Sicht, aber insbesondere auch aus dem Blickwinkel der Verbände, Träger und Einrichtungen besteht dringender Bedarf nach Koordination und Kooperation im Bereich von sozialer Hilfe und sozialer Arbeit.[239]

"Koordination" meint dabei die "zielorientierte Abstimmung und Steuerung verschiedener Funktionen"[240]. Kooperation intendiert die auf Kommunikation gestützte und prozeßhafte Zusammenarbeit von Personen und Einrichtungen.

Insbesondere auf kommunaler und regionaler Ebene erscheinen koordinierende und kooperierende Arbeitsweisen als notwendig; dies vor dem Hintergrund, daß sich die Lebensformen des Alters weiter ausdifferenzieren, die Interessen und Bedarfslagen im Alter vielfältiger werden, somit neue Bereiche für den altenpolitischen Bereich relevant werden (zum Beispiel Bildung und Freizeit) und neue Zuständigkeiten entstehen bzw. neue Träger "auftauchen":
"Neben den traditionellen Trägern wie Kommunen, Freien Wohlfahrtspflege, Kirchen und Religionsgemeinschaften mit ihren jeweiligen Untergliederungen und Mitgliedern prägen in wachsender Zahl auch privat-gewerbliche Träger, Selbsthilfegruppen oder -organisationen das Bild der Angebots- und Zuständigkeitslandschaft. Sie sind zu ergänzen durch die übrigen Sozialleistungsträger, die Anbieter im engeren Bereich der Gesundheitssicherung wie niedergelassene Ärzte und Krankenhäuser oder Verbände der verschiedenen im Feld der örtlichen →Altenpolitik und -arbeit tätigen Professionen. Über die klassischen Trägergruppen und Zuständigkeiten hinaus sind des weiteren die neuen Zuständigkeiten zu berücksichtigen. Träger von Bildungs-, Freizeit-, Sport- und Kulturangebo-

---

[239] vgl. hierzu Gößling, 1991; Klingenberger, 1992, S. 291 ff.; Lind, 1991; Ministerium für Arbeit, Gesundheit und Soziales des Landes Nordrhein-Westfalen, o.J.; Rose, 1993; 1993a; W. Schmidt, 1991.
[240] Rose, 1993a, S. 582; vgl. Holz, 1994.

ten, von Unterhaltung, Geselligkeit und Partizipation ebenso wie Wohnungsbaugesellschaften, örtliche Verkehrsbetriebe usw."[241]

Ziele von Koordination, Kooperation und Vernetzung sind die Feststellung und Vermeidung doppelter oder mehrfacher Angebote (Überversorgung), die Erfassung und Ausfüllung inhaltlicher wie regionaler Lücken (Unterversorgung) und somit letztendlich die Erreichung höherer Effektivität und Wirtschaftlichkeit im Bereich der sozialen Arbeit und Hilfe. Die "klassischen" Nebenwirkungen eines subsidiären Wohlfahrtssystems, nämlich Trägeregoismen und Konkurrenz, sollen überwunden oder zumindest produktiv gebändigt werden.

Auch durch den Gesetzestext sind Koordination, Kooperation und Vernetzung als notwendig vorgegeben: so in § 17 SGB I, § 86 SGB X, § 95 SGB X; §§ 3, 7, 10, 46, 72, 95 BSHG.

Umfassende Problemlösungen werden durch die Zusammenarbeit von Trägern, Verbänden und Einrichtungen erleichtert. Dies wird auch dadurch plausibel, daß heute individuelle wie gesellschaftliche Problemlagen von hoher Komplexität sind und somit umfassender und komplexer Lösungsstrategien bedürfen. Die inhaltliche Abstimmung von Angeboten, Programmen und Maßnahmen erleichtert es auch, dem vielfach postulierten Prinzip nach "Ganzheitlichkeit" gerecht zu werden.

---

[241] Ministerium für Arbeit, Gesundheit und Soziales des Landes Nordrhein-Westfalen, o.J., S. 4 f.

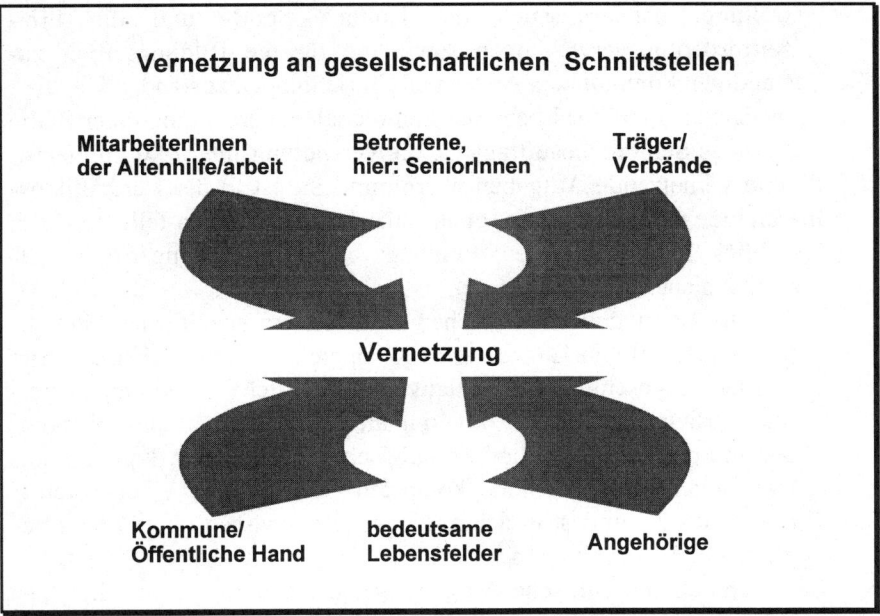

Vernetzung an gesellschaftlichen Schnittstellen

| MitarbeiterInnen der Altenhilfe/arbeit | Betroffene, hier: SeniorInnen | Träger/ Verbände |

Vernetzung

| Kommune/ Öffentliche Hand | bedeutsame Lebensfelder | Angehörige |

Mögliche Aspekte der Koordination, Kooperation und Vernetzung sind:

- die Abstimmung helfender und bildender Maßnahmen und Angebote mit allgemein-gesellschaftlichen Aktivitäten, zum Beispiel in Sportvereinen, Parteien oder anderen gesellschaftlichen Teilbereichen;
- die Abstimmung zwischen den maßgebenden Stellen und Einrichtungen von Landkreisen und (kreisfreien) Städten;
- die Abstimmung zwischen unterschiedlichen Ressorts kommunaler und regionaler Einrichtungen (zum Beispiel Sozialverwaltung, Wohnungsbauamt u.a.);

Das Ministerium für Arbeit, Gesundheit und Soziales des Landes Nordrhein-Westfalen[242] verweist auf eine doppelte Notwendigkeit der internen Vernetzung im kommunalpolitischen Bereich: 1) "Die auf Arbeitsteilung und Spezialisierung angelegte Verwaltungsgliederung erschwert zweifellos häufig eine bedarfsorientierte und auf die differenzierten Problem- und Bedürfniskonstellationen älterwerdender und älterer Menschen zugeschnittene soziale Arbeit." 2) "Für die neuen Anforderungen sind nicht nur Sozial- und Gesundheitsver-

---

[242] o.J., S. 6.

waltung, sondern auch die Kultur-, Sport- und die Freizeitförderungsverwaltungen sowie die für die Bildungsarbeit zuständigen kommunalen Ämter und Einrichtungen zuständig."

Es bedarf also auf der Ebene der kommunalen Verwaltung einer Stelle (z.B. eines Seniorenbeauftragten), die verwaltungsintern koordinierende und vernetzende Aufgaben übernimmt. Sie ist in der Verwaltungshierarchie möglichst weit oben anzusiedeln ("Stabsstelle") - um Überblick zu gewährleisten, Reibungsverluste zu verringern und Effektivität sicherzustellen.

Für die Besetzung einer solchen Stelle ist ein spezifisches Stellenprofil anzufertigen; auf folgende Kompetenzen sollte dabei geachtet werden: abgeschlossenes sozialwissenschaftliches Studium, Kenntnisse/Erfahrungen in der kommunalen Sozialverwaltung/-planung, gerontologisches bzw. heilpädagogisches Fachwissen, kommunikative Sozial- und Methodenkompetenz. Die Arbeit einer solchen Stelle ist - zumindest in der Anfangsphase - wissenschaftlich zu begleiten und zu evaluieren.

Unterschiedliche politische Aufgaben- und Handlungsfelder sind hier zu integrieren: Sozialpolitik, Kulturpolitik, Beschäftigungspolitik, Bildungspolitik, Landes- und Bundespolitik.

- die Abstimmung zwischen den Bereichen der sozialen Hilfe und Arbeit und der Erwachsenenbildung/Altenbildung;
- die Abstimmung zwischen Angeboten und Maßnahmen der eher traditionellen Träger, Verbände und Einrichtungen und von Initiativ-, Selbsthilfe- und Alternativgruppen jeweils innerhalb der Bereiche soziale Arbeit/Hilfe und Erwachsenenbildung/Altenbildung;
- die Abstimmung zwischen den Angeboten traditioneller Anbieter und neu auftretender privater Anbieter;
- die Abstimmung präventiver, interventiver und rehabilitierender Maßnahmen.

Als konkrete Kooperationspartner können genannt werden: der ambulante und der stationäre Bereich; Krankenhäuser; Kurzzeitpflegeheime; Krankenhaussozialdienste und ambulante Dienste usw.

Koordinations-, Kooperations- und Vernetzungsleistungen können auf unterschiedliche Art und Weise bzw. durch unterschiedliche institutionalisierte Formen erbracht werden: So kann beispielsweise ein(e) Seniorenbeauftragte(r) Abstimmungsfunktionen übernehmen; Seniorenbüros sind dazu ebenso in der Lage wie Informations-, Anlauf- und Vermittlungsstellen.

Als Instrumente, die Zusammenarbeit ermöglichen und fördern können, legen sich insbesondere die Arbeitsgemeinschaften und Arbeitsgruppen nahe; aber auch von Konferenzen (zum Beispiel Helferkonferenzen; regionalen oder Stadtteilkonferenzen) und Projektgruppen können vernetzende Funktionen übernommen werden. Steuerung und Abstimmung können hier in angemessener Weise stattfinden.

Als Modelle können hierzu herangezogen werden: örtliche BSHG-Arbeitsgemeinschaften, psychosoziale Arbeitsgemeinschaften, Leitstellenmodelle (z.B. Saarlouis, Augsburg) oder Altenämter (z.B. Siegen).

Eine offene Frage besteht darin, wie die Einrichtungen, Verbände und Träger bzw. alle für die Alten- und Behindertenhilfe bedeutsamen gesellschaftlichen Kräfte und Gruppierungen zur Koordination, Kooperation oder Vernetzung motiviert werden können. Zuweilen ist das interessengeleitete Mißtrauen, andere "in die eigenen Karten schauen zu lassen", größer als die rationale Einsicht in die Notwendigkeit einer Zusammenarbeit und Abstimmung. Die Bereitschaft zur Koordination, Kooperation und Vernetzung kann allerdings zum Beispiel dadurch gefördert werden, daß Gelder nicht mehr an Einrichtungen direkt vergeben werden, sondern an Regionen. Die dort aktiven Einrichtungen, Verbände und Träger müssen die Aufteilung und optimale Nutzung vorhandener finanzieller Ressourcen dann eigenständig und in kooperativer Abstimmung in die Hand nehmen.

Vernetzungen im Bereich Altenhilfe

Für den Altenhilfe-Bereich kann festgestellt werden, "daß Angebote der Altenhilfe wie ambulante und stationäre Pflege, mobile Betreuungs- und Versorgungsdienste, wie Essen auf Rädern u.a. oftmals nebeneinanderher bestehen, ohne daß der eine Anbieter von den anderen weiß, einige Angebote mehrfach, andere gar nicht vorhanden sind und die NutzerInnen von Altenhilfe oft nur mühsam an die notwendigen Informationen herankommen, wo welche Unterstützung zu bekommen ist"[243].

---

[243] Hedtke-Becker, 1991, S. 49.

Zwei unterschiedlichen Formen der Vernetzung kommt hier eine besondere Bedeutung zu[244]: Die horizontale Vernetzung zielt eine Gestaltung der Dienstleistungen in der Form an, daß diese zuverlässig und effektiv "aus einer Hand" vermittelt werden können. "Eine vertikal orientierte Vernetzung und Verbundarbeit bedeutet, daß die kommunalen Angebote und Einrichtungen für die Kinder- und Jugendarbeit, die Erwachsenenbildung, Kultur, Sport und Freizeit sowie für die Gesundheitsvorsorge das Älterwerden von Menschen als Prozeß thematisieren und vielfältige Formen der intergenerativen Zusammenarbeit entwickeln."[245]

In manchen Kommunen wird eine solche Aufgabenstellung von einem sogenannten "Amt für Altenhilfe" übernommen. Neben der hier angesprochenen Aufgabe, die Zusammenarbeit der in der →Altenarbeit Aktiven zu verbessern, können einem solchem Amt folgende Ziele zugeordnet werden[246]:

- Alte Menschen und ihre Angehörigen sollen an der Planung und Organisation in der →Altenarbeit beteiligt werden.
- Vorhandene Einrichtungen und Dienste sollen nicht einfach fortgeschrieben werden; vielmehr geht es um eine bedarfsorientierte Planung - unter Berücksichtigung der unterschiedlichen Lebenssituationen der Betroffenen.
- Hilfsangebote sollen ganzheitlich ausgerichtet, Netzwerke aufgebaut, →Aus-, Fort- und Weiterbildungsangebote für die in der Altenhilfe Tätigen abgestimmt werden.
- Besondere Beachtung findet die sogenannte →Gemeinwesenorientierung, d.h. die stadtbezirks- und wohngebietsnahe Planung von Hilfe sowie die Schaffung von Lebensmilieus vor Ort, die alten Menschen das Gefühl der Beheimatung ermöglichen.
- Der →Altenpolitik wird zugearbeitet; sie wird in der Qualität ihrer Arbeit gestützt und beraten. Altenpolitische Forderungen an übergeordnete Stellen (Land, Bund) werden hier formuliert und vertreten.
- Schließlich kann einem "Amt für Altenhilfe" die Aufgabe der Qualitätssicherung zugeordnet werden.

---

[244] vgl. Hottelet, 1990, S. 68 f.
[245] Hottelet, 1990, S. 68.
[246] vgl. Wallrafen-Dreisow, 1994, S. 128 f.

📖 Literatur

Gößling, Siegfried (1991). Zusammenarbeit der Dienste in der Altenhilfe. *Evangelische Impulse, 13* (5), 4-5.

Hedtke-Becker (1991). Vernetzung in der Altenhilfe: Bericht über eine Veranstaltung. In Hedtke-Becker, Astrid & Mörsberger, Thomas (Red.), *Fachliche Beratung, Planung, Vernetzung: zur Entwicklung eines neueren Aufgabenfeldes in der Altenhilfe* (S. 49-55). Frankfurt: Deutscher Verein für öffentliche und private Fürsorge.

Holz, Gerda (1994). Vernetzung als Instrument zur Reform der kommunalen Altenhilfe. In Fuchs, Ulrike & Hopfengärtner, Georg (Hrsg.), *Gerontopolis: zur Zukunft des Älterwerdens in der Stadt* (S. 26-38). Nürnberg: Institut für soziale und kulturelle Arbeit.

Lind, Sven (1991). Koordination und Kooperation in der Versorgung alter Menschen. *Evangelische Impulse, 13* (5), 10-11.

Ministerium für Arbeit, Gesundheit und Soziales des Landes Nordrhein-Westfalen (o.J.). *Konzeption Modellprojekt Sozialgemeinde im Bereich der Altenarbeit: Umsetzung des 2. Landesaltenplans Nordrhein-Westfalen.* Düsseldorf: Eigenverlag.

Rose, Herwart (1993). Kooperation/Kooperationsformen. In Deutscher Verein für öffentliche und private Fürsorge (Hrsg.), *Fachlexikon der sozialen Arbeit* (3., erneuerte u. erw. Aufl.). (S. 581-582). Frankfurt: Eigenverlag.

Rose, Herwart (1993a). Koordination. In Deutscher Verein für öffentliche und private Fürsorge (Hrsg.), *Fachlexikon der sozialen Arbeit* (3., erneuerte u. erw. Aufl.). (S. 582-583). Frankfurt: Eigenverlag.

Schmidt, Waldemar (1991). Chancen und Grenzen der Vernetzung in der Altenhilfe. *Evangelische Impulse, 13* (5), 6-8.

4.4 Aus-, Fort- und Weiterbildung

Aus-, Fort- und Weiterbildung dienen der Professionalisierung der alten-pädagogischen Aufgaben- und Handlungsbereiche. Bezüglich der Aufgaben, Schwerpunkte, Nebenfolgen der Professionalisierung gibt es - nicht nur in der Altenpädagogik - unterschiedliche Auffassungen.

So zielt nach dem Institut für Sozialarbeit und Sozialpädagogik[247] professionelles Handeln in der Altenarbeit vor allem auf die "Stärkung der Selbststeuerungsfähigkeit von Menschen" ab; Selbstreflexivität, Verantwortungsübernahme, Managementkompetenz sowie Anleitungs- und Delegationsfähigkeiten werden in den Professionalisierungs-"Katalog" aufgenommen.

Unter Ausbildung versteht man "die planmäßige Vermittlung von beruflichen Kenntnissen und Fähigkeiten an Auszubildende (Lehrer), Schüler und Studenten"[248].

Die Ausbildung dient nicht alleine der Vermittlung von nützlichen bzw. verwertbaren Kompetenzen; vielmehr geht es um die Vermittlung umfassender Schlüsselqualifikationen, die den Einsatz in unterschiedlichen Bereichen ermöglichen. Dringend notwendig ist in diesem Zusammenhang die Auseinandersetzung mit der sogenannten "helfenden Beziehung"; von großer Bedeutung ist weiterhin die Vermittlung sozial- und gesellschaftswissenschaftlichen Grundwissens, das einer Analyse, Bewertung und ein Handeln in vorfindbaren gesellschaftlichen Strukturen ermöglicht. Ausbildungsgänge im sozialpädagogischen und sozialen Bereich werden an unterschiedlichen Einrichtungen und auf unterschiedlichen Qualitätsniveaus angeboten: So zum Beispiel an Berufsfachschulen, Fachschulen, an Fachhochschulen und Universitäten. Daß es ein derart breites Spektrum an Ausbildungsgängen und -einrichtungen gibt, ist vor allem Ergebnis historischer Entwicklungen. Aus den aktuellen Anforderungen an die Sozialarbeit kann eine derartige Situation nicht mehr als befriedigend bewertet werden. Die →Koordination, Kooperation und Vernetzung von Ausbil-

---

[247] (Hrsg.), 1995, S. 16; zur Professionalsierungsdiskussion vgl. z.B. Hamann, 1994, S. 114 ff.
[248] Derschau, 1993, S. 94.

dungsangeboten ist dringend erforderlich; das System der Aus-, Fort- und Weiterbildung bedarf dringend einer umfassenden Abstimmung.[249]

"Fortbildung" will - folgt man der Definition des Arbeitsförderungsgesetzes - bereits vorhandene berufliche Fähigkeiten, Fertigkeiten und Kenntnisse erhalten, erweitern, sie an technische Weiterentwicklungen anpassen und somit auch einen beruflichen Aufstieg ermöglichen.[250]

Systemische wie strukturelle Kenntnisse sind unabdingbarer Bestandteil von Fortbildung; sie erlauben unterschiedliche Handlungsweisen zu entwickeln, die je spezifische Verhaltensformen hinsichtlich der Klienten, hinsichtlich der MitarbeiterInnen und hinsichtlich der Organisation bzw. der Institution ermöglichen. Fortbildung in der sozialen Arbeit führt zu einer Professionalisierung der MitarbeiterInnen. Deren Kompetenzen werden reflektiert, vertieft, erneuert bzw. erweitert. Fortbildung trägt somit zur Weiterentwicklung der Organisation bei, in denen die Fortbildungsteil-nehmerInnen arbeiten; sie ermöglicht aber auch einen besseren Umgang mit den Klienten und deren Problemfelder. Fortbildung steht im Dienste der Innovation von institutionalisierter sozialer Arbeit. Das Spektrum der Inhalte von Fortbildungen im Rahmen der sozialen Arbeit ist sehr breit, es reicht von spezifischen Einzelaspekten über die Aneignung neuerer oder komplexerer Methoden bis hin zu grundsätzlichen Frage- und Problemstellungen. Fortbildung wird angeboten von öffentlichen und freien Trägern, von Fachschulen, Fachhochschulen und Gesamthochschulen. Daneben etabliert sich derzeit ein Fortbildungsmarkt privater Anbieter.[251]

Unter Weiterbildung versteht man die berufsbegleitende Erweiterung bzw. Vertiefung besonderer Kompetenzen von in der Sozialarbeit Tätigen. Weiterbildung bereitet auf die Übernahme spezifischer Funktionen und Positionen im Berufsfeld sozialer Arbeit vor.[252]

In der Regel werden Weiterbildungen zertifiziert; d.h. die Teilnahme an Weiterbildungsveranstaltungen wird schriftlich bestätigt, was wiederum

---

[249] vgl. Derschau, 1993.
[250] vgl. Koch, 1993, S. 2 f.
[251] vgl. Scherpner & Wolf, 1993, S. 350 f.
[252] vgl. Koch, 1993, S. 3.

beruflichen Aufstieg legitimieren kann. Als Mindeststandards qualifizierter Weiterbildungsmaßnahmen gelten derzeit[253] :

- "Teilnehmerinnen und Teilnehmer sind Multiplikatoren für Innovationen im Arbeitsfeld und/oder in Organisationen;
- die Beratung der Teilnehmerinnen und Teilnehmer durch Begleitsysteme (z. B. Mentoren);
- die in der Regel mindestens zweijährige Dauer der Weiterbildungsmaßnahme;
- die Integration von Praxisphasen in die Weiterbildungsmaßnahme (zum Beispiel Lehrsupervision, Lern- und Arbeitsfeldprojekte);
- die Konzipierung und Begleitung der Weiterbildungsmaßnahme durch Fachgremien (z. B. fachliche Leitungen);
- ein Qualifikationsverfahren zur Erlangung des Zertifikats."

Als weiteres Gütekriterium von beruflichen Weiterbildungsmaßnahmen gilt die Tatsache, ob TeilnehmerInnen einer Weiterbildungsmaßnahme an der Erstellung bzw. Konkretisierung des Weiterbildungsziels und dessen Umsetzung partizipieren können.

Fort- und Weiterbildung erleben in der Altenarbeit einen ungeheuren Boom; dieser ist allerdings von mangelnder Systematik und Wildwuchs gekennzeichnet: "Da stehen etwa kurzfristige Maßnahmen neben um ein Vielfaches aufwendigeren Fortbildungen - beide versprechen jedoch ähnliche oder gar identische Abschlüsse; verschiedene Zusatzqualifikationen stehen sich mit konträren Zielen und Inhalten gegenüber; neue Weiterbildungsgänge mit neuen Qualifikationsversprechen drängen auf einen expandierenden Markt."[254] Um vor diesem Hintergrund die Qualität der Aus-, Fort- und Weiterbildungsmaßnahmen zu sichern, sind Ziel- und Inhaltsdiskussionen dringend erforderlich.

Hinsichtlich der in Aus-, Fort- und Weiterbildung zu erwerbenden Kenntnisse, Fähigkeiten und Fertigkeiten hilft der Begriff der "Schlüsselqualifikationen" weiter: Ohne die mit diesem Begriff verbundene Diskussion im einzelnen nachzeichnen zu wollen[255], sollen doch die grundlegenden Schlüsselkompetenzen - wie sie auch in der Altenpädagogik zu fordern sind, aufgewiesen werden:[256]

---

[253] Scherpner & Wolf, 1993a, S. 1032; Ausschreiben der Abkürzungen durch H.Kl.
[254] Hammer, 1994, S. 10.
[255] vgl. hierzu z.B. Tietgens, 1990.
[256] vgl. Hamann, 1994, S. 118 ff.; Kaiser & Kaiser, 1995.

- "Sozialkompetenz" meint grundlegende Fähigkeiten und Fertigkeiten, die es erlauben, die sozialen Beziehungen zwischen alten Menschen, zwischen alten Menschen und GeragogInnen und unter den MitarbeiterInnen in der Altenarbeit angemessen zu gestalten; dazu gehören Kommunikationsfähigkeit, Konfliktfähigkeit u.a.m.

- "Methodenkompetenz" meint das Verfügen über methodisches Wissen und dementsprechende Fähigkeiten für das jeweilige Arbeitsfeld; dazu gehören nicht nur Methoden in der direkten Begegnung mit alten Menschen, sondern auch planende, auswertende und Managementfähigkeiten.

- "Systemkompetenz" meint das Wissen um die Handlungsrelevanz der Systeme, die den alten Menschen und den/die GeragogIn umgeben, z.B. der Familie, der Gemeinde, der Organisation, des Verbandes; hinzu kommt die Fähigkeit, diese Umwelten so zu gestalten bzw. einzusetzen, daß sie die alten Menschen und die MitarbeiterInnen in der Altenarbeit unterstützen.

- "Selbstkompetenz" meint die Fähigkeit des/der MitarbeiterIn in der Altenarbeit, die eigenen Kompetenzen sinnvoll und arbeitsökonomisch einzusetzen und einen angemessenen Umgang mit Nähe und Distanz zu den KlientInnen zu finden; konkret können hierzu Fähigkeiten des Zeitmanagements, der Abgrenzung und Rekreation u.a. gerechnet werden.

- "Sachkompetenz" meint das Wissen um Situation, Probleme und Entwicklungschancen des Alters, um Strukturen des Altenhilfesystems u.a.m.

- "Moralkompetenz" meint das Vorhandensein grundlegender moralischer Wertevorstellungen, an denen sich die eigene Arbeit im Altenhilfebereich ausrichtet und messen läßt, z.B. die Achtung der Würde des Alters, der Selbstbestimmung alter Menschen u.a.m.

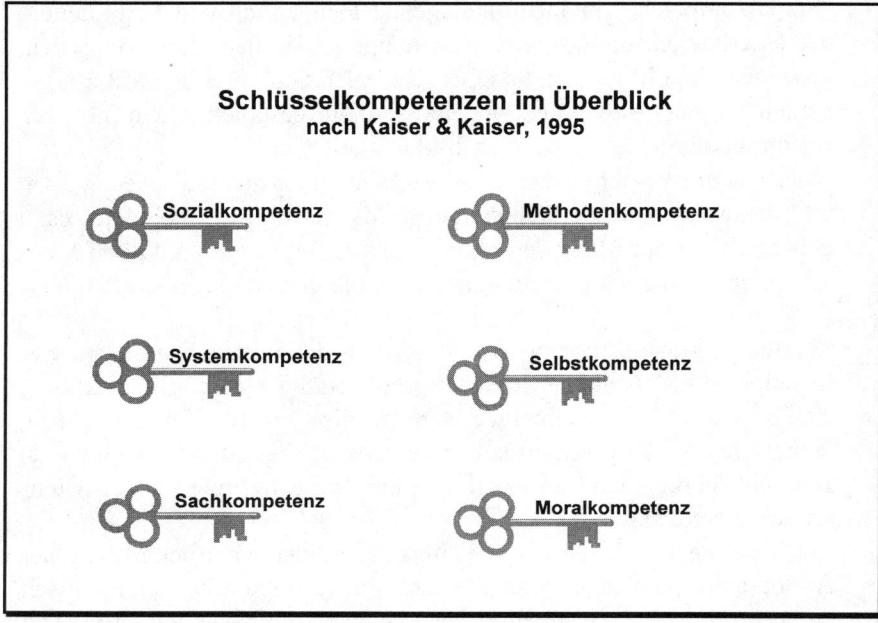

Schlüsselkompetenzen im Überblick
nach Kaiser & Kaiser, 1995

Sozialkompetenz

Methodenkompetenz

Systemkompetenz

Selbstkompetenz

Sachkompetenz

Moralkompetenz

Der Personalentwicklung im allgemeinen und der Aus-, Fort- und Weiterbildung im besonderen kommt gerade im Dienstleistungsbereich eine besondere Bedeutung zu: Denn "personale Dienstleistungen vermitteln sich eben über Mitarbeiter in direktem Kontakt hin zum Leistungsempfänger. ... Qualitätsfragen sind Personalfragen in einer wichtigen Dimension."[257]

Betrachtet man konkret die Hintergründe von Aus-, Fort- und Weiterbildung im Bereich der Altenhilfe und →Altenarbeit, so kommt man zu folgenden Aussagen: Der sogenannte Strukturwandel des Alters macht Bildungsmaßnahmen notwendig; Singularisierung, Feminisierung, das Auftreten von Langlebigkeit und Multimorbidität, weiterhin die Entberuflichung und die Individualisierung des Alters sowie die Fortsetzung bzw. Ausweitung sozialer Ungerechtigkeiten im Alter machen umfassende Bildungsangebote notwendig. Alter wird künftig zur gesellschaftlichen Normalität; dies sowie die Notwendigkeit neuerer Orientierungen im Feld der →Altenarbeit (Kundenorientierung, Bedarfsorientierung, Gemeinwesenorientierung) stellen weitere Faktoren dar, die auf die Bedeutsamkeit von

---

[257] Schmidt, 1992, S. 291.

Aus-, Fort- und Weiterbildung hinweisen. Zu dem ist das Arbeitsfeld der Altenhilfe immer komplexer geworden.

"Die Altenhilfe hat sich zu einem komplexen und kaum noch steuerbaren System entwickelt. Es zeichnet sich durch spezifische Strukturen, vielfache Akteure mit unterschiedlichsten Eigeninteressen, systemimmanente Eigendynamiken und Handlungsabläufe, unterschiedliche Ebenen, durch Wirtschafts- und Machtinteressen, mit Existenzsicherungsbestrebungen und gleichzeitig fehlenden rechtlichen wie finanziellen ausreichenden Rahmenbedingungen aus. (...) Die Mitarbeiterinnen und Mitarbeiter der Altenhilfe sind Teil dieses Systems und tragen immer auch zum Erhalt des Bestehenden bei. Sich dieser Rolle und Funktion bewußt zu werden, ist nicht nur ein selbstreflektorisches Erfordernis, sondern Voraussetzung, um Altenarbeit / -hilfe als eine Unterstützung bietender Dienstleistung zu begreifen und umzusetzen."[258]

Der Aus-, Fort- und Weiterbildung stellen sich vor diesem Hintergrund folgende Aufgaben[259] : Im Rahmen von Weiterbildungsmaßnahmen muß ein Generations- und Handlungsfeld übergreifendes Arbeitsverständnis gefördert werden; dies dient nicht zuletzt der →Qualitätssicherung von Angeboten und Maßnahmen innerhalb der Altenhilfe. Selbstinitiativen und →Selbsthilfe älterer Menschen gilt es zu fördern; MitarbeiterInnen in der Altenhilfe müssen diesbezüglich Ressourcen bereitstellen bzw. →Beratungsdienste leisten. Der Gemeinwesengedanke und die soziale Integration der Altengeneration muß im Vordergrund stehen; hierzu ist es auch notwendig bestehende Angebote und Einrichtungen zu →koordinieren, Kooperation herbeizuführen bzw. diese miteinander zu vernetzen. Altenhilfe darf sich nicht alleine eines individualisierenden und psychologisierenden Blickes bedienen; vielmehr ist der Bereich der Altenhilfe auch unter soziologischem und politischem Blickwinkel zu betrachten - gesellschaftliche Veränderungen müssen analysiert und berücksichtigt werden. Struktur- und Systemdenken stehen somit auch auf der Aufgabenliste der Aus-, Fort- und Weiterbildung im Bereich der Altenhilfe und Altenarbeit. Weiterhin gilt es die fachliche wie personale Berufsidentität der Mitarbeiter und Mitarbeiterinnen in diesem Tätigkeitsbereich auf-

---

[258] Holz, 1993, S. 2.
[259] vgl. Holz, 1993.

zubauen bzw. zu fördern; dies dient nicht zuletzt der Vorbeugung bzw. der Intervention gegen Burnout-Phänomene. Feldbezogene Sachkompetenz und die Verknüpfung von fachlicher und persönlicher Kompetenz stellen weiterhin wichtige Aufgaben der Aus-, Fort- und Weiterbildung dar.

Die Fort- und Weiterbildung im Bereich der Altenhilfe/-arbeit wird kaum von den großen Erwachsenenbildungsträgern geleistet; vielmehr sind als Anbieter die Wohlfahrtsverbände (Diakonisches Werk, Paritätischer Wohlfahrtsverband, Arbeiterwohlfahrt, Caritas u.a.) zu nennen; auch die Berufsverbände (für Pflegeberufe und Altenpflege) gehören zu den Anbietern von Fort- und Weiterbildungen.[260] Um dem Problem der mangelnden →Kooperation und Abstimmung von Angeboten im Bereich der Aus-, Fort- und Weiterbildung gerecht werden zu können, wird derzeit die Gründung von Arbeitsgemeinschaften für Fort- und Weiterbildung in der Altenarbeit diskutiert und empfohlen. Diesen kommt auch die Aufgabe der Qualitätssicherung von Aus-, Fort- und Weiterbildung zu.

Personalentwicklung

Angebote und Maßnahmen der Fort- und Weiterbildung, die innerhalb von Organisationen, Einrichtungen und Verbänden ihren Platz haben, müssen in ein Gesamtkonzept der Personalentwicklung integriert sein. In einem solchen Rahmen werden personalpolitische Zielstellungen beschrieben, die personelle Situation wird diagnostiziert und in die Zukunft hinein entworfen; Maßnahmen werden geplant, durchgeführt und auf ihren Erfolg hin ausgewertet (evaluiert).

Die soziale Arbeit (und somit die Altenarbeit) steht in unterschiedlichen Spannungsfeldern, auf die die Personalentwicklung in ihren Angeboten und Maßnahmen (so auch in der Fort- und Weiterbildung) Bezug nehmen und reagieren muß. Solche Spannungsfelder bestehen zwischen:[261]

- der Logik der jeweiligen Verwaltungen und der Logik sozialpädagogischen Arbeitens: Daß Verwaltungserfordernisse sozialpädagogischen Notwendigkeiten widersprechen und zuwiderlaufen (können), gehört zur alltäglichen Erfahrung der dortigen MitarbeiterInnen; in Konflikttrainings, Kooperationsworkshops und kooperationsfördernden Maßnahmen können daraus entstehende Konflikte bearbeitet werden.

---

[260] vgl. Koch, 1993, S. 1 f.
[261] vgl. Jakubeit, 1995, S. 6 ff.

180

- der Spezialisierung und Zersplitterung von Zuständigkeitsbereichen und der Notwendigkeit ganzheitlichen/systemischen Arbeitens: Den Bestrebungen nach Kostenverringerung und Effektivität stehen Handlungsprinzipien (z.b. das der Ganzheitlichkeit) gegenüber, die (zunächst) kostenintensiver erscheinen; durch Kooperationsprojekte, Job-enlargement und Job-enrichment können solche Gegensätze bearbeitet bzw. abgebaut werden.

  "Job-enrichment" meint die Zusammenfassung unterschiedlicher, aber zusammenhängender Aufgaben in einer Stelle - mit dem Ziel Selbstverantwortung und Selbständigkeit zu fördern; "Job-enlargement" bezeichnet die Hinzufügung gleichwertiger Aufgaben zu einer vorhandenen Stelle.[262]

- den Flexibilität erfordernden, differenzierten Aufgabenstellungen im sozialpädagogischen Bereich und einem relativ starren Entlohnungs- und Tarifsystem: Um daraus resultierende Frustrations- und Demotivierungsprozesse (z.B. durch "Innere Kündigung") zu bearbeiten bzw. zu vermeiden, werden flexible Arbeitszeit und Anstellungsmodelle sowie das "Job rotation" empfohlen.

- den wachsenden Aufgaben und gestiegenen Anforderungen an die Sozialpädagogik/-arbeit und den leeren Kassen: Durch →Evaluationsprogramme, →Qualitätssicherungsprozesse und Konzeptentwicklungsprojekte können solche Widersprüche reduziert werden.

- der Hierarchie und Machtausübung von Funktionären und Leitungspersonen in den Verbänden und Einrichtungen einerseits und den Wünschen nach Partizipation und der Ablehnung/Verleugnung von Macht andererseits: Führungskräfteschulung, Coaching und →Supervision legen sich angesichts dieses Spannungsfeldes als Personalentwicklungsmaßnahmen nahe.

- der hohen beruflichen Identifikation der MitarbeiterInnen und sogenannten "Burn-out-Phänomenen"[263] : Oft finden sich inter- wie intrasubjektiv hohes berufliches Engagement und starke Identifikation mit dem eigenen Aufgabenfeld und Phänomene der "inneren Kündigung" und des "Burnout" ("Ausgebranntseins") direkt nebeneinander bzw. sie stehen in einem Bedingungsverhältnis. Durch Maßnahmen wie Job rotation, →Fort- und Weiterbildung, →Supervision und Beratungsange-

---

262 vgl. Jakubeit, 1995, S. 8.
263 vgl. hierzu z.B. Burisch, 1989.

bote zur Karriereplanung kann die Personalentwicklung einen Beitrag zum Abbau dieses Spannungsfeldes leisten.

Mit Blick auf die Arbeits- und Organisationsstruktur von Einrichtungen und Verbänden wird derzeit eine Reihe von An- und Herausforderungen diskutiert, die auch Auswirkungen auf Personalentwicklung und Aus-, Fort- und Weiterbildung haben (können):[264] Dazu gehört die bereits schon angesprochene Kundenorientierung ebenso wie die Etablierung von Team- und Gruppenarbeit (statt Einzelarbeit), die Selbststeuerung und Partizipation der MitarbeiterInnen an Entscheidungen oder das projektorientierte Arbeiten mit eigener Budgetverantwortung.

📖 Literatur

Burisch, Matthias (1989). *Das Burnout-Syndrom: Theorie der inneren Erschöpfung*. Berlin: Springer.

Derschau, Dietrich von (1993). Ausbildung. In Deutscher Verein für öffentliche und private Fürsorge (Hrsg.), *Fachlexikon der sozialen Arbeit* (3., erneuerte u. erw. Aufl.). (S. 94-95). Frankfurt: Eigenverlag.

Frieling, Ekkehart (1995). Personalentwicklung und Qualifizierung - neue Ansätze und Probleme. In Geißler, Karlheinz A. u.a. (Hrsg*.), Handbuch Personalentwicklung und Training: ein Leitfaden für die Praxis* (3.2.4.0). Köln: Deutscher Wirtschaftsdienst.

Geißler, Karlheinz A. & Orthey, Frank Michael (1993). Schlüsselqualifikationen: Paradoxe Konjunktur eines Suchbegriffs der Modernisierung. *Grundlagen der Weiterbildung - Zeitschrift, 4* (3), 154-156.

Holz, Gerda (1993). Künftige Qualifizierungsangebote an die Mitarbeiterinnen und Mitarbeiter in der Altenarbeit/Altenhilfe. In Diakonische Akademie (Hrsg.). *Wie es Euch gefällt: Dokumentation der Studientagung "Zielorientierte Fort- und Weiterbildung in der Altenarbeit (S.* 1-4). Stuttgart: Eigenverlag.

Jakubeit, Gudrun (1995). Personalentwicklung in der sozialen Arbeit. In Geißler, Karlheinz A. u.a. (Hrsg.), *Handbuch Personalentwicklung und Training: ein Leitfaden für die Praxis* (3.3.3.3). Köln: Deutscher Wirtschaftsdienst.

Kaiser, Arnim & Kaiser, Ruth (1995). Begriff der Schlüsselqualifikationen. *Grundlagen der Weiterbildung - Zeitschrift, 5* (4), 186-189.

Koch, Andrea (1993). Fortbildungsbedarf und Fortbildungsangebote in der Altenarbeit. In Diakonische Akademie (Hrsg.). *Wie es Euch gefällt: Dokumentation der Studien-*

---

[264] Frieling, 1995, S. 7 ff.

tagung "Zielorientierte Fort- und Weiterbildung in der Altenarbeit (S. 1-14). Stuttgart: Eigenverlag.

Scherpner, Martin & Wolf, Manfred (1993). Fortbildung. In Deutscher Verein für öffentliche und private Fürsorge (Hrsg.), *Fachlexikon der sozialen Arbeit* (3., erneuerte u. erw. Aufl.). (S. 350-351). Frankfurt: Eigenverlag.

Scherpner, Martin & Wolf, Manfred (1993a). Weiterbildung. In Deutscher Verein für öffentliche und private Fürsorge (Hrsg.), *Fachlexikon der sozialen Arbeit* (3., erneuerte u. erw. Aufl.). (S. 1032-1033). Frankfurt: Eigenverlag

Schmidt, Roland (1992). Zwischen Modernisierungsdruck und sinkender Fachlichkeit. *Blätter der Wohlfahrtspflege, 139* (11+12), 290-292.

Tietgens, Hans (1990). Geschichte und aktuelle Diskussion des Begriffs "Schlüsselqualifikationen". *Erwachsenenbildung, 36* (4), 149-152.

4.5 Praxisbegleitung, -beratung und Supervision

Zu einer wichtigen geragogischen Aufgabe wird auch - z.B. vor dem Hintergrund der persönlichen Belastung im Bildungs- und Sozialbereich (vgl. das sogenannte Burnout-Phänomen) oder angesichts des Pflegenotstandes - die Begleitung der im geragogischen Bereich Tätigen werden. Aber noch eine ganze Reihe weiterer Faktoren machen Angebote der Praxisbegleitung/-beratung, des Coaching und der Supervision erforderlich:[265]

- der oftmalige Mangel an tätigkeitsfeldspezifischen →Aus-, Fort- und Weiterbildungen,
- die fortlaufende Veränderung von Klientenbedürfnissen und -interessen,
- die Arbeit mit KlientInnen aus extrem schwierigen Lebenskontexten,
- die Komplexität der pädagogischen Situationen, in denen die MitarbeiterInnen stehen (z.B. das Zusammenwirken von Haupt-, Neben- und Ehrenamtlichen),
- der zunehmende Konkurrenzdruck auf dem Hilfe- und Bildungsmarkt,
- der Wandel und die Weiterentwicklung von theoretischen Konzepten und Methoden in der Pädagogik/Sozialarbeit.

Je nach Intensität und Funktion lassen sich hier unterschiedliche Formen voneinander abgrenzen, z.B. die Praxisbegleitung/-beratung und die Supervision.

Praxisbegleitung und -beratung

Unter "Praxisbegleitung/-beratung" versteht man die berufsbegleitende und arbeitsfeldorientierte →Beratung, →Fort-/Weiterbildung und Leitung von Fachkräften - mit der Absicht, deren berufliche Handlungsfähigkeit und Selbstverantwortung aufzubauen, zu erhalten und zu stärken. Dieser Tätigkeitsbereich findet sich vielfach in der Nähe der →Fort- und Weiterbildung.[266]

Die Vorgehensweisen im Rahmen der Praxisberatung/-begleitung richten sich nach unterschiedlichen theoretischen und therapeutischen Schulen, so

---

[265] vgl. Fuchs-Brüninghoff, 1989; Thiel & Schiersmann, 1993.
[266] vgl. Retaiski, 1993, S. 732.

der Kommunikationstheorie, der Gesprächspsychotherapie, der Psychoanalyse, der Gruppendynamik oder der Themenzentrierten Interaktion.

Als Modellbeipiel ist hier der Ansatz einer fallorientierten Fortbildung, wie er von Kurt Müller konzipiert wurde, zu nennen:[267] Durch die Bearbeitung von "Fällen" - das sind" hochkomplexe beruflich-soziale Situationen, deren Details, deren Hintergründe und Beweggründe sich erst einem sinnverstehenden bzw. analytischem Blick erschließen"[268] - sollen 1) subjektive, 2) pädagogisch-didaktische, 3) interaktive, 4) institutionell-organisatorische und 5) gesellschaftliche Aspekte, die spezifische Situationen im speziellen und das Arbeitsfeld im allgemeinen durchdringen, erkannt, verstanden und einer Lösung zugeführt werden.

Das hier umschriebene komplexe Aufgabenfeld macht eine Vielzahl von Schlüsselkompetenzen beim/bei der PraxisbegleiterIn erforderlich; deren Ausformulierung und Umsetzung in →Fort- und Weiterbildungsprogrammen steckt derzeit angesichts dieses jungen Aufgabenfeldes noch in den Kinderschuhen.

Eine Sonderform der Praxisbegleitung stellt die "Kollegiale Beratung" dar. Hier werden die Kompetenzen der im gleichen Arbeitsfeld Tätigen zur gegenseitigen Unterstützung und Beratung genutzt. Kollegiale Beratung kann aber nicht nur zur Bearbeitung von Problemstellungen im Handlungsfeld genutzt werden; vielmehr können damit auch Transferaufgaben, die sich nach →Fort- und Weiterbildungsprozessen einstellen (können), bearbeitet werden.[269]

Supervision

Supervision - die Beratung und Begleitung bestimmter Personen-, hier vor allem Berufsgruppen mit dem Ziel der Reflexion der Berufsarbeit und der psychisch-emotionalen Entlastung - bietet sich nicht nur für pädagogisch-psychologisch wirkende Personen an, sondern auch für Mitarbeiter in Verwaltungen. Supervisionsangebote können unterschiedliche Ebenen thematisieren, so z.B. die Ziele und Handlungsorientierungen der alten-

---

[267] vgl. Müller, 1993; Müller & Mechler, 1992; beachte auch die konstruktivistischen Hintergründe dieses Modells.
[268] Müller, 1993, S. 93.
[269] vgl. Maelicke, 1993; Knoll, 1993.

pädagogisch Tätigen, die Art und Weise, wie diese mit den älteren Menschen umgehen, oder persönliche Schwierigkeiten und Probleme[270]. Eine trennscharfe Abgrenzung zur "Praxisbegleitung" gibt es nicht; Unterscheidungsversuche tendieren dahin, der Praxisbegleitung eher eine sachlich-objektive Problemorientierung zuzuordnen, während die Supervision sich eher persönlich-subjektiven Aspekten und Fragen zuwendet.

Supervisionen werden in unterschiedlichen Sozialformen durchgeführt:

- für einzelne Personen: Einzel-Supervision,
- für mehrere Personen, die miteinander arbeiten: Gruppen- und Team-Supervision - zusammen mit einem/r externen SupervisorIn,
- durch mehrere Personen, die miteinander arbeiten: kollegiale Supervision - ohne externe(n) SupervisorIn,
- für ganze Einrichtungen: Organisations- und Institutions-Supervision.

Unterschiedliche Arbeitsweisen legen sich für die Supervisionsarbeit nahe, so z.B. die Themenzentrierte Interaktion oder die Balint-Gruppenarbeit.[271] Eine verstärkte Beachtung der Supervision erscheint aus unterschiedlichen Gründen erforderlich; so sei nochmals deren entlastende Funktion genannt, die auch zu einem Fluktuationsabbau im Personalbereich der Altenhilfe führen kann. Zum anderen soll auf die möglichen Projektionen verwiesen werden, die auftreten können, wenn meist jüngere Altenarbeiter/-bildner auf ältere Personen treffen.[272]

Das "Coaching" kann als eine Sonderform der Supervision, der Lern- und Beratungshilfe angesehen werden; "Coaching" ist derzeit als ein Modewort zu betrachten, das einer genaueren Beschreibung bedarf:

> Das Coaching ist "eine Form von Supervision, die sich durch zeitliche Begrenzung (vier bis zehn Sitzungen) und thematische Fokussierung (Situationsbewältigung, Rollenübernahme oder Rollenklärung, Planung und Durchführung von Aktionen) von dieser unterscheidet"[273].

Coaching richtet sich in der Regel an Einzelpersonen, die in Bezug auf eine konkrete Aufgabenstellung, ein konkretes Projekt oder eine konkrete Aktion einer →Beratung oder Begleitung bedürfen; aber auch an Gruppen,

---

[270] vgl. Pallasch, 1991; Retaiski, 1993a.
[271] vgl. Hirsch, o.J.; Pallasch, 1991.
[272] vgl. Bechtler & Radebold, 1973.
[273] Bollag Dondi, 1994, S. 96; vgl. auch Decker, 1995, S. 180 ff.

z.B. Führungspersonen oder -gremien, können "gecoacht" werden. Problemrekonstruktionen des/der Klienten/in werden im Coaching-Prozeß bearbeitet, aus unterschiedlichen Perspektiven betrachtet; möglichen Reaktions- und Handlungsweisen werden gemeinsam entworfen und bewertet; die Umsetzung einer konkreten Verhaltensreaktion wird schließlich von KlientIn und Coach reflektiert.

Vom Coach ist neben umfangreichen Beratungskompetenzen auch fachliches Wissen, also im vorliegenden Falle: altenpädagogisches Wissen zu erwarten.

📖 Literatur

Bechtler, Hildegard & Radebold, Hartmut (1973). Ein Trainingsmodell für Sozialarbeiter im Arbeitsfeld der Sozialen Gerontologie. *Actuelle Gerontologie, 3,* 663-666.

Bollag Dondi, Mirjam (1994). Coaching im Ausbildungsbereich: Modeerscheinung oder sinnvolle Ergänzung des Beratungsangebotes? *Education permanente, 28* (2), 96-98.

Fuchs-Brüninghoff, Elisabeth (1989). Supervision - Hilfe zum professionellen Handeln. *Informationen Weiterbildung in NW* (3), 18-19.

Hirsch, Rolf D. (o.J.). *Balint-Gruppenarbeit in der Altenhilfe* (vorgestellt, 34). Köln: Kuratorium Deutsche Altershilfe.

Knoll, Jörg (1993). "Kollegiale Beratung" verbindet Evaluation und Transfer. *Grundlagen der Weiterbildung - Zeitschrift, 4* (6), 337-339.

Maelicke, Bernd (1993). Kollegiale Beratung. In Deutscher Verein für öffentliche und private Fürsorge (Hrsg.), *Fachlexikon der sozialen Arbeit* (3., erneuerte u. erw. Aufl.). (S. 570). Frankfurt: Eigenverlag.

Müller, Kurt (1993). Annäherungen an ein Bildungskonzept. In Faulstich-Wieland, Hannelore u.a. (Hrsg.), *Literatur- und Forschungsreport Weiterbildung* (Nr. 31). (S. 91-100). Frankfurt: Pädagogische Arbeitsstelle, Deutscher Volkshochschul-Verband.

Müller, Kurt & Mechler, Moritz (1992). *Ergebnisbericht über die Pilotphase des Modellprojekts "Praxisberatung" für die berufspädagogische Fortbildung betrieblicher Ausbilder.* München: Bayerisches Staatsministerium für Arbeit, Familie und Sozialordnung.

Pallasch, Waldemar (1991). *Supervision: neue Formen beruflicher Praxisbegleitung in pädagogischen Praxisfeldern.* Weinheim: Juventa.

Retaiski, Herbert (1993). Praxisberatung. In Deutscher Verein für öffentliche und private Fürsorge (Hrsg.), *Fachlexikon der sozialen Arbeit* (3., erneuerte u. erw. Aufl.). (S. 732-733). Frankfurt: Eigenverlag.

Retaiski, Herbert (1993a). Supervision. In Deutscher Verein für öffentliche und private Fürsorge (Hrsg.), *Fachlexikon der sozialen Arbeit* (3., erneuerte u. erw. Aufl.). (S. 942-944). Frankfurt: Eigenverlag.

Thiel, Heinz-Ulrich & Schiersmann, Christiane (1993). Fortbildung, Supervision und Organisationsentwicklung mit Führungskräften. *Grundlagen der Weiterbildung - Zeitschrift, 4* (1), 32-37.

4.6 Förderung des ehrenamtlichen Engagements

Quantität und Qualität sozialer Arbeit steht und fällt mit dem Engagement ehrenamtlicher Mitarbeiterinnen und Mitarbeiter[274].

"Der Begriff Ehrenamt bezeichnet eine im öffentlichen Auftrag ausgeführte unentgeltliche Tätigkeit. ... Im übertragenen Sinne versteht man unter Ehrenamt die freiwillige, unentgeltliche und gemeinnützige Tätigkeit bei öffentlichen Körperschaften, Kirchen, Vereinen, Bürgerinitiativen, Selbstorganisationen und Selbsthilfegruppen in Einrichtungen, Aktionen, Veranstaltungen."[275]

Der Bereich des Ehrenamtes befindet sich in einer Krise: Im Bereich der sozialen Wohlfahrtsverbände aber auch der Kirchen beobachtet man einen Rückgang ehrenamtlichen Engagements. Diese Entwicklung belegt aber nicht, daß die Bundesbürger sozial unverantwortlicher und passiver geworden seien. Umfragen und Studien zeigen vielmehr: "Die Bürgerinnen stellen ihr soziales Engagement keinesfalls ein, sondern verlagern es in andere Bereiche - in Bürgerinitiativen, Selbsthilfegruppen, soziale Projekte."[276] Weiterhin ist zu berücksichtigen, daß nicht die Zahl der ehrenamtlich Aktiven zurückgegangen ist, sondern vielmehr die Zahl der ehrenamtlichen Stellen zugenommen hat. Von daher ergibt sich die Klage von der "Not des Ehrenamts".

Insgesamt sind in Deutschland ca. sechs Millionen Menschen ehrenamtlich aktiv: ca. vier bis fünf Millionen im Freizeitbereich (z.B. Sportvereinen), anderthalb Millionen im sozialen und eine halbe Millionen im Umweltbereich.[277]

Ein weiteres bedeutsames Faktum liegt in der Überalterung der ehrenamtlich Aktiven: Das Durchschnittsalter der heute Ehrenamtlichen liegt Schätzungen zufolge bei 53 Jahren. Da aus den jüngeren Altersgruppen derzeit nur ein Rinnsal an freiwillig sozial Aktiven in die traditionellen Betäti-

---

274 vgl. Bock, 1993; Bundesministerium für Jugend, Familie, Frauen und Gesundheit (Hrsg.), 1989; Kowalewski, 1991; Müller & Rauschenbach, (Hrsg.), 1989; Oswald u.a., 1987; Rauschenbach, 1991; Wallimann u.a., 1993; Wehling, 1993.
275 Agricola, 1994, S. 18.
276 Kowalewski, 1991, S. 16.
277 vgl. Agricola, 1994, S. 20.

gungsformen fließt, muß in den nächsten Jahren von einer deutlichen Überalterung der Gruppe der Ehrenamtlichen ausgegangen werden; 50-, 60- und 70-jährige werden hier überwiegen.

In den letzten Jahren ist das (soziale) Ehrenamt - auch hinsichtlich der Motivationslagen - einem Wandel unterworfen. Man unterscheidet deswegen zwischen dem "alten Ehrenamt" und dem "neuen Ehrenamt":

Die ehrenamtlichen Mitarbeiterinnen, die der Vorstellung des "alten Ehrenamts" folgen, orientieren sich eher am Gemeinwohl - sie haben ein eher traditionelles Dienst- und Verpflichtungsgefühl der Allgemeinheit gegenüber, stellen ihre eigenen Bedürfnisse eher zurück und sind bereit, sich in einem ziemlich breiten Tätigkeitsspektrum zu engagieren. Typische Repräsentantin des alten Ehrenamts ist "die 40- bis 60-jährige Hausfrau aus einer bürgerlichen Schicht, die nach der Zeit der Kinderbetreuung neue Möglichkeiten der Bestätigung, des Sich-nützlich-machens sucht und sich bei einem Wohlfahrtsverband [oder einer Kirche] in der unmittelbaren sozialen Arbeit engagiert. Sie ist materiell über ihren berufstätigen Mann abgesichert und daher in erster Linie bestrebt, durch ehrenamtliche Mitarbeit sowohl persönlichen neuen Lebensraum zu entwickeln als auch sich in den Dienst einer gemeinnützigen Aufgabe zu stellen."[278]

Die "neuen Ehrenamtlichen" orientieren sich eher an ihren eigenen Bedürfnissen, wollen im Rahmen des ehrenamtlichen Engagements sich selbst verwirklichen, eigene Werte und Identitätsvorstellungen umsetzen. Die unter diesem Schlagwort einzuordnenden sind "eher durch eigene Erfahrung konkreter Benachteiligungen und durch Betroffenheit motiviert. [Das neue Ehrenamt] entwickelt sich in überschaubaren lokalen Lebenszusammenhängen und äußert sich in weitgehend selbstbestimmten, autonomen und gering formalisierten Organisationsformen; das Interesse an der Bewältigung und Überwindung eigener Problemsituationen, soziale Gesinnung und politischer Veränderungswille gehen eine neuartige Verbindung ein."[279]

---

[278] Kowalewski, 1991, S. 17; Ergänzung durch H.Kl.
[279] Kowalewski, 1991, S. 18; Ergänzung durch H.Kl.

Unterscheidung
Altes Ehrenamt - Neues Ehrenamt

ALT	NEU
- Orientierung am Gemeinwohl - traditionelles Dienst- und Verpflichtungsgefühl - Fremdbestimmung - keine Professionalität (i.e.S.) - Freiwilligkeit - Zurückstellung eigener Bedürfnisse - Selbstlosigkeit - kein Wunsch nach Bezahlung, Arbeit für Gottes Lohn - kontinuierliches Engagement im Lebenslauf - Homogenität der Gruppe der sozial Ehrenamtlichen: versorgte Frauen	- Orientierung an den eigenen Bedürfnissen - Ansatz an eigenen Erfahrungen und Betroffenheiten - Selbstbestimmung - Halb-Professionalität - Ehrenamt als Ersatz-Arbeitsverhältnis - Streben nach Selbstverwirklichung - Reziprozität von Geben und Nehmen - Abkehr vom Prinzip der Unbezahlbarkeit - lebensphasenabhängige Ausprägung des Ehrenamts - Heterogenität der Gruppe der Ehrenamtlichen: Jugend, Rentner u.a.

Bei alledem ist aber auch noch zu berücksichtigen, daß der Bedarf an ehrenamtlichem Engagement in den nächsten Jahren noch zunehmen wird. Hierfür läßt sich eine Reihe von maßgebenden Entwicklungen festmachen: Zum einen lassen die demographischen Veränderungen einen Anstieg der Zahlen hilfs- und pflegebedürftiger alter Menschen erwarten. Zum anderen führen leere öffentliche Kassen vielfach zu Personalabbau und zur Umverlagerung sozialer Arbeit auf die Schultern Ehrenamtlicher im Rahmen ergänzender Hilfsstrukturen.

Betrachtet man die Ursachen und Hintergründe der Krise bzw. des Wandels des Ehrenamtes, so müssen mehrere Ebenen unterschieden werden: Auf einer ersten Ebene - die der individuellen Einstellung und Bedürfnisse der (potentiell) Ehrenamtlichen - können insbesondere Wertewandelprozesse geltend gemacht werden. In großen Teilen der Bevölkerung finden sich heute Werte und Einstellungen wieder, die als postmaterialistisch bezeichnet und den bislang wirksamen materialistischen Werten gegenüber gestellt werden: Postmaterialistische Werte sind

- der Wunsch nach Selbstverwirklichung, Selbstentfaltung und Selbstbestimmung,

191

- das Bedürfnis nach eigenem Lebensgenuß und umfassender Gesundheit,
- das Bestreben, die Welt in ihre Lebensbereiche zunehmend säkularisiert zu deuten und zu betrachten,
- das Engagement für Umwelt und sozialen wie politischen Frieden,
- das Bemühen der Frauen um Gleichberechtigung und Emanzipation,
- die Betonung von Gespräch und Konfliktlösung unter Vermeidung von Machtausübung und des Einsatzes von Machtmitteln und die Ablehnung von Gehorsam,
- das Bedürfnis nach Partizipation, Mitsprache und Mitbestimmung sowie Selbstorganisation.

Auf einer zweiten Ebene müssen die Kompetenzen und Ressourcen der (potentiell) Ehrenamtlichen berücksichtigt werden: Der Zwang zum Erwerbsberuf - um eine ausreichende finanzielle Versorgung zu gewährleisten - und der Zeitmangel (bedingt durch Familie, berufliche Mobilität, Medien) können hier als ehrenamteinschränkende Faktoren genannt werden.

Auch auf der dritten, einer strukturellen Ebene lassen sich Faktoren finden, die bewirken, daß das Ehrenamt heute als weniger attraktiv angesehen wird. So verfügen Ehrenamtliche in Verbänden, Vereinen und Gemeinden vielfach über keine Mitsprache- und Mitbestimmungsmöglichkeiten, sie stehen außerhalb jeglichen Informationsflusses, ihre Arbeit wird - wenn überhaupt - nur in geringem Umfang gewürdigt, sie erhalten in der Regel nur die notwendigste Vorbereitung auf ihr Engagement, sie werden in der Regel nicht weitergebildet, ihre Tätigkeit wird nicht begleitet, Beratungsmöglichkeiten stehen nur selten zur Verfügung. Aufgaben, Kompetenzen und Verantwortungsbereiche sind nur selten explizit geklärt; das Verhältnis zwischen Haupt- und Ehrenamtlichen gestaltet sich vielfach schwierig, wenn nicht gar konflikthaft.

Auf einer vierten, der gesellschaftlichen Ebene zeigt sich hinsichtlich des Ehrenamtes ein recht ambivalentes Bild: Zum einen erfährt das Ehrenamt angesichts der leeren Kassen im staatlichen und sozialen Bereich eine zunehmend positive Bewertung. Mit ihm soll gewährleistet werden, was offiziellerseits nicht mehr finanziert werden kann. Andererseits ist aber unser gesellschaftliches, kulturelles, wirtschaftliches und politisches Leben in grundlegender Weise um den Bereich Erwerbsarbeit zentriert. Erwerbsarbeit stellt die "Zivilreligion" unserer Kultur dar, an der sich das Leben in seiner Gesamtheit orientiert. Beziehungsarbeit und hausarbeitsähnliche Tätigkeiten werden - und das sind ehrenamtliche Tätigkeiten - niedriger eingeschätzt oder zumindest verbal honoriert, zum Beispiel im Lob der Mutter, und materiell von den Rahmenbedingungen her wenig oder gar nicht gefördert und gestützt. So wird ehrenamtliches Engagement weder durch die Sozial- noch durch die Rentenversicherung honoriert.

Alte Menschen im alten Ehrenamt?

Wie schon angesprochen: Das Durchschnittsalter der aktiv Ehrenamtlichen liegt verhältnismäßig hoch. Ältere und alte Menschen sind in einem breiten Spektrum gesellschaftlicher Handlungsfelder aktiv, so[280]

- im Dienstleistungsbereich (Bildung und Beratung, Betreuung und Pflege, Rettungs- und Bewachungsdienste)
- im politischen Bereich (Umweltschutz, Engagement für kulturelle Minderheiten und für globale Gerechtigkeit)
- im kulturellen Bereich (Geschichtsforschung und -präsentation)
- im sportlichen Bereich - allgemein und rehabilitativ.

Das (alte) Ehrenamt läßt sich jedoch nicht dadurch retten, daß neue Zielgruppen gesucht und rekrutiert werden. Wer beispielsweise die sogenannten "neuen Alten" als eine neue Zielgruppe des Ehrenamts ansieht, übersieht zum einen daß diese Gruppe alter Menschen immer selbstbewußter wird und immer mehr Mitträger des bereits genannten Wertewandels ist. Weiterhin ist nach der psychischen und körperlichen Belastbarkeit älterer Menschen, nach deren Akzeptanz innerhalb der Organisationen, Einrichtungen und Vereine und nach Möglichkeiten der Aufwandsentschädigung zu fragen. Zum anderen wird mißachtet, daß sich der Wandel/die Krise des Ehrenamtes nur in einer Zusammenschau der bereits genannten vier Ebenen bewältigen lassen wird.

Betrachtet man nochmals die bereits genannten Ebenen, so lassen sich folgende Handlungsoptionen beschreiben:

- Bezüglich der Einstellung und Motive der Ehrenamtlichen: Verbände, Vereine und Gemeinden müssen sich an den Bedürfnissen und Interessen der (potentiell) Ehrenamtlichen orientieren; zu berücksichtigen sind deren Bedürfnisse nach Selbständigkeit, Lernchancen, ab-

---

[280] Simmat, 1992, S. 319.

wechslungsreicher Arbeit, Kooperation und Unterstützung, Sinnerleben, Transparenz der Entscheidung und der Offenheit der Entwicklung.

- Bezüglich der Kompetenzen und Ressourcen der Ehrenamtlichen: Zumindest die Auslagen der ehrenamtlich Tätigen müssen erstattet werden; des weiteren wären Formen der Bezahlung des Ehrenamtes zu bedenken. Ehrenamtliche müssen für ihre Tätigkeit aus- und fortgebildet werden; sie bedürfen der Beratung und der Begleitung (auch der spirituellen). Ihre Arbeit ist ehrlich und angemessen zu würdigen (zum Beispiel durch Gratifikationen).

- Bezüglich der Umgangsformen und Strukturen in Verbänden, Vereinen und Gemeinden: Das neue Ehrenamt bedarf der Möglichkeiten von Mitsprache und Mitbestimmung; Dialogbereitschaft zwischen Haupt- und Ehrenamtlichen muß vorausgesetzt werden; sie kann beispielsweise durch runde Tische institutionalisiert werden. Ehrenamtliche müssen teilhaben an einer offenen Kommunikation und einem umfassenden Informationsfluß. Aufgaben- und Verantwortungsbereiche der Ehrenamtlichen müssen geklärt und offengelegt werden. Projektorientiertes Arbeiten ermöglicht auch den Ausstieg aus dem Ehrenamt. Für die Ehrenamtlichen müssen Räume für Kontakt- und Solidarisierungsmöglichkeiten geschaffen werden. Das Ehrenamt ist des weiteren versicherungsrechtlich abzusichern. Eine Interessensvertretung für Ehrenamtliche ist einzurichten.

- Bezüglich der Stellung und des Ansehens des Ehrenamtes in Gesellschaft und Kultur: Es müssen Möglichkeiten geschaffen werden, das Ehrenamt auf die Rentenansprüche anzurechnen; Steuerfreibeträge, Sonderurlaube bzw. Freistellungen für das Ehrenamt können zu einer zusätzlichen Motivation führen. Bei jungen Erwachsenen wäre zu überlegen, inwieweit ehrenamtliche Tätigkeit beispielsweise auf Studienwartezeiten angerechnet werden kann. Generell ist zu bedenken, ob Ehrenamtlichen Vergünstigungen verschiedenster Art gewährt werden können (zum Beispiel verbilligte Eintritte in Theater, Stadthallen oder Schwimmbäder; Bahncard usw.).

📖 Literatur

Agricola, Sigurd (1994). Ehrenamt heute. *BAGSO-Nachrichten* (3), 18-24.

Bock, Teresa (1993). Ehrenamtliche Tätigkeit im sozialen Bereich. In Deutscher Verein für öffentliche und private Fürsorge (Hrsg.), *Fachlexikon der sozialen Arbeit* (3., erneuerte u. erw. Aufl.). (S. 253-256). Frankfurt: Eigenverlag.

Bundesministerium für Jugend, Familie, Frauen und Gesundheit (Hrsg.). (1989). *Ehrenamtliche soziale Dienstleistungen: Bericht eines Arbeitskreises der Gesellschaft für sozialen Fortschritt* (Schriftenreihe des BMJFFG, Bd. 23). Stuttgart: Kohlhammer.

Kowalewski, Horst (1991). Der neue Ehrenamt fördern, freie MitarbeiterInnen arbeitsrechtlich absichern - als Aufgabe des PARITÄTISCHEN in Bayern. In Kowalewski, Horst (Hrsg.), *Tagungsbericht: Das neue Ehrenamt fördern - freie MitarbeiterInnen arbeitsrechtlich absichern!* (S. 13-21). München: Eigenverlag.

Müller, Siegfried & Rauschenbach, Thomas (Hrsg.). (1989). *Das soziale Ehrenamt: nützliche Arbeit zum Nulltarif.* Weinheim: Juventa.

Oswald, G. u.a. (1987). *Dem anderen helfen: eine Untersuchung über ehrenamtliche Arbeit im sozialen Bereich im Auftrag des Ministeriums für Arbeit, Gesundheit und Soziales Baden-Württemberg.* Stuttgart.

Rauschenbach, Thomas (1991). Gibt es ein "neues Ehrenamt"? Zum Stellenwert des Ehrenamtes in einem modernen System sozialer Dienste. *Sozialpädagogik, 33*, 2-10.

Simmat, William E. (1992). Alte Menschen im Ehrenamt. *Blätter der Wohlfahrtspflege, 139* (11+12), 319-321.

Wallimann, Isidor u.a. (1993). *Freiwillig Tätige im Sozialbereich und in anderen Bereichen.* Basel: Höhere Fachschule im Sozialbereich.

Wehling, Margret (1993). *Personalmanagement für unbezahlte Arbeitskräfte* (Personal-Management, Bd. 2). Bergisch-Gladbach: Eul.

5 AUFGABEN UND HANDLUNGSFELDER, DIE AUF DIE GESELLSCHAFTLICHE UND POLITISCHE ÖFFENT-LICHKEIT ZIELEN

Die Altenpädagogik kann - wenn sie sich "nur" den alten Menschen und ihrem personalen Umfeld widmet - lediglich in einer engen und ungenügenden Weise wirksam werden. Nicht zuletzt, weil sie es immer wieder auch mit politischen und gesellschaftlichen Ressentiments und Rahmenbedingungen zu tun hat, muß sie sich auch der sozialen und politischen Öffentlichkeit zuwenden.

5.1 Sozialmarketing und Öffentlichkeitsarbeit

Sozialmarketing

Marketing allgemein intendiert "die Ausrichtung sämtlicher Aktivitäten eines Unternehmens auf den Markt"[281]. Auch die Angebote der Altenhilfe, -arbeit und -bildung müssen sich auf einem solchen Markt immer mehr bewähren, treten doch vielfach Anbieter gleicher oder ähnlicher Maßnahmen und Einrichtungen miteinander in Konkurrenz. Auch wenn es sich hier - neben den professionellen privaten Anbietern - zumeist um sogenannte Non-Profit-Organisationen handelt, so ist damit nicht gesagt, daß diese sich nicht auch leistungs- und zielorientiert verhalten (müssen) sowie effektiv und wirtschaftlich arbeiten (müssen). "Ohne Marketing kommt keine soziale Organisation in unserer Mediengesellschaft aus. Es genügt nicht, wenn wenige Insider über gute soziale Arbeit und notwendigen Gemeinsinn engagierter Gruppen informiert sind. Erst wenn eine breite Öffentlichkeit die Motive und die alltägliche Praxis sozialer Arbeit unterstützt, wächst Stabilität und kann sich Innovation entfalten."[282]
Marketingmaßnahmen verfolgen das Ziel
- "einen vorhandenen Bedarf besser auszuschöpfen,
- einen latenten Bedarf in eine konkrete Nachfrage zu verwandeln,

---

281 Bodenmiller, 1995, S. 9.
282 Leif, 1993, S. 13.

- neuen Bedarf zu schaffen."[283]

> Sozialmarketing ist eine „umfassende Methode, die dazu dient, das 'Produkt des sozialen Bereiches' nach entsprechenden Bedürfnissen zielgruppenbezogen zu effektieren und in seiner Qualität zu verbessern"[284]. Sozialmarketing richtet sich an die potentiellen Nutzergruppen (Ziel: Abnahme des Produkts), an Unterstützergruppen (Ziel: Spenden und Beiträge), an genehmigungserteilende Gruppen (Ziel: Unterstützung bei der Gewährung von Rahmenbedingungen) und an die Öffentlichkeit insgesamt (Ziel: allgemeine Akzeptanz).

Ein wesentlicher Bestandteil des (Sozial-) Marketing ist die sogenannte "Kommunikationspolitik", zu der auch die Öffentlichkeitsarbeit und die Werbung gehören. Die Zielrichtungen einer solchen Kommunikationspolitik betreffen aber nicht nur die allgemeine Öffentlichkeit und die (spezifischen) Zielgruppen, sondern auch die MitarbeiterInnen der eigenen Einrichtung (zur Schaffung von Corporate Identity), den eigenen Verband bzw. die Politik.[285]

Öffentlichkeitsarbeit

> "Öffentlichkeitsarbeit bedeutet im sozialen Bereich bewußtes, geplantes und dauerndes Bemühen, für die sozialen Belange Verständnis und Vertrauen in der Öffentlichkeit aufzubauen und zu pflegen."[286]

Öffentlichkeitsarbeit erscheint aus mehreren Gründen als sinnvoll, ja als notwendig: Zum einen obliegt es ihr, auf soziale Problem- und Notlagen aufmerksam zu machen und auf diesbezügliche Problemgruppen hinzuweisen - dies aber nicht im Sinne einer Etikettierung oder Polarisierung von Personengruppen, sondern mit dem Ziel, Vorurteile, Ressentiments

---

[283] Bodenmiller, 1995, S. 10.
[284] Beilmann, 1995, S. 10; vgl. zum folgenden S. 5 ff.
[285] vgl. Buchkremer, 1995, S. 280.
[286] Thorun, 1993, S. 681; zum Thema allgemein vgl. Bebber, 1990; Leif, 1993; Marchal & Spura, 1981; Thorun, 1993; Wendt, 1993.

und Berührungsängste (zum Beispiel gegenüber Behinderten, psychisch Kranken oder alten Menschen; siehe z.B. das Gerede von der "Alterslast") abzubauen. Weiterhin kommt ihr die Aufgabe zu, auf bestehende institutionelle und Dienstleistungsangebote aufmerksam zu machen bzw. bestehende Lücken im sozialen Netz zu thematisieren und durch Schaffung eines breiten Problembewußtsein in ihrer Behebung voranzutreiben (→Altenberichterstattung). Weiterhin gehört zum Aufgabenspektrum der Öffentlichkeitsarbeit die Aufwertung der sozialen Arbeit und ihrer Angebote in den Augen der Öffentlichkeit im allgemeinen, und für potentielle Geldgeber im besondern.[287]

> Geht man davon aus, daß angesichts leerer Kassen soziale Dienstleistungen auch von privatwirtschaftlicher Seite gesponsort werden müssen (social sponsoring), so muß gegenüber Industrie und Unternehmen die soziale Arbeit aufgewertet werden.

Schließlich ist die Aufwertung sozialen Engagements auch dahingehend von Bedeutung, als sie zur Überwindung der Personalnot einen nicht zu verachtenden Beitrag leisten kann.

---

[287] vgl. z.B. Müller, 1995.

Aufgaben und Formen der Öffentlichkeitsarbeit

- macht im voraus auf die Angebote der Altenarbeit... aufmerksam
- hilft bei der Suche nach MitarbeiterInnen
- stellt die Altenarbeit auf ein breiteres Fundament
- hebt die Bedeutung der Altenarbeit... ins allgemeine Bewußtsein
- berichtet über durchgeführte Veranstaltungen und Angebote
- nimmt Einfluß auf die öffentliche Meinung
- kann Spenden locker machen
- wertet die eigene Altenarbeit auf

persönl. Kontakte
Ausstellung Infostand
Pfarrbrief Zeitungen
Lokalfunk -fernsehen
Aktionen Feste

Unterschiedliche Formen und Methoden der Öffentlichkeitsarbeit können - je nach Situation und Ziel - eingesetzt werden; dazu gehören:[288]

- Kontakte zu Presse und Rundfunk, z.B. durch Pressekonferenzen oder Lieferung fertiger Artikel und Beiträge;
- Foren, in denen der Dialog zu VertreterInnen unterschiedlicher gesellschaftlicher Bereiche (z.B. Politik, Wirtschaft, Wissenschaft u.a.) gesucht wird;
- "Verwertung" durchgeführter Aktionen und Maßnahmen durch Arbeitsberichte und gezielte Publikation der Ergebnisse;
- Informationsstände und -wände;
- öffentlicher Einsatz für Problemfelder des Gemeinwesens;
- Publikation von Jubiläumsschriften;
- Tage der offenen Tür;
- Kontaktpflege zu anderen kommunalen und (inter-) nationalen Einrichtungen und Trägern.

---

[288] vgl. Bodenmiller, 1995, S. 12 f.

Einer wirkungsvollen Öffentlichkeitsarbeit kommen spezifische Qualitätseigenschaften zu; auf diese ist im Rahmen einer →Qualitätssicherung der Öffentlichkeitsarbeit zu achten:[289]

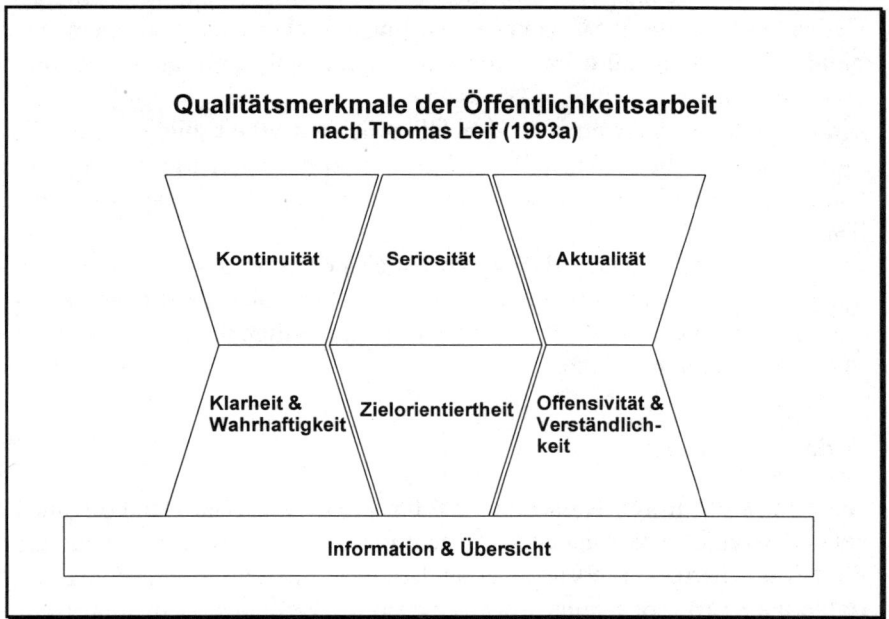

Soll Öffentlichkeitsarbeit wirksam und effektiv verwirklicht werden, so darf sie nicht allein in die Verantwortung der jeweiligen Verbände, Träger oder Einrichtungen gestellt werden; vielmehr muß hierzu eine eigene kommunale Stelle geschaffen werden, die personell, finanziell und technisch ihren Aufgaben entsprechend ausgestattet ist.

Die Unterrichtung der Öffentlichkeit ist nicht zuletzt durch den § 13 des SGB I vorgeschrieben; dort heißt es: "Die Leistungsträger, ihre Verbände und die sonstigen in diesem Gesetzbuch genannten öffentlich-rechtlichen Vereinigungen sind verpflichtet, im Rahmen ihrer Zuständigkeit die Bevölkerung über die Rechte und Pflichten, nach diesem Gesetzbuch aufzuklären." Die Bedeutsamkeit der Öffent-

---

[289] vgl. Buchkremer, 1995, S: 282; Leif, 1993a.

lichkeitsarbeit wurde nicht zuletzt im Altenbericht der Bundesregierung festgeschrieben.[290]

Die unter dem Oberbegriff "Öffentlichkeitsarbeit" aufgezählten Aufgaben unterliegen u.a. einzurichtenden Informations-, Anlauf- und Vermittlungsstellen (IAV-Stellen). Sie können bzw. müssen aber auch von einem Senioren-/Behindertenbüro bzw. von einem Seniorenbeauftragten übernommen werden.

Einen weiteren Schwerpunkt der Öffentlichkeitsarbeit bildet auch die →Beratung der betroffenen BürgerInnen, also der alten Menschen. Dies kann beispielsweise in den schon angesprochenen Seniorenbüros geschehen.

Öffentlichkeitsarbeit ist - das sei abschließend erwähnt - mehr als Werbung; sie ist gezielte Aufklärung der Öffentlichkeit über das Leben der alten Generationen und die Angebote der Altenhilfe und -arbeit, →Altenpolitik und -bildung.

Sozial Sponsoring

Angesichts der leeren Kassen sowohl bei der öffentlichen Hand als auch bei den Wohlfahrtsverbänden, der wachsenden Armut und der sich aus der Pflegeversicherung ergebenden Veränderungen erhält die Beschaffung von Geldern über das sogenannte Social Sponsoring besondere Bedeutung[291].

"Sponsoring ist eine Kommunikationsform bzw. ein Kommunikationsmittel. Es beruht darauf, daß eine Person, ein Unternehmen, eine Stelle etc. - ggf. auch mehrere zusammen - andere Personen, bestimmte Ereignisse, Erzeugnisse oder Veranstaltungen wirtschaftlich unterstützen, wobei die Sponsoren die Ereignisse bzw. Veranstaltungen nicht selbst veranstalten oder verantworten, und die gesponserten Erzeugnisse nicht selbst produzieren oder vertreiben."[292]

Für den Bereich der US-amerikanischen Wirtschaft ist das Sponsoring nichts neues; in Deutschland wurde es bislang vor allem im

---

[290] Bundesministerium für Familie und Senioren (Hrsg.), 1993, S. 241.

[291] vgl. Cremer, 1993; Hessische Landesregierung, 1993; Hollmann, 1993; Leif, 1993a; Stemmle, 1993.

[292] Hessische Landesregierung, 1993, S. 158.

Sport- und Kulturbereich angewendet. Als neue Bereiche des Sponsoring eröffnet sich langsam der Umwelt- und der Sozialbereich (Umwelt- und Sozialsponsoring). Dabei darf Sponsoring nicht mit Mäzenatentum verwechselt werden; es handelt sich dabei vielmehr um eine neue Form der Unternehmenskommunikation: "Im Mäzenatentum spendet das Unternehmen, ohne dafür eine Gegenleistung, welcher Art auch immer, von ihnen [den Geldempfängern] zu erwarten, also die klassische Klingelbeutelsituation. Sponsoring lebt davon, daß das Unternehmen eine Gegenleistung bekommt, nämlich die mediale Vermarktung der guten Tat, den sogenannten Imagetransfer."[293]

Social Sponsoring beruht auf dem Prinzip des Gebens und Nehmens, der Leistung und der Gegenleistung: Dabei sind es nicht nur Geldleistungen, die vom Sponsor zu einer sozialen Einrichtung oder einem sozialen Verband transferiert werden. Vielmehr können sponsorende Unternehmen auch Know how, Personal, anderweitige materielle Unterstützung und/oder Informationskanäle für soziale Anliegen zur Verfügung stellen. Social Sponsoring fördert im Gegenzug das Image und die Glaubwürdigkeit eines wirtschaftlichen Unternehmens; es kann somit zu einem wichtigen Faktor der Öffentlichkeitsarbeit und der Werbung eines wirtschaftlichen Unternehmens werden. Corporate identity kann dadurch gestiftet werden; dies kann infolge auch die Motivation MitarbeiterInnen eines Unternehmens fördern. Gesponsort werden werbewirksame, befristete und überschaubare Projekte sozialer Einrichtungen und Verbände. Von den sozialen Einrichtungen wird in diesem Zusammenhang erwartet, daß sie selbstbewußt und offensiv diese Projekte planen und intern unternehmerisch und wirtschaftlich denken. Im Rahmen der Öffentlichkeitsarbeit einer sozialen Einrichtung soll konsequent auf den Sponsorpartner hingewiesen werden. Dieser wird auch von der sozialen Einrichtung regelmäßig und ausführlich über die Situation und Entwicklung des jeweiligen Projektes informiert.

Social Sponsoring bietet den sozialen Einrichtungen und Verbänden mehrere Vorteile: Zum einen erlaubt Social Sponsoring eine größere Unabhängigkeit von der staatlichen und/oder kommunalen Finanzierung; somit wird zum anderen eine höhere Flexibilität der sozialen Einrichtungen und Verbände ermöglicht und schließlich können mit Hilfe des Social Sponsoring innovative Ideen umgesetzt und erprobt werden.

---

[293] Cremer, 1993, S. 38; Ergänzung durch H. Kl.

Es soll nicht unerwähnt bleiben, daß das Sponsoring sozialer Projekte auch Gefahren in sich birgt: Zum einen ist eine zu große Einmischung des jeweiligen Geldgebers in die jeweilige Sozialplanung zu befürchten; im Rahmen der jeweils durchzuführenden Verhandlungen ist auf diese Möglichkeit besonders zu achten. Zum anderen darf Social Sponsoring nicht dazu führen, daß sich die politischen Entscheidungsträger und kommunalen Sozialverwaltungen aus dem sozialen Bereich und dessen Finanzierung zurückziehen. Dies würde zu einer unverantwortbaren Abhängigkeit des sozialen Bereiches von der Wirtschaft führen. Es ist vielmehr darauf zu achten, "daß der Verweis auf Social Sponsoring nicht dazu führen darf, sozialstaatliche Leistungen zu streichen oder zu beschneiden. Wer vom Social Sponsoring erwartet, es könne an die Stelle sozialer Sicherung treten und auch nur partiell den Staat aus seiner Verantwortung entlassen, für soziale Gerechtigkeit zu sorgen und die Lebenslage sozial schwacher und sozial gefährdeter Bevölkerungsgruppen zu verbessern, der überfordert Social Sponsoring und die Möglichkeiten, die es beinhaltet."[294]

Die hier genannten Aufgaben und Tätigkeiten erfordern von haupt-, neben- und ehrenamtlichen MitarbeiterInnen eine Vielzahl von Haltungen und Qualifikationen, die bislang eventuell nicht so zentral in ihrem Handlungsfeld standen. Diese sind in →Aus-, Fort- und Weiterbildungsmaßnahmen zu berücksichtigen bzw. zu forcieren.

📖 Literatur

Bebber, F.F. van (1990). *Wie sage ich es der Öffentlichkeit? Presse- und Öffentlichkeitsarbeit im sozialen Bereich* (Schriften des DV - Kleinere Schriften, H. 63). (2. Aufl.). Frankfurt: Eigenverlag.

Beilmann, Michael (1995). *Sozialmarketing und Kommunikation: Arbeitsbuch für eine Basismethode der Sozialarbeit.* Neuwied: Luchterhand.

Bodenmiller, Albert (1995). Marketing - Werbung - Öffentlichkeitsarbeit in der Erwachsenenbildung. *Erwachsenenbildung, 41* (1), 9-13.

Cremer, Stephan M. (1993). Social Sponsoring - Markt und Möglichkeiten. In Leif, Thomas & Galle, Ullrich (Hrsg.), *Social Sponsoring und Social Marketing: Praxisberichte über das "neue Produkt Mitgefühl"* (S. 36-45). Köln: Bund.

Galle, Ullrich (1993). Vorwort: Social Sponsoring und Social Marketing aus sozialpolitischer Perspektive. In Leif, Thomas & Galle, Ullrich (Hrsg.), *Social Sponsoring*

---

[294] Galle, 1993 S. 17.

und Social Marketing: Praxisberichte über das "neue Produkt Mitgefühl" (S. 15-20). Köln: Bund.

Hessische Landesregierung (1993). Möglichkeiten, Grenzen und Praxis des Sponsoring. In Leif, Thomas & Galle, Ullrich (Hrsg.), *Social Sponsoring und Social Marketing: Praxisberichte über das "neue Produkt Mitgefühl"* (S. 158-171). Köln: Bund.

Hollmann, Elisabeth (1993). Social Sponsoring. In Deutscher Verein für öffentliche und private Fürsorge (Hrsg.), *Fachlexikon der sozialen Arbeit* (3., erneuerte u. erw. Aufl.). (S. 831). Frankfurt: Eigenverlag.

Leif, Thomas (1993). Social Sponsoring und Social Marketing. In Leif, Thomas & Galle, Ullrich (Hrsg.), *Social Sponsoring und Social Marketing: Praxisberichte über das "neue Produkt Mitgefühl"* (S. 11-13). Köln: Bund.

Leif, Thomas (1993a). Grundlagen des Social Marketing: Leitsätze für eine erfolgreiche Presse- und Öffentlichkeitsarbeit von Initiativen und sozialpolitisch engagierten Verbänden. In Leif, Thomas & Galle, Ullrich (Hrsg.), *Social Sponsoring und Social Marketing: Praxisberichte über das "neue Produkt Mitgefühl"* (S. 201-208). Köln: Bund.

Marchal, P. & Spura, U.K. (1981). *Öffentlichkeitsarbeit im sozialen Bereich: ein Praxisberater für Sozialarbeiter und Bürgerinitiativen.* Weinheim.

Müller, Joachim F.W. (1995). Praktizierte Öffentlichkeitsarbeit in der Altenhilfe. In Lade, Eckard (Hrsg.), *Ratgeber Altenarbeit* (Teil 6/7.2). Ostfildern: Fink-Kümmerly + Frey.

Stemmle, Dieter (1993). Das neue Produkt Mitgefühl. Oder: Austausch statt Almosen. In Leif, Thomas & Galle, Ullrich (Hrsg.), *Social Sponsoring und Social Marketing: Praxisberichte über das "neue Produkt Mitgefühl"* (S. 23-35). Köln: Bund.

Thorun, Walter (1993). Öffentlichkeitsarbeit. In Deutscher Verein für öffentliche und private Fürsorge (Hrsg.), *Fachlexikon der sozialen Arbeit* (3., erneuerte u. erw. Aufl.). (S. 681-682). Frankfurt: Eigenverlag.

205

5.2 Politikberatung / Fachberatung

Mit dem pädagogischen Aufgabenfeld der Politikberatung wird grundsätzlich die Frage nach dem Verhältnis von Pädagogik und Politik gestellt. Diese gliedert sich wiederum in zwei Unterfragestellungen auf, nämlich die, wie eng bzw. weit die Erziehungswissenschaft und ihre Praxis ihren Einfluß- und Verantwortungsbereich ansieht, und des weiteren die, wie sich das Verhältnis von Pädagogik und Politik konkret gestalten soll.

> Pädagogik und Politik stellen die beiden Seiten einer Medaille dar; beide Aufgaben- und Lebensbereiche zielen eine Verbesserung des menschlichen (Zusammen-) Lebens an. Doch die Pädagogik, die sich primär an Personen (-gruppen) richtet, darf nicht übersehen, daß sie und die Lebenssituationen der Zielpersonen immer auch durch soziale, wirtschaftliche und politische Bedingungen beeinflußt werden. Die Berücksichtigung und gegebenenfalls die Bearbeitung dieser Rahmenbedingungen gehören mit zum pädagogischen Auftrag. Andererseits kann politisches Handeln nur dann erfolgreich sein, wenn es nicht nur Handlungsstrukturen und -bedingungen arrangiert, sondern auch das Bewußtsein der Menschen erreicht. Somit ist umgekehrt auch die Politik auf die Pädagogik angewiesen. Doch muß zwischen den beiden Bereichen auch eine kritische Distanz bestehen bleiben: Kein Bereich darf zum instrumentalisierten Werkzeug des anderen werden.

Eine bislang noch kaum systematisch in Angriff genommene, untersuchte und reflektierte Aufgabenstellung der Geragogik stellt die Beratung politischer Institutionen und Altenhilfeträger - egal auf welcher Ebene - und die Organisations- und Systemanalyse geragogischer Einrichtungen bzw. gesellschaftlicher Einrichtungen aus geragogischer Perspektive dar. Hinter einer solchen Vermittlung sozialwissenschaftlicher Informationen stehen die Ziele, die "Wahrnehmung und Definition gesellschaftlicher Probleme auf Seiten der Öffentlichkeit oder auf Seiten einzelner Politiker oder Beamten durch sozialwissenschaftliche Daten, Konzepte, Theorien oder Fragestellungen" zu beeinflussen.[295]

Das hier umrissene Aufgabenfeld bezeichnet man als "Politikberatung":

---

[295] Badura, 1984, S. 590.

"Eine erziehungswissenschaftliche Politikberatung, die sich weder als Exekutive noch als vorrangiges oder gar ausschließliches Agens des Politischen versteht, muß daran arbeiten, die von den anderen Gesellschaftssystemen am Erziehungs- und Bildungssystem geübte Kritik stets von neuem um eine pädagogische Kritik der Gesellschaft zu ergänzen. Diese deckt die individuell-interaktiven und die gesellschaftlich-institutionellen Bedingungen und Voraussetzungen gelingender Erziehungs- und Bildungsprozesse auf, klärt handlungstheoretische Grundlagen und Grundfragen der pädagogischen Praxis, erforscht pädagogisch bedeutsame Wirkungen und Nebenwirkungen gesellschaftlicher Prozesse und führt diese so einer öffentlichen Diskussion zu."[296]

Bezüglich allgemeiner gerontologischer Fragestellungen liegt schon eine Vielzahl an gerontologischen Untersuchungen vor, die von politischen Instanzen in Auftrag gegeben worden sind oder von diesen zur politischen Meinungsbildung und Entscheidungsfindung herangezogen werden; als Beispiele wären zu nennen:

- auf der Bundesebene: z.B. der Erste Altenbericht, der Vierte Familienbericht über "Die Situation der älteren Menschen in der Familie" und der "1. Teilbericht der Sachverständigenkommission zur Erstellung des 1. Altenberichts der Bundesregierung"[297];
- auf der Landesebene: z.B. das "Gutachten zur Lage der älteren Menschen und zur Altenpolitik in Nordrhein-Westfalen", die "Leitlinien für die Altenpolitik in Nordrhein-Westfalen", der "Niedersächsische Landesaltenplan 1985", der "Vierte Bayerische Landesaltenplan für Altenhilfe"[298];
- für Parteien und deren Stiftungen: z.B. eine Studie über die Lebenssituation der Älteren für die Friedrich-Ebert-Stiftung oder diverse Stel-

---

[296] Benner, 1993, S. 898.

[297] Bundesminister für Familie und Alter (Hrsg.), o.J.; Bundesministerium für Familie und Senioren (Hrsg.), 1993; Bundesminister für Jugend, Familie, Frauen und Gesundheit (Hrsg.), 1986.

[298] Bäcker u.a., 1989; Bayerisches Staatsministerium für Arbeit und Sozialordnung, (Hrsg.), o.J.; Minister für Arbeit, Gesundheit und Soziales... (Hrsg.), 1989; Niedersächsischer Sozialminister... (Hrsg.), 1985.

lungnahmen für die Meinungsbildung und Entscheidungsfindung in den Parteien, z.B. der Sozialdemokratischen Partei (SPD)[299] ;
- auf der Regional- und Kommunalebene: z.B. die Bestandsaufnahme der Einrichtungen, Dienste und Hilfen für ältere, behinderte Bürger im Landkreis Bad Tölz-Wolfratshausen, im Landkreis Miesbach oder im Landkreis Rosenheim.[300]

Politikberatung kann in unterschiedlichen Formen - im unter Beteiligung von GeragogInnen - stattfinden, so z.B. in Kommissionen, durch Forschungsinstitute, Universitäten oder Einzelwissenschaftler. Diese können mittels kontinuierlicher und zeitlich begrenzter Beratung, Ausschußarbeit, in Einzelaufträgen oder im informellen Austausch Einfluß auf politische oder organisatorische Meinungsbildungs- und Entscheidungsprozesse nehmen. Dabei ist gerade die informelle Einflußnahme auf die politische Arbeit nicht zu unterschätzen.[301]

Fachberatung

Das bislang skizzierte Aufgabenfeld der Politik- und →Trägerberatung findet im Altenhilfebereich seit kürzerer Zeit einen (um andere Aufgaben noch erweiterten) Niederschlag in der Konzeption der "Fachberatung".

> "Fachberatung ... hat ... einerseits die Funktion und Aufgabe, bestimmte Notwendigkeiten der Weiterentwicklung nach unten zu vermitteln. Sie hat andererseits auch die Aufgabe, den Bedarf, der sich unten in der Praxis ergibt, nach oben zu melden, damit dort notwendige politische Korrekturen vorgenommen werden."[302]

Dieses (noch relativ junge) geragogische Aufgabengebiet umfaßt - in genauerer Ausfaltung - eine Vielzahl von Tätigkeiten:[303]
- Beratung politischer Einrichtungen und Personen sowie von Trägern und Verbänden auf kommunaler Ebene
- Institutionsberatung und →Organisationsentwicklung

---

299 vgl. Infratest Sozialforschung u.a., 1991; Vorstand der SPD, [Hrsg.], o.J.; o.J.a.
300 Klingenberger & Zintl, 1995, 1995a; Oppl & Schmid, 1991.
301 vgl. Müller-Rommel, 1984; Rich, 1984; Weiss, 1984.
302 Manderscheid, 1991, S. 18.
303 vgl. Hedtke-Becker & Mörsberger, 1991; Manderscheid, 1991; Zeman, 1991.

- Mitarbeit bei der →Altenhilfeplanung auf kommunaler oder überregionaler Ebene (unter Einbeziehung der Betroffenen selbst)
- Förderung von →Kooperation und Koordination zwischen unterschiedlichen Trägern, Verbänden und deren Einrichtungen
- →Fort- und Weiterbildung von (ehrenamtlichen) MitarbeiterInnen
- →Öffentlichkeitsarbeit
- Aufbau einer zentralen Vermittlungsstelle für Angebote der Altenhilfe
- Begleitung und →Supervision der in der Altenhilfe Tätigen

Die Einzelfallhilfe (Case Management) gehört ausdrücklich nicht in das Aufgabengebiet des/der Fachberaters/in.

Ein solch umfassendes Aufgabenfeld verlangt eine weit angelegte ÙAus-, Fort- und Weiterbildung der Fachberater. Neben spezifischen Kenntnissen aus dem Bereich der Altenhilfe (gerontologisches Basiswissen, Kenntnisse über die Altenhilfe, Reflexion des eigenen Alterns) sind hier auch eine Vielzahl von sogenannten Schlüsselqualifikationen ("extrafunktionale Qualifikationen") wie z.B. kommunikative, organisatorische und kreative Fähigkeiten vonnöten.[304]

Ein abgeschlossenes Berufsbild des Fachberaters gibt es (noch) nicht[305]; dieses ist zum einen abhängig vom Selbstverständnis der Fachberater, zum anderen aber auch von der Erwartungen der Klientel (Sicherstellung quantitativer Erfordernisse vs. →Qualitätssicherung, Institutionalisierung vs. Entinstitutionalisierung).

📖 Literatur

Badura, Bernhard (1984). Zur Politik der Nutzung und Nichtnutzung sozialwissenschaftlicher Informationen in der Bundesrepublik. In Hellstern, Gerd-Michael & Wollmann, Hellmut (Hrsg.), *Handbuch zur Evaluierungsforschung* (S. 590-595). Opladen: Westdeutscher.

Bäcker, Gerhard u.a. (1989). *Ältere Menschen in Nordrhein-Westfalen: Wissenschaftliches Gutachten zur Lage der älteren Menschen und zur Altenpolitik in Nordrhein-Westfalen zur Vorbereitung des Zweiten Landesaltenplans.* Düsseldorf: Ministerium für Arbeit, Gesundheit und Soziales.

Bayerisches Staatsministerium für Arbeit und Sozialordnung (Hrsg.). (o.J.). *Vierter Bayerischer Landesplan für Altenhilfe.* München: Eigenverlag.

---

[304] vgl. Hedtke-Becker & Mörsberger, 1991; Zeman, 1991.
[305] vgl. Manderscheid, 1991, S. 11 f.

Benner, Dietrich (1993). Über die Aufgaben der Pädagogik nach dem Ende der DDR. *Zeitschrift für Pädagogik, 39* (6), 891-906.

Hedtke-Becker, Astrid & Mörsberger, Thomas (1991). Einführung. In Hedtke-Becker, Astrid & Mörsberger, Thomas (Red.), *Fachliche Beratung, Planung, Vernetzung: zur Entwicklung eines neueren Aufgabenfeldes in der Altenhilfe* (S. 7-10). Frankfurt: Deutscher Verein für öffentliche und private Fürsorge.

Infratest Sozialforschung u.a. (1991). *Die Älteren: zur Lebenssituation der 55- bis 70jährigen.* Bonn: Friedrich-Ebert-Stiftung.

Manderscheid, Hejo (1991). Fachberatung - Innovation oder Kontrolle? Kritische Anfragen aus einem etablierten Bereich von Fachberatung (Kindertagesstätten). In Hedtke-Becker, Astrid & Mörsberger, Thomas (Red.), *Fachliche Beratung, Planung, Vernetzung: zur Entwicklung eines neueren Aufgabenfeldes in der Altenhilfe* (S. 11-20). Frankfurt: Deutscher Verein für öffentliche und private Fürsorge.

Minister für Arbeit, Gesundheit und Soziales (Hrsg.). (1989). *Altenpolitik 2000: Leitlinien für die Altenpolitik in Nordrhein-Westfalen. Diskussionsentwurf.* Düsseldorf: Eigenverlag.

Müller-Rommel, Ferdinand (1984). Sozialwissenschaftliche Politikberatung: Probleme und Perspektiven. *Aus Politik und Zeitgeschichte, 34* (B 25), 26-39.

Niedersächsischer Sozialminister (Hrsg.) (1985). *Alte Menschen mitten unter uns.* Hannover: Eigenverlag.

Oppl, Hubert & Schmid, Rudolf (1991). *Bestandsaufnahme, Prognose und Maßnahmen bis zum Jahr 2000: Einrichtungen, Dienste und Hilfen für ältere, behinderte Bürger und Frauen im Landkreis Bad Tölz/Wolfratshausen. Kurzfassung.* o.O.: o.V.

Rich, Robert F. (1984). Zur Umsetzung von Forschung in politisches Handeln. wie kann Evaluierung der Politik nutzen? In Hellstern, Gerd-Michael & Wollmann, Hellmut (Hrsg.), *Handbuch zur Evaluierungsforschung* (S. 557-589). Opladen: Westdeutscher.

Vorstand der SPD (Hrsg.) (o.J.). *Zukunft des Alters.* Bonn: Eigenverlag.

Vorstand der SPD (Hrsg.). (o.J.a) *Alt und Jung: Fortschritt braucht Solidarität.* Bonn: Eigenverlag.

Wiess, Carol H. 81984). Forschung zum Nutzen der Politik: die Aufklärungsfunktion sozialwissenschaftlicher Forschung. In Hellstern, Gerd-Michael & Wollmann, Hellmut (Hrsg.), *Handbuch zur Evaluierungsforschung* (S. 541-556). Opladen: Westdeutscher.

Zeman, Peter (1991). Bericht der Arbeitsgruppe "Standards, Basiswissen und Qualifikationsprofil von Fachberatung". In Hedtke-Becker, Astrid & Mörsberger, Thomas (Red.), *Fachliche Beratung, Planung, Vernetzung: zur Entwicklung eines neueren Aufgabenfeldes in der Altenhilfe* (S. 35-38). Frankfurt: Deutscher Verein für öffentliche und private Fürsorge.

5.3 Altenplanung und Altenberichterstattung

Erst in den 70er Jahren setzte sich das Aufgabenfeld der Sozialplanung langsam durch; es wurde zuvor lange mit planwirtschaftlichem und totalitärem Denken in Verbindung gebracht. Auf kommunaler Ebene hat es sich bislang seitdem in den Bereichen Baurecht, Städtebauförderungsrecht und im Kinder- und Jugendrecht etabliert.[306]

"Bisher gibt es weder eine allgemein akzeptierte Begriffsdefinition noch eine einheitliche Auffassung über den Gegenstand der Sozialplanung."[307]

Die bisher vorliegenden Sozialpläne lassen sich je nach Auftraggeber, Bezugsfeld, Zielgruppe usw. unterschiedlich klassifizieren. Grundsätzlich unterscheidet man die Sozialplanung als ein Instrument der Gesellschaftsplanung von der Sozialplanung, die auf der Ebene kommunaler Problemstellungen und Infrastrukturen aktiv ist:
Man differenziert folgende Arten der Sozialplanung:
1. Sozialplanung als Gesellschaftsplanung
2. Sozialplanung als kommunale Planung
2.1 Sozialplanung als soziale Infrastrukturplanung
2.2 Sozialplanung als kommunale Sozialpolitik
2.2 Sozialplanung als soziale Kommunalpolitik
2.4 Sozialplanung als aktive Gesellschaftspolitik
Sozialplanung als Instrument der Gesellschaftsplanung liegt in der Hand der Bundesregierung und des Bundesgesetzgebers: Durch diese Form der Sozialplanung sollen das gesellschaftliche Leben, seine Strukturen und Entwicklungen beeinflußt bzw. korrigiert werden.
Die Sozialplanung als kommunale Planung verfolgt - wie oben bereits dargestellt - vier Aufgaben[308] :
- Zum einen wird die soziale Infrastruktur, werden also die sozialen Einrichtungen, deren Ausstattungen und räumliche Verteilung innerhalb

---

[306] vgl. Gitschmann, 1992.
[307] Feldmann & Kühn, 1993, S. 890; Ausschreiben der Abkürzungen durch H.Kl.; zu den rechtlichen Grundlagen und zu den Organisationsformen; zur Sozialplanung allgemein vgl. Feldmann & Kühn, 1993; Gitschmann, 1993; 1993a; Kühn, 1993.
[308] Großhans & Feldmann, 1993, S. 25 ff.

einer Kommune, gesichtet und in Beziehung zur Bevölkerungsstruktur (vgl. Alter, Einkommen, ethnische Gruppen usw.) gesetzt.

- Sozialplanung als Instrument der kommunalen Sozialpolitik "ist gerichtet auf die qualitative Beeinflussung der Lebensqualität in einer Gemeinde [und in einem Landkreis] unter besonderer Berücksichtigung wirtschaftlich und sozial schwacher Bevölkerungsteile"[309]. Hierzu werden die Fach-Sozialplanungen (zum Beispiel Altenhilfeplan oder Behindertenhilfeplan) und die wohngebietsbezogenen Planungen gerechnet.

- Im Rahmen der Sozialplanung als sozialer Kommunalpolitik wird der Blick über den Bereich des Sozialen hinaus geweitet und auch auf andere Teilbereiche der Kommunalpolitik gerichtet. Wohnungsbau-, Verkehrs- oder Wirtschaftsplanungen werden auf ihre sozialen Folgen hin befragt und gegebenenfalls kritisiert. Sozialplanung ist in diesem Zusammenhang Teil der kommunalen Entwicklungsplanung; die Planungen der einzelnen Fachbereiche müssen hier miteinander in Beziehung gesetzt und integriert werden. Alten- und Behindertenpolitik stellen sich in diesem Zusammenhang nicht als Teilbereiche der Wohlfahrtspolitik, sondern als grundlegende "Prinzipien" der Kommunalpolitik dar. "Sozialpolitik, so verstanden, stellt ein Ziel- und Handlungskonzept dar, das auf die sozialen Bedürfnisse aller Bürger ..., auf die besonderen Bedürfnisse bestimmter Zielgruppen, aber auch auf das sachlich und zeitlich adäquate Angebot an sozialen Einrichtungen, Diensten und Hilfestellungen im gesamten ... Kreisgebiet ... gerichtet ist: Sozialplanung als Daseinsvorsorge und Daseinssicherung. ... Ein solch integrierter Ansatz beruht auf der Erkenntnis, daß nahezu alle Planungen einer Stadt [einer Kommune] die Lebensverhältnisse der Bürger berühren und deshalb immer die sozialen Belange mit abzuwägen sind."[310]

- Versteht sich die Sozialplanung als Teil einer aktiven Gesellschaftspolitik, so steht sie vor der Aufgabe, die Vorgaben der Länder und des Bundes für ihren kommunalen Wirkungsbereich Wirklichkeit werden zu lassen.

---

[309] Feldmann & Kühn, 1993, S. 891; Ergänzung durch H.Kl.
[310] Großhans & Feldmann, 1993, S. 11; Ergänzung durch H.Kl.

Sozialplanung - als einmaliger Prozeß - folgt einer spezifischen Schrittfolge; wird Sozialplanung als kontinuierlich zu leistende Aufgabe betrachtet, durchlaufen diese Schritte immer neue Schleifen[311] :

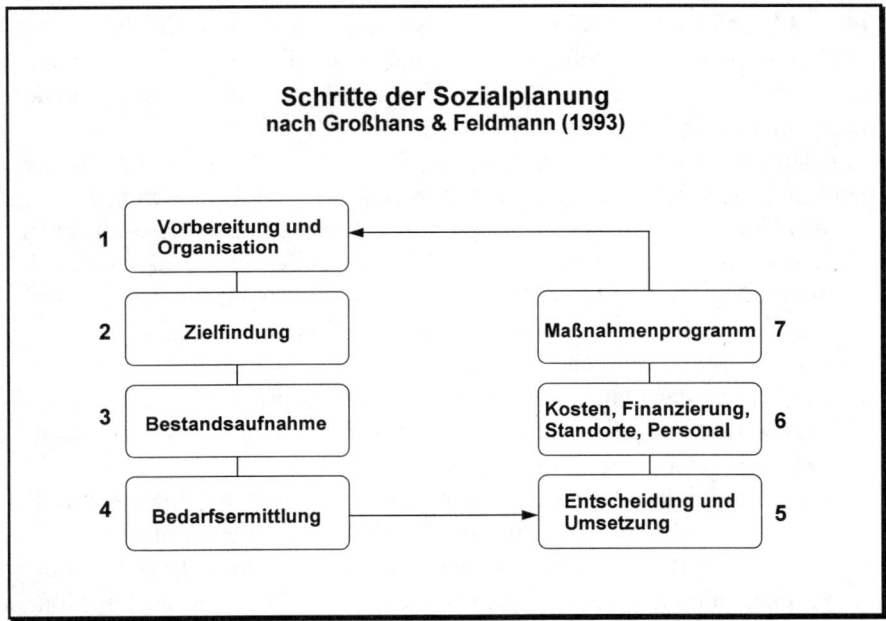

Zu erörternde Fragen wären in diesem Zusammenhang beispielsweise[312] :

- Verstehen man das sozialpolitische Handeln als →Altenpolitik oder als Altenhilfepolitik?
- Hält man künftig an den bestehenden kollektiven Wohnformen alter und behinderter Menschen fest?
- Wie wohnort- und bürgernah sollen Dienstleistungen und Hilfsmaßnahmen angeboten werden?
- Was ist der Kommune die Alten- und Behindertenhilfe wert? Soll und kann die Finanzierung ausgebaut oder muß gespart werden?

Sozialplanungen werden vielfach lediglich unter quantitativen Gesichtspunkten durchgeführt. Es besteht jedoch dringender Bedarf nach qualitativen Formen der Sozialplanung.

---

[311] vgl. Großhans & Feldmann, 1993.
[312] vgl. hierzu z.B. Landeshauptstadt München (Hrsg.), 1993, S. 3 ff.

Der Aufgabenbereich der Sozialplanung ist in der Altenhilfe bislang eher nebenständig und derzeit im Ausbau begriffen. "Bisherige Alten(hilfe)planung in der Bundesrepublik findet eher als Ausnahme (in 3,7 % aller Kommunen und 52,7 % aller Landkreise der alten Bundesländer ohne Stadtstaaten) in höchst fragwürdiger Qualität sowie weitgehend ohne (klare) gesetzliche Grundlage und Vorgabe statt. Dennoch ist sie notwendig und unverzichtbar im Rahmen der sozialstaatlichen Gestaltung des kommunalen Gemeinwesens."[313]

Für den Bereich der Sozialplanung im Bereich der Alten- und Behindertenhilfe lassen sich einige nicht aufgebbare Prinzipien formulieren[314]:

- das Normalisierungsprinzip: Die in den Sozialplänen vorgeschlagenen und als notwendig erachteten Maßnahmen sollen möglichst keine Absonderung alter und behinderter Menschen erzeugen. Die an die Zielgruppen gerichteten Angebote sollen eine Ghettoisierung der betroffenen Menschen weitgehend vermeiden.

- das Prinzip der Lebenswelt- und Gemeinwesenorientierung; damit sind drei Aspekte angesprochen: Stadtteilprinzip, Wohnortnähe und leichte Erreichbarkeit von Hilfsangeboten und Diensten.

- das Prinzip der Bürgernähe, das mit Schlagworten wie "dezentral", "ganzheitlich" und "Hilfe aus einer Hand" beschrieben wird.

- das Prinzip der Betroffenenbeteiligung und -partizipation: Die von den zu planenden Maßnahmen Betroffenen - und dies im weitesten Sinne: als zum Beispiel auch die Angehörigen, das soziale Umfeld usw. - sollen an den Planungsprozessen beteiligt und in die Diskussionen einbezogen werden. Auf diese Beteiligung kann nicht verzichtet werden.

- das Prinzip der Prozeßhaftigkeit und der Unabgeschlossenheit: Sozialplanung kann nicht punktuell durchgeführt werden: Einmal für die nächsten zwanzig Jahre planen und dann erst wieder den nächsten Planungsprozeß initiieren - das ist unrealistisch und kostenungünstig. Vielmehr geht es um eine kontinuierliche Sozialplanung (verbunden mit einem ausgebauten System der Sozialberichterstattung).

- das Prinzip der Flexibilität, vor allem hinsichtlich unterschiedlicher Zielgruppen, der jeweiligen Selbsthilfepotentiale oder der Unverzüglichkeit bei der Gewährung von Hilfeleistungen.

---

[313] Gitschmann, 1993, S. 1; vgl. auch Gitschmann, 1992a, S. 2 f.
[314] vgl. Hottelet, 1990.

Fachplanungen wie zum Beispiel die Altenhilfe- oder Behindertenhilfeplanung erlauben eine "relativ hohe Sensibilität für Probleme und Entwicklungen in den einzelnen Aufgabenbereichen"; sie sind "Voraussetzung für eine differenzierte Planung. Andererseits werden die Tendenzen zu einer weiteren Sektorisierung der einzelnen Aufgabenfelder verstärkt und ressortübergreifende Lösungsansätze in der Planung erschwert."[315]

Alten(hilfe)planung

Im § 46 des Bundessozialhilfegesetzes (BSHG) findet man konkrete Hinweise für die Notwendigkeit sozialplanerischen Handelns im Bereich der Altenhilfe:

"(1) Der Träger der Sozialhilfe stellt so frühzeitig wie möglich einen Gesamtplan zur Durchführung der einzelnen Maßnahmen auf."

Auch wenn hiermit zunächst nur die Eingliederungshilfe für Behinderte angesprochen ist, "kann jedoch keineswegs daraus gefolgert werden, daß für Behinderte eine individuelle Hilfeplanung vorgeschrieben, für Pflegebedürftige jedoch untersagt ist. Vielmehr muß gerade gefolgert werden, daß Hilfeplanung für Pflegebedürftige ebenfalls zwingend ist, zumal sie ebenfalls 'angemessen', 'ausreichend' und 'wirtschaftlich' sein soll."[316]
> Den Landkreisen obliegt im Bereich der Altenhilfe eine Planungs- und Gewährleistungspflicht; diese ergibt sich aus dem Artikel 51 der Landkreisordnung in Zusammenhang mit dem § 75 des Bundessozialhilfegesetzes (BSHG).

Alten(hilfe)planung richtet sich jedoch nicht nur auf die zu Pflegenden, sondern auf die Gruppe der älteren und alten Menschen generell. Grundsätzlich unterscheidet man zwischen Altenhilfeplanung und Altenplanung. Während in ersterer Form und Entwicklung der Altenhilfe durch die zuständigen Stellen geplant wird, werden in der Altenplanung die alten Menschen selbst aktiv und legen planerisch ihre eigene Zukunft fest.
Als allgemein anerkannte Ziele der Alten(hilfe)planung gelten der möglichst weitreichende Erhalt einer selbständigen Lebens- und Haushaltsfüh-

---

315 Berthold, 1993, S. 320.
316 Gitschmann, 1993, S. 3.

rung, der Vorrang der ambulanten vor den (teil-) stationären Versorgungseinrichtungen sowie das Primat von Prävention und →Rehabilitation vor der Pflege. In konkreter Form werden die Öffnung der Heime, die Schaffung vielfältiger Heim- und Unterbringungstypen, die Normalisierung des Heimlebens und die Vernetzung bestehender Angebote genannt.

Eines der wichtigen Prinzipien der Sozialplanung gilt auch für die Altenhilfeplanung: das der Betroffenenbeteiligung und Partizipation. Auch wenn die Verwirklichung dieses Prinzip gefährdet erscheint - hierzu die nachfolgenden Ausführungen zum Pflegeversicherungsgesetz -, sollte auf der Umsetzung dieses Prinzips über eine punktuelle Planungsphase hinaus beharrt werden; denn sie hat kulturprägenden Charakter, fördert gemeinschaftliches Lernen und sozialpolitische Fortentwicklung, die nicht über die Köpfe der Betroffenen hinweg geht.

Über die Bedeutung des kürzlich verabschiedeten Pflegeversicherungsgesetzes für das Arbeitsfeld Altenhilfeplanung wird derzeit noch gestritten. Auf der Grundlage des verabschiedeten Gesetzes wird allerdings eine Schwächung bisheriger und angezielter Alten(hilfe)planungen erwartet: „Dieses Gesetz mit seiner marktliberalen Deregulierungsstrategie wird ... bisheriger Altenhilfe-Infrastrukturplanung der Länder und Kommunen zur ambulanten, teilstationären und stationären Pflege (fast) jede Grundlage entziehen. Die als maßgeblichen Akteure auftretenden Pflegekassen haben weder einen Auftrag, noch eine sonstwie implizierte Veranlassung zur Unterstützung oder gar eigenständigen Fortführung der vorhandenen Alten(hilfe)planung."[317] Hinzu kommt, daß die alten Menschen sich aus der Sicht des Gesetzes lediglich als "Objekte einer paternalistischen Wohlfahrtsmaßnahme" darstellen. "Die betroffenen Leistungsempfänger kommen im ... als Informationslieferanten, Bedürfnis- und Bedarfsträger, Planungsbeteiligte und partizipationsfähige Subjekte nicht vor."[318] Es scheint also so, als würde das Gesetz die Alten(hilfe)planung erschweren. Es bleibt aber zu berück-

---

[317] Gitschmann, 1993, S. 3; vgl. dort auch weitere erläuternde Ausführungen hierzu.
[318] Gitschmann, 1993, S. 5.

sichtigen, daß sich Altenhilfe nicht auf →Altenpflege reduzieren läßt; diesbezügliche Spielräume müssen genutzt werden.

Altenberichterstattung

Eine zentrale Voraussetzung zur Erstellung von Sozialplänen ist die Sozialberichterstattung.[319]

> "Ihr Ziel ist ... nicht nur, problematische Lebenslagen zu beschreiben, sondern zugleich das notwendige Wissen für sozialpolitisches Handeln so aufzubereiten, daß landespolitische und lokale Akteure und Verwaltungen ihre Strategien für die aktuellen, die neuen Herausforderungen konzeptionell neu fassen können. Sozialberichterstattung beteiligt sich daher auch an modellhaften Überlegungen, z. B. an Vernetzungsstrategien und neuen Partizipationsformen, an der Diskussion um Innovationen und Reformen, und will dazu beitragen, tradierte Dienstleistungsprogramme und Interventionsroutinen zu überwinden."[320]

Sozialberichterstattung hat die Funktion eines "Frühwarnsystems", das auf kommunale Entwicklungen aufmerksam machen, sozialplanerisches Wissen systematisieren und die Öffentlichkeit auf bevorstehende Aufgaben und erreichte Leistungen aufmerksam machen will.
Versteht man Sozialplanung nicht als ein punktuelles Geschehen, sondern als einen andauernden Prozeß, so muß auch die Sozialberichterstattung prozeßhaft angelegt und auf Dauer institutionalisiert werden. Nur so können Sozialberichterstattung und Sozialplanung sozialpolitisches Handeln angemessen fundieren und diesbezügliche Diskussionen verfachlichen. Während auf Bundesebene eine ganze Reihe von Sozialberichten verfaßt worden sind, gibt es bislang auf den Ebenen der Länder, Gemeinden und Kommunen keine ausreichende Sozialberichterstattung. "Auf kommunaler Ebene fehlen bislang i. d. R. kleinräumig gegliederte, regelmäßig fortgeschriebene Bestandsaufnahmen sozialer Problemlagen und kommunaler Hilfeleistungen, die frühzeitig besondere Problemkumulationen und Inter-

---

[319] vgl. Hanesch, 1993, S. 841; Schmid-Urban u.a., 1992.
[320] Naegele u.a., 1993, S. 45.

ventionsbedarf erkennbar werden lassen"[321]. Allenfalls die Armutsberichterstattung hat in den letzten Jahren in der Sozialpolitik an Bedeutung
gewonnen.

Der Altenberichterstattung kommen drei spezifische Aufgabenstellungen
zu[322]: Altenpolitisch bedeutsame Veränderungen, z. B. in der Demogra-
phie, in der Sozialstruktur, im politischen oder kulturellen Leben, müssen
von der Altenberichterstattung systematisch beobachtet, laufend doku-
mentiert und ausgewertet werden. Die Auswirkungen solcher Veränderungen auf die Lebenssituation alter Menschen gilt es im Anschluß daran zu
untersuchen. Gegebenenfalls können auch in diesem Zusammenhang
schon Handlungsmodelle und Konzepte für die →Altenpolitik und
→Altenarbeit entworfen und vorgeschlagen werden. Altenberichterstattung hat weiterhin die Aufgabe, sozial-gefährdete, benachteiligte oder un-
terprivilegierte Gruppen alter Menschen festzustellen, zu beschreiben und
aufzuzeigen. Doch nicht nur Gruppen sozial-benachteiligter alter Menschen sind zu identifizieren, auch neue Zielgruppen für die →Altenpolitik,
wie z. B. ältere Arbeitslose, ältere Ausländer, sogenannte junge Alte, Frau-
en im Alter, Hochbetagte, sind zu beschreiben. Aufgabe der Altenberichterstattung ist es schließlich auch, die Situation und die Entwicklung
der sozialen Dienste und Einrichtungen in der jeweiligen Kommune zu beobachten und zu beschreiben; daraus können gegebenenfalls Empfehlungen und Vorgaben für Veränderungen und Innovationen formuliert werden. Dabei darf es nicht nur zu quantitativen Bestandsaufnahmen kommen;
vielmehr ist auch eine qualitative Bewertung der bestehenden Angebote,
Maßnahmen und Einrichtungen notwendig. Die regelmäßige Evaluation
von Diensten, Maßnahmen und Einrichtungen ist auch eine wesentliche
Voraussetzung für →Vernetzung, Koordination und Kooperation.

📖 Literatur

Berthold, Martin (1993). Fachplanung. In Deutscher Verein für öffentliche und private
    Fürsorge (Hrsg.), *Fachlexikon der sozialen Arbeit* (3., erneuerte u. erw. Aufl.). (S.
    319-320). Frankfurt: Eigenverlag.

---

[321] Hanesch, 1993, S. 841.
[322] vgl. Naegele u.a., 1993, S. 46 ff.

Feldmann, Ursula & Kühn, Dietrich (1993). Sozialplanung. In Deutscher Verein für öffentliche und private Fürsorge (Hrsg.), *Fachlexikon der sozialen Arbeit* (3., erneuerte u. erw. Aufl.). (S. 890-893). Frankfurt: Eigenverlag.

Gitschmann, Peter (1992). Altenplanung per Gesetz. *Blätter der Wohlfahrtspflege, 139* (11+12), 297-299.

Gitschmann, Peter (1992a). Rehabilitation und Pflege alter Menschen als Gegenstand kommunaler Altenplanung. In Lade, Eckard (Hrsg.), *Ratgeber Altenarbeit: das aktuelle Handbuch für Altenhilfe, Pflege und Betreuung* (Teil 7/8.1). Ostfildern: Fink-Kümmerly + Frey.

Gitschmann, Peter (1993). *Konsequenzen der Pflegeversicherung für Altenplanung: Thesenpapier, vorgelegt im Rahmen der Sektionsveranstaltung des Arbeitskreises Planung innerhalb der Fachtagung "Zukunft der Pflege" des Fachbereiches IV der Deutschen Gesellschaft für Gerontologie und Geriatrie, Hamburg, 8. Oktober 1993.* Hamburg: Kopiertes Thesenpapier.

Gitschmann, Peter (1993a). *Betroffenenbeteiligung und Partizipation als Chance der Altenplanung? Diskussionsbeitrag/Statement im Rahmen der Sektionsveranstaltung des Arbeitskreises Planung innerhalb der Fachtagung "Zukunft der Pflege" des Fachbereiches IV der Deutschen Gesellschaft für Gerontologie und Geriatrie, Hamburg, 8. Oktober 1993.* Hamburg: Kopiertes Thesenpapier.

Großhans, Hartmut & Feldmann, Ursula (1993). *Arbeitsmappe örtliche Sozialplanung: Leitfaden für die neuen Bundesländer* (Texte und Materialien 7). Frankfurt: Deutscher Verein für öffentliche und private Fürsorge.

Hanesch, Walter (1993). Sozialberichterstattung. In Deutscher Verein für öffentliche und private Fürsorge (Hrsg.), *Fachlexikon der sozialen Arbeit* (3., erneuerte u. erw. Aufl.). (S. 841-842). Frankfurt: Eigenverlag.

Kühn, Dietrich (1993). Altenhilfeplanung. In Deutscher Verein für öffentliche und private Fürsorge (Hrsg.), *Fachlexikon der sozialen Arbeit* (3., erneuerte u. erw. Aufl.). (S. 24). Frankfurt: Eigenverlag.

Landeshauptstadt München (Hrsg.). (1993). *Politik für ältere Menschen in München* (Beiträge zur Sozialplanung, Nr. 123). München: Sozialreferat.

Naegele, Gerhard u.a. (1993). Die Bedeutung der Altenberichterstattung für die Altenpolitik und -planung. In Braun, Helmut u.a. (Hrsg.), *Altenhilfe in Deutschland: Probleme - Perspektiven - Postulate in Ost und West* (S. 43 ff.). Hamburg: Arbeitsgemeinschaft für Fortbildung in der Altenhilfe.

Schmidt-Urban, Petra u.a. (1992). *Kommunale Sozialberichterstattung* (Arbeitshilfen, H. 41). Frankfurt: Deutscher Verein für öffentliche und private Fürsorge.

5.4 Altenpolitik und Sozialverwaltung

Der Begriff legt zunächst einmal verschiedene Assoziationen nahe[323] :

- Ist "Alten-Politik" die Politik für die alten Menschen in unserer Gesellschaft, also die Politik, die von meist schon alten Männern für in der Mehrzahl alte Frauen gemacht wird?
- Oder ist "Alten-Politik" die Politik durch die Alten, also die Artikulation politischer Interessen und Bedürfnisse der alten Menschen - sichtbar an ihrem Wahlverhalten?
- Oder ist "Alten-Politik" gar die Politik der Alten, also die Verbalisierung und der Versuch der gesellschaftlichen Durchsetzung von Interessen durch Selbsthilfegruppen oder Initiativen der Senioren selbst (Graue Panther)?

Mögen die drei Definitionsversuche auf den ersten Blick nichts miteinander zu tun haben, besteht zwischen ihnen doch eine Verbindung. Stellen Sie doch das Spektrum dar, in das der alte Mensch in der Welt der Politik nun einmal eingespannt ist: als Objekt altenpolitischer Maßnahmen, als Wähler, als Akteur. Im folgenden gilt nachstehende Definition:

> Als "Altenpolitik" bezeichnet man "die Gesamtheit der entweder real oder in einem theoretischen Konstrukt auf die Personengruppe älterer oder alter Menschen gerichteten Maßnahmen mit dem Ziel der Gestaltung der Rahmenbedingungen ihrer individuellen Lebenssituation"[324] .

"Die" Altenpolitik gibt es nicht! Altenpolitik wird von verschiedenen Institutionen und Organisationen, auf verschiedenen Ebenen getragen. Die Bundesregierung, Landesregierungen, Verbände und Parteien sowie die Kommunen und deren Zusammenschlüsse haben mehr oder weniger unterschiedliche altenpolitische Vorstellungen entwickelt. Deutlich wurde die mangelnde Eigenständigkeit und Abgrenzbarkeit von Altenpolitik auch darin, daß es bis 1991 kein eigenes Bundesministerium gab, das sich des Lebens und der Sorgen der Alten annimmt (ab 1991 gab es das Bundesministerium für Familie und Senioren - mittlerweile mehrfach umbenannt); doch auch andere Ministerien beschäftigen sich mit der Al-

---

[323] vgl. Klingenberger, 1990; Tews, 1987, S. 141 ff.
[324] Dieck, 1984, S. 19.

ter(n)sproblematik: Das Bundesministerium für Arbeit und Sozialordnung kümmert sich z.B. um die Renten und die Sozialhilfe.

So liegt es nahe, Altenpolitik als ein Prinzip zu postulieren, das alle Politikbereiche durchzieht und in ihnen Berücksichtigung findet, wobei eine Abstimmung von Maßnahmen, die die alten Menschen betreffen, notwendig wird. Aber das erscheint wohl in der jetzigen Situation noch zu idealistisch.[325]

Wie schon angedeutet, gibt es diverse Einrichtungen und Organisationen, die sich mit der Situation der alten Menschen in unserer Gesellschaft auseinandersetzen und daraus politische Forderungen formulieren. Es sind dies vor allem

- die Bundesregierung,
- und darin die Bundesministerien für Familie und Senioren, vormals für Jugend, Familie, Frauen und Gesundheit (vor allem in die Schriftenreihe dieses Ministeriums haben zahlreiche gerontologische Fragestellungen Eingang gefunden), für Arbeit und Sozialordnung und für Raumordnung, Bauwesen und Städtebau,
- die diversen Landesregierungen,
- die unterschiedlichen Einrichtungen/Verbände,
- die Parteien
- sowie die kommunale Einrichtungen und deren bundesweite Zusammenschlüsse (z.B. der Städte- und Landkreistag).

Bei Durchsicht und Sondierung unterschiedlicher altenpolitischer Informationen lassen sich folgende Schwerpunkte und Themenbereiche herausfiltern[326]:

- die demographische Entwicklung und allgemeine Erörterungen zum Thema Alter,
- Lebensbereiche des alten Menschen in unserer Gesellschaft:
- die sozialen Beziehungen des Menschen im Alter innerhalb und außerhalb der Familie,
- die wirtschaftlich-finanzielle Lage der alten Menschen,
- die Situation des älteren Menschen in der Arbeitswelt,

---

[325] zum Begriff und zu Tendenzen und Zielen im allgemeinen vgl. auch: Backes u.a., 1985; Karolus, 1986; Naegele, 1986.

[326] vgl. Klingenberger, 1990.

- die Wohnsituation der alten Menschen (und dies im weitesten Sinne, also nicht nur die Wohnung, sondern auch das ökologische Umfeld, z.B. Großstadt, ländlicher Raum, betreffend),
- die gesundheitliche Situation der alten Menschen (z.B. Ernährungsfragen, Sport u.ä.),
- Probleme im Zusammenhang mit Freizeit und Urlaub,
- die Lebenslage der älteren Frauen,
- die Lebenszufriedenheit alter Menschen,
- Maßnahmen im Bereich der (Sozial-) Pädagogik,
- Altenarbeit und Altenhilfe (incl. Altenservicezentren, Altentreffs, Maßnahmen der →Altenpflege insbesondere der Heimunterbringung des alten Menschen u.ä.),
- die →Altenbildung (unter Berücksichtigung z.B. seines Freizeitverhaltens),
- die →Vorbereitung auf das Alter,
- Forderungen im Bereich der Politik,
- Probleme und Schwierigkeiten der Rentenpolitik,
- die Berücksichtigung der Senioren in Kommunalpolitik und Verwaltung,
- die Berücksichtigung des Alters in der Familien-, Wohnungsbau- und Forschungspolitik,
- die Schaffung von Schutzräumen für alte Menschen im Rahmen der Rechtspolitik,
- die Schaffung geeigneter Ausbildungsgänge im Bereich Altenarbeit, -hilfe, -bildung durch die Bildungspolitik.

Bei einem Blick auf all diese Themenstellungen und Schwerpunkte muß man zu dem Urteil kommen, daß Altenpolitik theoretisch ein breites Spektrum berücksichtigt und wohl um dessen Bedeutung weiß.

Altenpolitik war in der Vergangenheit und ist in der Gegenwart vielfach immer noch Altenhilfepolitik. Dieses Verständnis muß dringend korrigiert werden.

Der aktuellen Altenpolitik kommt eine Reihe von Aufgaben zu; zu den wichtigsten gehören: das Einbeziehen und die Beteiligung der alten Menschen an den Meinungsbildungs- und Entscheidungsprozessen, das Aufgreifen der Aktivitäten und Potentiale alter Menschen und das Aufgreifen der Innovationsfähigkeiten alter Menschen.

Eine politische Handlungsebene besonderer Bedeutung stellt die Kommune dar: "Der kommunale Raum ist der Ort, in dem gelebt wird, in dem

Veränderungen unmittelbar wahrgenommen werden, in dem neue soziale Probleme gleichsam 'hautnah' erfahren werden. Es ist der Ort, in dem praktische Altenpolitik und -arbeit überwiegend zum Tragen kommen."[327] Die Lebenssituation älterer und alter Menschen erfährt hier die unmittelbarste politische Einflußnahme. Als besonders im kommunalen Bereich einzusetzende "Instrumente" gelten der Seniorenbeauftragte und der Seniorenbeirat; beide intendieren eine bessere Information der Bevölkerung über die Leistungsangebote und gewährleisten eine effektive Altenpolitik auf kommunaler Ebene. Zu ihren Aufgaben- und Themenbereichen gehören u.a.:

- das alten- und behindertengerechte Bauen,
- die Verkehrssicherung und die Mobilität im Öffentlichen Personennahverkehr,
- die →Begegnung der Generationen,
- das →Ehrenamt und
- die →Öffentlichkeitsarbeit.

Der Fairneß halber muß erwähnt werden, daß eine Altenpolitik nur so gut sein kann, wie es der gerontologische Forschungsstand und die diesbezügliche Diskussion erlaubt.

Prüfsteine für eine angemessene Altenpolitik

- Altenpolitik steht in der Gefahr, ein Altersbild weiterzugeben bzw. zu stabilisieren, das den alten Menschen als einen defizitären und störenden darstellt. Dagegen hat Alterspolitik in ihren allgemeinen Formulierungen und ihren konkreten Vorhaben Alter in seiner Diversität aufzuzeigen und die Kompetenzen alter Menschen und deren Lebenschancen verstärkt hervorzuheben. Auch gilt es, soziokulturelle Normen (z.B. die Orientierung an der Arbeitswelt) zu hinterfragen.
- Altenpolitik steht in der Gefahr, zu verkennen, daß die Probleme alter Frauen aus der sozialen Benachteiligung der Frauen schlechthin resultieren. Altenpolitik heißt dagegen aber auch, nicht nur bei Frauen schon während des Lebenslaufs die Bedingungen zu schaffen, die ein "gutes" Leben im Alter ermöglichen.

---

[327] Kühnert & Naegele, 1993, S. V.

- Altenpolitik steht in der Gefahr, Selbsthilfe lediglich auf den Raum des Gesundheitswesens und der →Altenpflege zu beschränken. Dagegen hat Altenpolitik aber auch die Aufgabe, die alten Menschen zur gesellschaftlichen und politischen Teilhabe zu aktivieren und die Möglichkeiten hierzu zu schaffen.
- Altenpolitik steht in der Gefahr, die Bedeutung altersvorbereitender Maßnahmen zu unterschätzen. Altenpolitik sollte auf eine Vorbereitung auf das Alter schon mit der Kindheit beginnend hinwirken und besonders auf das von ihr vermittelte Bild vom alten Menschen achten.

  Weitere Prüfsteine zur Altenpolitik wurden von der Bundesarbeitsgemeinschaft der Senioren-Organisationen benannt[328]; sie sind eher formaler Art und betreffen die Teilhabe am politischen und gesellschaftlichen Leben, die Sicherung des Einkommens im Alter, das Lebensumfeld alter Menschen sowie deren soziale Betreuung. In einem Memorandum zur Altenhilfe und Altenarbeit in Deutschland werden folgende Grundprinzipien der Lebensgestaltung im Alter genannt: Individualität, Selbstbestimmung und Teilhabe.[329] Deren Auswirkungen auf die Bereiche finanzielle Grundsicherung, Wohnen, Pflegebedürftigkeit, Arbeiten im Alter und Altenarbeit sind (auch) von der Altenpolitik zu bedenken.

Bleibt als Fazit: Konkrete altenpolitische Maßnahmen müssen eingebunden sein, in ein umfassendes altenpolitisches Konzept, das bewußt nach existierenden (auch nach seinen eigenen) Altersbildern fragt, um die Bedingtheit der Altersprobleme aus den jeweiligen Sozialbiographien heraus "weiß" und somit versucht, soziale Ungleichheit bei allen Bevölkerungsschichten und Altersgruppen zu vermindern. Hinzu kommt noch eine Motivierung alter Menschen zu politischem und gesellschaftlichem Engagement. Ein solch umfassendes Konzept ist vielleicht die beste Vorbereitung auf das Alter bzw. die beste Alten(hilfe)politik.

Sozialverwaltung

Nicht nur die Altenpolitik steht vor neuen Herausforderungen, die sich aus den quantitativen wie qualitativen Veränderungen des Alters ergeben; auch die Sozialverwaltungen werden mit in den Sog der Veränderungen geris-

---

[328] Senioren haben die Wahl..., 1994.
[329] vgl. Institut für Sozialarbeit und Sozialpädagogik (Hrsg.), 1995, S. 7 ff.

sen. Somit ergeben sich auch für diese neue Erfordernisse hinsichtlich der regulativen Muster, nach denen sie arbeiten:[330]

So unterliegen die Aufgaben der Sozialverwaltungen vielfältigen Erweiterungen und Veränderungen, sodaß lediglich genehmigende oder versagende Verhaltensweisen nicht mehr ausreichen; vielmehr müssen aktiv Lebenswelten gestaltet, Entwicklungen geplant und die Zusammenarbeit mit unterschiedlichen Kooperationspartnern gesucht werden. Die von Sozialverwaltungsakten Betroffenen sind weiterhin nicht mehr bereit sich fremdbestimmen zu lassen; somit werden Formen der Partizipation und Mitsprache in den Verhaltenskatalog der Sozialverwaltungen aufzunehmen sein. Der Situationsbezug und die Bürgernähe zu treffender Entscheidungen machen schließlich nicht nur die Beteiligung der Betroffenen, sondern eine differenziertere Planung und Entscheidung erforderlich; so wird die Aufteilung größerer Verwaltungseinheiten, z.B. von Landkreisen, in kleinere, sogenannte Versorgungs- oder Sozialregionen erforderlich.

In diesem Zusammenhang und vor dem Hintergrund leerer öffentlicher Kassen werden auch neue Formen und Kriterien der Geldvergabe durch die öffentliche Sozialverwaltung diskutiert; dabei werden folgende Fragen aufgeworfen:[331]

- Wird durch eine Verteilung von Geldern nach Regionen (statt an Träger und Institutionen) die →Kooperation und Vernetzung gefördert, werden dadurch Doppelungen im Angebot vermieden und Angebotslücken aufgefüllt?
- Sollen bei der Geldvergabe Kriterien der →Qualitätssicherung berücksichtigt werden?
- Ist es notwendig, geförderte Maßnahmen, Projekte und Einrichtungen regelmäßig be- und auszuwerten? (→Evaluation)
- Soll die finanzielle Förderung stärker projekt- als institutionenorientiert sein?
- Sollen laufende Maßnahmen eher weniger und innovative und bürgernahe Angebote und Maßnahmen nicht stärker gefördert werden?
- Ist die Förderung stärker "subjektorientiert" statt "anbieterorientiert" auszurichten? Kann somit der alte Mensch als "Kunde" gestärkt und der Marktgedanke gefördert werden?

---

[330] Merchel, 1995, S. 332.
[331] vgl. Institut für Sozialarbeit und Sozialpädagogik (Hrsg.), 1995; Klingenberger & Zintl, 1995, S. 17; Kühn, 1995; Strünck, 1995.

📖 Literatur

Backes, Gertrud u.a. (1985). Ziele und Leitsätze einer modernen Altenpolitik. *Theorie und Praxis der sozialen Arbeit, 35* (12) 261 ff.

Dieck, Margret (1984). Altenpolitik. In Oswald, Wolf D. u.a. (Hrsg.), *Gerontologie: medizinische, psychologische und sozialwissenschaftliche Grundbegriffe.* Stuttgart: Kohlhammer.

Karolus, Stefan (1986). Aktuelle Aufgaben, Probleme und Perspektiven der Kommunen im Rahmen der Altenhilfe. In Articus, Stephan & Karolus, Stefan (Hrsg.), *Altenhilfe im Umbruch* (Arbeitshilfen, H. 29). (S. 39-50). Frankfurt: Deutscher Verein für öffentliche und private Fürsorge.

Klingenberger, Hubert (1990). Ruhigstellen oder ermuntern? Gefahren und Aufgaben der Altenpolitik. *Perspektiven sozialer Arbeit, 4* (2), 33-43.

Kühn, Dietrich (1995). Neue Steuerungsmodelle der Sozialverwaltung - Chancen und Gefahren. *Neue Praxis, 25* (4), 340-348.

Kühnert, Sabine & Naegele, Gerhard (1993). Einleitung: Vorwort der Herausgeber. In Kühnert, Sabine & Naegele, Gerhard (Hrsg.), *Perspektiven moderner Altenpolitik und Altenarbeit* (Dortmunder Studien zur angewandten Gerontologie, Bd. I). (S. V-IX). Hannover: Vincentz.

Merchel, Joachim (1995). Sozialverwaltung oder Wohlfahrtsverband als "kundenorientiertes Unternehmen": ein tragfähiges, zukunftsorientiertes Leitbild? *Neue Praxis, 25* (4), 325-340.

Naegele, Gerhard (1986). Gegenwärtige Tendenzen und Perspektiven in der Sozialpolitik für ältere Menschen. In Mühlfeld, Claus u.a. (Hrsg.), *Brennpunkte sozialer Arbeit* (1. Aufl.). (S. 9 ff.). Frankfurt.

Senioren haben die Wahl - Wahlprüfsteine der BAGSO (1994). *BAGSO-Nachrichten* (3), 3-4.

Strünck, Christoph (1995). Wandel der Wohlfahrtsverbände durch Kontraktmanagement: das Beispiel des Paritätischen Wohlfahrtsverbandes. *Neue Praxis, 25* (4), 349-359.

Tews, Hans Peter (1987). Die Alten und die Politik. In Deutsches Zentrum für Altersfragen (Hrsg.), *Die ergraute Gesellschaft* (S. 141 ff.). Berlin: Eigenverlag.

6 EIGENAKTIVITÄTEN ALTER MENSCHEN

Die Eigenaktivitäten der alten Menschen in ihrer Gänze zu umfassen, kann dem nachfolgenden Kapitel nicht gelingen. Vielmehr geht es um Eigenaktivitäten, die der pädagogischen Begleitung bedürfen (können): dem Selbstlernen und der Selbsthilfe.

6.1 Selbstlernen

Dem Eigen- oder Selbstlernen im Alter ist eine nicht zu unterschätzende Bedeutung zuzuordnen; allerdings liegen dazu nur wenige allgemeine Erkenntnisse - und dies sind eher altersunspezifisch - vor.[332]

Allgemein läßt sich feststellen, daß das intentionale und „fremdbestimmte" Lernen (z.B. der Besuch von Altenbildungsangeboten) einen Sonderfall des Erwachsenenlernens darstellt; vielmehr müssen weitere Formen des Lernens (und der Bildung) unterschieden[333] und in der Arbeit mit alten Menschen berücksichtigt werden: das beiläufige Lernen, das Lernen in alltäglichen Lebensroutinen und durch einschneidende Ereignisse (z.B. Unfall, Lebenskrise).

Es kann nur vermutet werden, daß eine große Zahl älterer und alter Menschen sich in eigener Regie bildet, an der Sozial-, Kultur- und Geisteswelt partizipiert, somit lernt und "die Weiterbildung nicht braucht"[334].

Zur Förderung eines solchen Selbst- oder Eigenlernens können von seiten der Altenpädagogik gegebenenfalls Formen der Lern- und Bildungsberatung angeboten werden.

---

[332] Friedrich & Mandl, 1990; Prenzel, 1990; Prenzel & Heiland, 1990.
[333] vgl. Reischmann, 1995, S. 200; vgl. hierzu auch Kaiser & Kaiser, 1995.
[334] Behrens-Cobet; zit. nach Wehr, 1990, S. 110.

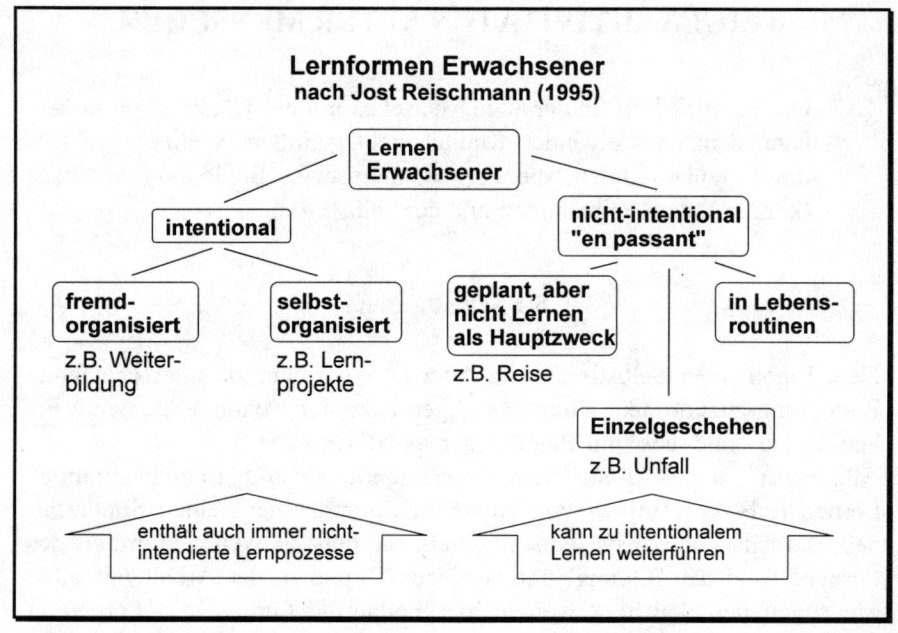

Lernformen Erwachsener
nach Jost Reischmann (1995)

Lernen Erwachsener

intentional

nicht-intentional "en passant"

fremd-organisiert
z.B. Weiterbildung

selbst-organisiert
z.B. Lernprojekte

geplant, aber nicht Lernen als Hauptzweck
z.B. Reise

in Lebensroutinen

Einzelgeschehen
z.B. Unfall

enthält auch immer nicht-intendierte Lernprozesse

kann zu intentionalem Lernen weiterführen

6.2 Selbsthilfe

Vor dem allgemeinen Hintergrund, daß natürliche und soziale Lebensräume der Menschen heute immer mehr zerstört werden, und vor dem besonderen Hintergrund, daß alte Menschen in unserer Gesellschaft keine bzw. nur eine kleine politische Lobby besitzen, erhält die (Alten-) Selbsthilfe besondere Bedeutung. Blickt man auf die Ziele der Altenselbsthilfe, so wird klar, daß sie präventiven und rehabilitativen Charakter haben kann: Durch das Selbstengagement und den Selbsteinsatz älterer und alter Menschen soll deren Selbstsicherheit gefestigt, deren Standfestigkeit gestärkt und sollen deren autonome Handlungs- und Sachkompetenz erhöht werden. Dadurch, daß ältere Menschen an sozialen, kulturellen und politischen Prozessen teilhaben und partizipieren, wird deren politische Apathie überwunden, das Alltagshandeln transzendiert und die Eigenverantwortung gestärkt. Die Interessen alter Menschen werden durch sie selbst gemeinschaftlich wahrgenommen; Innovationen innerhalb des Bereiches der staatlichen wie privaten Altenhilfe werden so möglich. Nebenbei wird die

Wirkung erreicht, daß ältere Menschen ihre eventuell bestehenden Hemmungen, in der Öffentlichkeit aufzutreten, abbauen.

Die Spannbreite der Altenselbsthilfe reicht von der Binnenorientierung (gegenseitige Hilfe) bis zur Außenorientierung (politisches Engagement) und von der Machtorientierung bis zur Kulturorientierung:

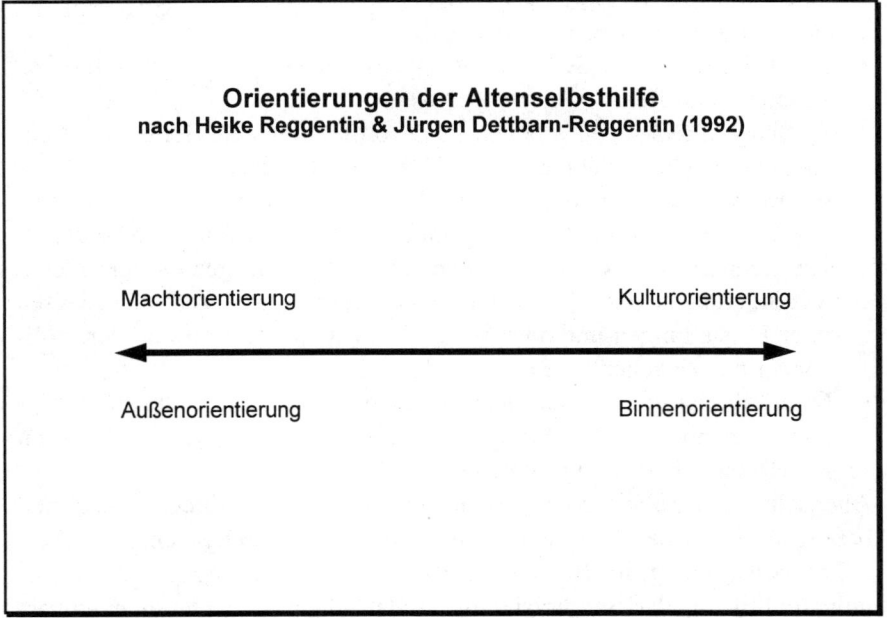

Es werden unterschiedliche Formen der Altenselbsthilfe unterschieden: In der kommunikativen Selbsthilfe soll die erlebte Einsamkeit älterer Menschen überwunden werden; neue Beziehungen können hier angeknüpft und aufgebaut werden. Die soziale Selbsthilfe dient der Bewältigung von Abhängigkeitsgefühlen und -ängsten sowie der Bekämpfung von Sinn- und Funktionslosigkeit im Alter. Die politische Selbsthilfe zielt die Mitsprache und Mitwirkung an politischen Prozessen und Entscheidungen an.

Eine andere Differenzierung[335] nennt anderslautende Handlungsfelder der Altenselbsthilfe: den politischen Bereich (z.B. die Grauen Panther), den strukturellen Bereich (z.B. die Seniorenbeiräte und -vertretungen), den ökonomischen Bereich (z.B. die Wissensbörsen),

---

[335] Reggentin, 1989, S. 6 ff.

den soziokulturellen Bereich (z.B. Theatergruppen) und den psy-
chosozialen Bereich (z.B. Selbsthilfegruppen psychisch Kranker).
Andere Unterscheidungen hinsichtlich der Formen von Altenselbsthilfe differieren wieder zwischen Selbsterfahrungsgruppen,
selbstorganisiertem Lernen und der Selbstverwaltung[336].

Gruppen und Einrichtungen der (Alten-) Selbsthilfe lassen sich durch folgende Charakteristika beschreiben:

- Die Mitglieder von Selbsthilfegruppen sind von einem gemeinsamen
  Problem betroffen.
- In Selbsthilfegruppen arbeiten keine professionellen Helfer mit bzw.
  sie nehmen lediglich eine randständige Position ein.
- Selbsthilfegruppen haben keine Gewinnorientierung.
- Die Mitglieder von Selbsthilfegruppen im speziellen und die Selbsthil-
  fezusammenschlüsse im allgemeinen verfolgen ein gemeinsames Ziel:
  Veränderungen bezüglich der eigenen Person, ihrer Verhaltensweisen
  oder Einstellungen und/oder Veränderungen sozialer, kultureller, politischer u.ä. Gegebenheiten.
- Grundsätzlich ähnelt sich auch die Arbeitsweise der Selbsthilfegruppen: Gleichberechtigte Zusammenarbeit und gegenseitige Hilfe stehen
  im Mittelpunkt des Engagements.

Altenselbsthilfegruppierungen können sich in unterschiedlichen Bereichen
betätigen: So in der Freizeitgestaltung und im Kulturengagement, in der
Alltagsbewältigung, im Bereich nachberuflicher Tätigkeiten, in der Kommunalpolitik, in der Solidarisierung randständiger Gruppierungen innerhalb der Alterskohorte (zum Beispiel Frauen), bei der therapeutischen Versorgung psychisch kranker alter Menschen oder mit drogen- und medika-
mentenabhängigen Senioren. Einen besonderen Tätigkeitsbereich von
Selbsthilfe im Alter stellt die Pflege dar; so kann zum einen die in der
Familie geleistete Pflege an alten Menschen als primäre Selbsthilfe bezeichnet werden. Somit stellt die Familie eine der weitverbreitetsten und
zahlenmäßig größten Selbsthilfegruppierung in unserem Lande dar. Nach-
barschafts- und Helferkreise, die pflegerische Aufgaben übernehmen, werden dann als sogenannte sekundäre Selbsthilfegruppen bezeichnet.

---

[336] vgl. Klingenberger, 1992, S. 306 f.

Obwohl der Bereich der Altenselbsthilfe noch nicht besonders ausgebaut und vertieft ist, können doch einige Modelle und Beispiele angeführt und erläutert werden:

Als eine der bekanntesten Altenselbsthilfezusammenschlüsse kann der sogenannte "Seniorenschutzbund Grauer Panther" genannt werden. Diese Bewegung, die derzeit ca. 30.000 Mitglieder umfaßt, hat mittlerweile auch eine Partei - "die Grauen" - aus den eigenen Reihen hervorgebracht.

Seniorenbeirat

Mit den Seniorenbeiräten soll der außer- bzw. vorparlamentarische Politikbereich und eine bürgernahe →Altenpolitik ermöglicht werden. Die Wahl oder Einrichtung von Seniorenbeiräten reagiert auf unterschiedliche soziokulturelle Wandlungen:[337]

- die finanzielle Notlage der Kommunen und die daraus resultierende Notwendigkeit die Geldmittel angemessen/adressatengerecht einzusetzen,
- die Notwendigkeit der Betroffenenbeteiligung - mit dem Ziel angemessene Lösungen zu erreichen,
- die veränderten Lebenssituationen, Interessen und Bedürfnisse alter Menschen,
- die veränderte Familiensituationen (Vereinzelung) und die Notwendigkeit zur Schaffung akzeptierter Hilfenetzwerke,
- und die Notwendigkeit zur Förderung der Selbsthilfepotentiale alter Menschen.

Seniorenbeiräte agieren primär auf der kommunalen Ebene; sie kommen hier als nicht an die Kommune gebundene Vereine, durch Wahl, Delegation oder Ernennung zustande. Doch auch auf der Landes- und Bundesebene sind Seniorenbeiräte oder -vertretungen vorzufinden.

Den Seniorenbeiräten und -vertretungen kommen auf allen Ebenen folgende Aufgabenstellungen und Themenbereiche zu:[338]

- Kultur-, Sport- und Freizeitgestaltung,
- Bauen, Wohnen und Öffentliche Gebäude,
- (Öffentlicher Personennah-) Verkehr und Infrastruktur,
- Soziale Beziehungen und Integration älterer Menschen,

---

[337] vgl. hierzu und zum folgenden Dettbarn-Reggentin, 1989, S. 2 ff.
[338] vgl. Dettbarn-Reggentin, 1989, S. 4 ff.

- →Gesundheitsförderung (Prävention, →Rehabilitation, Therapie und Versorgung),
- →Öffentlichkeitsarbeit,
- →Politik- und Fachberatung,
- →Begegnung der Generationen,
- →Altenbildung.

Wissens- und Hobbybörsen

In der Bundesrepublik Deutschland existieren mittlerweile mehr als 20 sogenannte Wissens- und Hobbybörsen.[339] Beginnend mit einem Modellversuch in Berlin kennzeichnet alle diese Börsen das Grundanliegen, daß ältere Menschen ihre im Lebenslauf erworbenen Kenntnisse und Fähigkeiten an andere, auch jüngere weitergeben. Somit soll das Selbstwertgefühl alter Menschen erhalten bzw. aufgebaut werden; die Begegnung von Menschen aus unterschiedlichen Generationen soll über gemeinsame Interessen ermöglicht werden. Alten Menschen bietet sich hier die Möglichkeit ihren Wissens- und Kompetenzhorizont zu erweitern und vorhandene Fähigkeiten und Fertigkeiten zu vertiefen. Hobbys können gepflegt werden, Erfahrungen werden ausgetauscht; die Produktivität älterer Menschen unserer Gesellschaft wird mobilisiert und gefördert. Das Ganze geschieht im Rahmen eines Modus, der mit dem einer richtigen Börse zu vergleichen ist: Ältere Menschen bieten ihre Kenntnisse, Fähigkeiten und Fertigkeiten an - andere (ältere und jüngere) fragen nach spezifischen Leistungen nach. So können beispielsweise Reise- und Wanderbegleitungen vermittelt werden. Wissens- und Hobbybörsen vermitteln aber nicht nur ältere Menschen mit spezifischen Kompetenzen; sie laden auch immer wieder in bildnerischer Absicht zur Beschäftigung mit spezifischen Themen ein. Wissens- und Hobbybörsen sind in der Regel als eigenständige Vereine (mit Satzung) institutionalisiert; ihre Finanzierung ist unterschiedlich geregelt - z.B. durch Kommunen oder Sponsoren aus der Wirtschaft.
Angebote zur Vermittlung von Erfahrungswissen älterer Menschen bieten - wenn sie im wirtschaftlichen Bereich zu finden sind - jüngeren Arbeitskräften und Unternehmern das Berufs- und Fachwissen älterer Menschen an, die als nachberufliche Berater tätig werden. Diese Formen der Wis-

---

[339] vgl. zum folgenden Beyrich, 1992.

sensweitergabe müssen als in doppelter Hinsicht eingeschränkt angesehen werden: Zum einen "dürften ... hier vorrangig Arbeitskräfte aus dem mittleren und höheren Management gemeint sein und weniger die von Dequalifizierung betroffenen Arbeitnehmer, deren Ressourcen nicht weiterentwickelt und gefragt sind"[340]; zum anderen dürften sich diese Angebote hauptsächlich an Männer richten, die ihre berufliche Produktivität fortsetzen und keine neuen Tätigkeitsbereiche aufgreifen wollen.

Seniorenbüros

Die Vermittlung von Erfahrungswissen älterer und alter Menschen kann auch über sogenannte "Seniorenbüros" geschehen: 1992 wurde vom Bundesministerium für Familie und Senioren ein Modellprogramm "Seniorenbüro" ins Leben gerufen. "Ziel dieses Modellprogramms ist es, neue Konzepte der Altenarbeit zu erproben, um die aktive Lebensgestaltung und gesellschaftliche Teilhabe älterer Menschen zu fördern"[341].
Seniorenbüros sollen also Aktivität und nachberufliches Engagement im Alter fördern, Lebensgewinn und Sinnerfahrung ermöglichen und die sozialen Kontakte und die soziale Eingebundenheit älterer Menschen sowie deren Sozialkompetenz fördern. Nach Abschluß der Berufstätigkeit bzw. nach dem Auszug der Kinder aus dem Elternhaus fallen viele ältere Menschen in ein (Sinn-)Loch; dabei verfügen sie aber über lebenswichtige Erfahrungen und Kompetenzen, die sie im Umgang mit Menschen und Alltagsproblemen erworben haben.
Seniorenbüros greifen dieses Dilemma auf, sie versuchen dieser Personengruppe →ehrenamtliche Tätigkeitsfelder zu eröffnen, die deren Interessen und Fähigkeiten entsprechen.

"Seniorenbüros sollen eine Stelle sein, an der Informationen über die vielfältigen Aktivitätsmöglichkeiten einer Region zusammenlaufen und an die sich eine 'Seniorin' oder ein 'Senior' wenden kann, um im Gespräch mit Fachkräften herauszufinden, welches ihre Bedürfnisse, Erwartungen und Fähigkeiten sind. Seniorenbüros sollen sie über das Spektrum des freiwilligen sozialen Engagements informieren und einen geeigneten Träger

---

340 Schmitz-Scherzer, 1994, S. 59.
341 Zimmermann, 1993, o.S.; vgl. auch Das Modellprogramm Seniorenbüro, 1993.

vermitteln. Sie sollen aber auch später noch für die ehrenamtlichen Mitarbeiter und Mitarbeiterinnen da sein; sie werden Fortbildungs- und Informationsveranstaltungen anbieten oder vermitteln, sie werden den Erfahrungsaustausch zwischen ehrenamtlichen Helfern anregen und fördern und sie werden sich bemühen zu helfen und zu vermitteln, wenn es während der Tätigkeit zu Konflikten kommt oder die Erwartungen von den Realitäten abweichen. "[342].

Sollten für die Interessen und Fähigkeiten älterer Menschen keine Tätigkeitsfelder existieren, so obliegt es den Seniorenbüros auch, "ältere Menschen mit ähnlicher Interessenlage zusammen zubringen und sie beim Aufbau einer Initiative in Eigenregie, einer "Selbsthilfegruppe", zu beraten"[343].

Seniorengenossenschaften

Das Modell der Seniorengenossenschaften wurde in Baden-Württemberg initiiert und erprobt.

"Es soll darum gehen, Menschen als Mitglieder zu gewinnen, die bereit sind, persönliche Dienstleistungen für ältere Menschen im vorpflegerischen Bereich zu erbringen; diesen Menschen wiederum sollen bei deren eigener Hilfs- oder Pflegebedürftigkeit kostenfreie Leistungen im Umfang ihrer früheren eigenen Dienstleistungen vermittelt werden."[344]

Seniorengenossenschaften haben integrative Wirkungen, d.h. Menschen unterschiedlichster Herkunft werden zusammengeführt - formell (bei den zu erbringenden Dienstleistungen) und informell (bei Tagungen, Fortbildung und Reisen). Andererseits ist aber auch zu bemerken, daß hier vor allem selbständige und selbstbewußte Senioren angesprochen werden; andere alte Menschen, die über einen weniger offensiven Umgang mit ihrem

---

[342] Zimmermann, 1993, o.S.; vgl. auch Das Modellprogramm Seniorenbüro, 1993.
[343] Zimmermann, 1993, o.S.
[344] .Schmitz-Scherzer, 1994, S. 62; vgl. hierzu auch Oppl, 1991; Riesinger-Wilhelm, 1991.

Leben verfügen, müssen mit Formen der zugehenden und aufsuchenden Altenarbeit motiviert und eingebunden werden. Beschreibt man die Kennzeichen derjenigen alten Menschen, die sich in Selbsthilfezusammenschlüssen engagieren, so fällt auf, daß diese zumeist aus der sogenannten Mittelschicht stammen, über mittlere und vor allem höhere Bildungsabschlüsse verfügen; Mitglieder von Altenselbsthilfegruppierungen sind vor allem Frauen. Hier stellen sich spezifische Herausforderungen für die pädagogische Begleitung von alten Selbsthilfegruppen. Der Geragogik kommt insgesamt die Aufgabe zu, Altenselbsthilfe zu initiieren, zu fördern, gegebenenfalls zu begleiten und zu unterstützen; sie soll im wahrsten Sinne des Wortes "Hilfe zur Selbsthilfe" leisten. Doch die Förderung der Altenselbsthilfe ist nicht allein Aufgabe der Pädagogik; neben der Vermittlung von Fähigkeiten und Fertigkeiten, die für das Engagement in der Selbsthilfe förderlich sind, und der Motivierung von älteren und alten Menschen zum Selbsthilfeengagement, obliegt es auch der Politik förderliche Rahmenbedingungen für solche Gruppierungen und Organisationen zu schaffen. Nicht zuletzt geht es auch um die →Koordination, Kooperation und Vernetzung von Selbsthilfegruppen und -angeboten.

📖 Literatur

Beyrich, Ester (1992). Wissens- und Hobbybörse Karlsruhe e.V. In Lade, Eckard (Hrsg.), *Ratgeber Altenarbeit: das aktuelle Handbuch für Altenhilfe, Pflege und Betreuung* (Teil 7/6.3). Ostfildern: Fink-Kümmerly & Frey.

Dettbarn-Reggentin, Jürgen (1989). Seniorenbeiräte und Senioreninteressenvertretungen - Ein Modell bürgernaher Altenpolitik. In Lade, Eckard (Hrsg.), *Ratgeber Altenarbeit: das aktuelle Handbuch für Altenhilfe, Pflege und Betreuung* (Teil 7/6.2). Ostfildern: Fink-Kümmerly & Frey.

Dettbarn-Reggentin, Jürgen (1992). Altenselbsthilfe als Bildungsstätte. In Dettbarn-Reggentin, J. & Reggentin, H. (Hrsg.), *Neue Wege in der Bildung Älterer* (Bd. 2). (S. 162 ff.). Freiburg: Lambertus.

Friedrich, Helmut Felix & Mandl, Heinz (1990). Psychologische Aspekte autodidaktischen Lernens. *Unterrichtswissenschaft, 18* (3), 197-218.

Kaiser, Arnim & Kaiser, Ruth (1995). Latentes Lernen in der Erwachsenenbildung. *Grundlagen der Weiterbildung - Zeitschrift, 6* (4), 205-207.

Prenzel, Manfred (1990). Autodidaktisches Lernen: zur Einführung. *Unterrichtswissenschaft, 18* (3), 194-196.

Prenzel, Manfred & Heiland, Alfred (1990). Motivationale Prozesse beim autodidaktischen Lernen. *Unterrichtswissenschaft, 18* (3), 219-234.

Reggentin, Heike (1989). Altenselbsthilfe als Chance der Selbststeuerung eigener Lebensziele und Interessenwahrnehmung. In Lade, Eckard (Hrsg.), *Ratgeber Altenarbeit* (Teil 7/6.1). Ostfildern: Fink-Kümmerly & Frey.

Reischmann, Jost (1995). Lernen "en passant" - die vergessene Dimension. *Grundlagen der Weiterbildung - Zeitschrift, 6* (4), 200-204.

Schmitz-Scherzer, Reinhard (1994). *Ressourcen älterer und alter Menschen* (Schriftenreihe des Bundesministeriums für Familie, Senioren, Frauen und Jugend, Bd. 45). Stuttgart: Kohlhammer.

Wallrafen-Dreisow, Helmut (1993). Altenselbsthilfe. In Deutscher Verein für öffentliche und private Fürsorge (Hrsg.), *Fachlexikon der sozialen Arbeit* (3., erneuerte u. erw. Aufl.). (S. 26-27). Frankfurt: Eigenverlag.

Zimmermann, Gertrud (1993). Das Modell "Seniorenbüro". *Sen.Tenz: Daten, Fakten, Programme,* o.S.

7 GRENZBEREICHE UND NACHBARFELDER

In den nachfolgenden Kapiteln werden einige Aufgaben- und Handlungsfelder benannt, die nicht direkt in den altenpädagogischen Bereich gehören. Die dort Aktiven sind in der Regel keine GeragogInnen; es handelt sich dabei vielmehr um MedizinerInnen, PsychologInnen und PsychotherapeutInnen, TheologInnen und SeelsorgerInnen u.a. Wegen des interdisziplinären Charakters, der das Tun mit alten Menschen prägt, sollen aber auch diese Bereiche eine (kurze) Berücksichtigung finden.

7.1 Geriatrie und Rehabilitation

Geriatrie

> Die Geriatrie befaßt sich mit der Diagnose und der Behandlung von Krankheiten älterer und alter Menschen. Weiterhin gehört in ihr Arbeitsfeld die Prävention (→Gesundheitsförderung) und die →Rehabilitation.

Mit Vorsicht muß in diesem Zusammenhang von "Alterskrankheiten" gesprochen werden; ob es solche lediglich im Alter auftretenden Krankheiten wirklich gibt, ist strittig. Es kann aber festgestellt werden, daß das Alter den Verlauf und die Behandelbarkeit von Krankheiten beeinflußt; weiterhin wird berichtet, daß körperliche, psychische und soziale Interdependenzen für Gesundheit und Krankheit im Alter besonders relevant sind.

Man unterscheidet zwischen "alternden Krankheiten", "primären Alterskrankheiten" und "Krankheiten im Alter":[345] Krankheiten, die bereits in früheren Phasen des Lebenslaufs aufgetreten sind und sich bis ins Alter quasi chronifiziert haben, werden als "alternde Krankheiten" bezeichnet (z.B. die Bronchitis). "Primäre Alterskrankheiten" tauchen im Alter zum ersten Mal auf; betrachtet man das Auftreten dieser Erkrankungen über den Lebenslauf hinweg, kann man eine besondere Auftretenshäufigkeit im Al-

---

[345] vgl. Bundesminister für Familie und Alter, o.J., S. 41 f.

ter feststellen. "Krankheiten im Alter" sind nicht alterstypisch, aber in ihrem Auftreten besonders von der Lebenssituation am Alter abhängig.

Als Kennzeichen von Erkrankungen im Alter sind zu nennen:[346]

- das Auftreten von Multimorbidität, d.h. Mehrfacherkrankungen, und Polypathie (gleichzeitiges und schleichendes Auftreten von Altersleiden),
- die Tendenz zur Überbewertung körperlicher Beschwerden - obwohl keine ernsthafte Erkrankung vorliegt (Aggravationstendenz),
- die Verharmlosung schwerwiegender Erkrankungen als "normale" Alterserscheinung (Dissimulationstendenz),
- längeres Andauern der Erkrankung,
- schwerere Erscheinungsformen,
- schwierigere Therapierbarkeit,
- verlängerte Rekonvaleszenz- und Erholungsphase.

Eine oft noch vorzufindende Gleichsetzung von (hohem) Alter und Krankheit entspricht nicht der Wirklichkeit. "Die Auffassung, daß Krankheiten im späteren Lebensalter grundsätzlich chronisch verlaufen, daß eine Restitution ausgeschlossen oder daß gar eine stetige Progredienz die Regel ist, ... [muß] als widerlegt gelten."[347]

Erkrankungen im Alter betreffen vor allem (in abnehmender Häufigkeit):[348]

- das Kreislaufsystem,
- den Stütz- und Bewegungsapparat,
- die Atmungsorgane,
- den diabetischen Stoffwechsel,
- Nieren und Harnwege,
- Leber und Gallenwege,
- das zerebrovaskuläre System.

Die geriatrische Behandlung und damit auch die Institutionen, in denen sie Anwendung findet, sollten mehrdimensional, ganzheitlich arbeiten. Dies zeigt sich im Zusammenwirken unterschiedlicher therapeutischer Richtungen und Schulen (physikalische, Ergo-, Bewegungs-, Psycho-Therapie; Psychologie, Logopädie u.a.) und in der Zusammenarbeit unterschiedlicher

---

346 vgl. Hofmann, 1991; Oesterreich, 1993, S. 397.
347 Oesterreich, 1993, S. 397; Ergänzung durch H.Kl.
348 vgl. Oesterreich, 1993, S. 397.

Professionals (Fachmediziner, Psychologen, Pädagogen, Gerontologen, Seelsorger u.a.).

Rehabilitation

Jeder Bundesbürger hat nach der derzeitigen Gesetzeslage Anspruch und Recht auf Rehabilitation. Im Paragraphen 11, Absatz 2 des Gesundheitsreformgesetzes (Sozialgesetzbuch V) wird festgelegt, "daß zu den Leistungen der Krankenkassen auch medizinische und ergänzende Leistungen zur Rehabilitation gehören, die notwendig sind, um einer drohenden Behinderung vorzubeugen, eine Behinderung zu beseitigen, zu bessern oder eine Verschlimmerung zu verhüten oder Pflegebedürftigkeit zu vermeiden oder zu mindern"[349]. Auch das Pflegeversicherungsgesetz betont den Vorrang der Rehabilitation vor der →Pflege.

Als "Rehabilitation" bezeichnet man die "Wiederherstellung von einer Krankheit oder einem Leiden und die Wiedereinführung in das psychosoziale Umfeld"[350].

Die Rehabilitation wird von manchen VertreterInnen zur Geriatrie gerechnet; dies legt die Gefahr nahe, daß sie einseitig medizinalisiert und zu wenig als ganzheitliches Geschehen betrachtet wird.
Im Tätigkeitsbereich Rehabilitation lassen sich - in Hinsicht auf eine bestimmte Abfolge - folgende Schwerpunkte unterscheiden:[351] Die präventive Rehabilitation verfolgt das Ziel, "vorhandene Leistungsfähigkeiten und soziale Bezüge bis ins hohe Alter hinein zu erhalten. Die Förderung einer gesundheitsbewußten Lebensführung zählt ebenso dazu wie die Aktivierung im sozialen Bereich."[352] Weiterhin können im ganzheitlichen Sinn auch noch die geistige Förderung und religiöse Begleitung dazugezählt werden. Der kurativen Rehabilitation werden all jene Angebote und Maßnahmen zugeordnet, die auf einen (Wieder-) Aufbau von psychosomatischem und psychosozialem Wohlbefinden abzielen, zum Beispiel durch die Förderung und (Wieder-) Einübung alltäglicher Fertigkeiten. Dies kann

---

349 Die Rehabilitation..., 1995, S. 157; vgl. auch Tews, 1995.
350 Falk; zit. nach Tüpker-Sieker, 1991, S: 113; vgl. Runge, 1995; Vogel, 1995.
351 vgl. Tüpker-Sieker, 1991.
352 Niederfranke, 1991, S. 80.

beispielsweise durch gruppentherapeutische, psychotherapeutische, milieutherapeutische oder Verhaltenstrainingsmaßnahmen geschehen. Die erhaltende Rehabilitation richtet sich an Menschen, bei denen es zu unumkehrbaren Einschränkungen in Gesundheit und Mobilität gekommen ist. Ziel ist es, Haltungen und Verhaltensweisen aufzubauen, die einen adäquaten Umgang mit der Behinderung ermöglichen und weitere Einschränkungen zu verhindern suchen.

Je nach institutioneller Ausformung und Dauer der rehabilitativen Maßnahmen wird zwischen der Akut- und Kurzzeitrehabilitation (während und nach der akuten Krankheitsphase), der mittelfristigen Rehabilitation (sechs bis zwölf Wochen), der Langzeitrehabilitation (mehrere Wochen und Monate) und den kontinuierlichen Rehabilitationsangeboten in den Einrichtungen der Altenhilfe unterschieden. Rehabilitative Maßnahmen können klinisch, d.h. voll- und teilstationär, und ambulant angeboten und in Anspruch genommen werden.[353]

Rehabilitation im Alter

Die Bedeutung der Rehabilitation des in seiner Gesundheit oder Beweglichkeit eingeschränkten älteren Menschen wird mittlererweile zumindest von theoretischer Seite als sehr groß angesehen: Man erwartet sich von rehabilitativen Angeboten und Maßnahmen "die Vermeidung, Minderung oder Aufschiebung des Eintritts von Pflegebedürftigkeit"[354]. Rehabilitierte PatientInnen haben eine geringere Mortalitätsrate, müssen weniger oft in Pflegeheime verlegt werden als nicht-rehabilitierte und weisen geringere Liegezeiten und Wiedereinweisungsziffern in Krankenhäusern auf.

> "Rehabilitation älterer Menschen verfolgt das Ziel, die Fähigkeit zur Selbstversorgung zu erhalten oder zu verbessern, die Abhängigkeit von fremder Hilfe zu vermindern und Pflegebedürftigkeit zu vermeiden oder hinauszuschieben."[355] Es geht ihr um die (Wieder-) Gewinnung und den Erhalt von Lebensqualität und Wohlbefinden.

---

[353] Die Rehabilitation..., 1995, S. 158.
[354] Die Rehabilitation..., 1995, S. 157; vgl. auch Görres, 1995, S. 164.
[355] Die Rehabilitation..., 1995, S. 157.

In der Praxis jedoch müssen vielfach ältere Menschen große Einschränkungen in Kauf nehmen, weil ihnen keine angemessene und umfassende (körperliche und psychosoziale) Rehabilitation angeboten wird (werden kann). Denn in der Altenhilfe stellt das Gebiet der Rehabilitation noch einen kaum entwickelten Bereich dar. Derzeit ist die rehabilitative Versorgung in der Bundesrepublik Deutschland nicht bedarfsdeckend, nicht zeitgerecht und nicht wohnortnah: "Im internationalen Vergleich ist Deutschland für die geriatrische Rehabilitation noch immer Entwicklungsland."[356] Dahinter stehen zuweilen unreflektierte Auffassungen, die eine Rehabilitation lediglich als Rückführung in den Arbeits- und Beschäftigungsprozeß ansehen und somit als für alte Menschen überflüssig erachten. Einem solchen Verständnis von "Rehabilitation als Rückführung" wäre ein anderes im Sinne von "Weiterführen" oder "Neu-Einführen" entgegenzusetzen. Des weiteren ist zu beachten, daß Rehabilitation nicht immer nur auf die absolute Wiederherstellung des alten Gesundheitszustandes zielen muß, sondern sich auch mit der "Ermöglichung eines relativ Möglichen" begnügen kann.

"Rehabilitation" beschränkt sich dabei nicht nur auf den medizinisch-körperlichen Bereich, sondern berücksichtigt auch die soziokulturelle (Resozialisation), psychische, geistige und religiöse, also die ganzheitliche Verfaßtheit des Menschen. Somit bedarf die Rehabilitation immer auch eines interdiziplinären und multiprofessionellen Teams, in dem Mediziner, Pflegekräfte, Physio-, Ergo-, Sprach- und Psychotherapeuten ebenso vertreten sind wie Pädagogen, Sozialarbeiter und Seelsorger. Kooperatives Handeln im Team und ständige →Fort- und Weiterbildung der Teammitglieder sind unabdingbare Voraussetzungen für eine qualitative Rehabilitation.

Rehabilitative Maßnahmen setzen vielfach zu spät an. Als notwendig haben sich rehabilitative Maßnahmen direkt nach dem Eintritt der Behinderung, am ersten Tag der Erkrankung erwiesen. Rehabilitative Maßnahmen dürfen sich auch nicht nur an den betroffenen behinderten alten Menschen selbst wenden; vielmehr ist sein personales Umfeld, sind seine Angehörigen miteinzubeziehen: "Durch Pflegebedürftigkeit eines Familienmitglie-

---

356 Vogel, 1995, S. 7; vgl. auch Die Rehabilitation..., 1995.

des sind meist die Lebensvollzüge mehrerer Menschen bedroht, bisher vergrabene Konflikte brechen auf."[357]

Neben den bereits genannten Postulaten an eine angemessene Rehabilitation - Rechtzeitigkeit, sozial-ökologischer Blickwinkel und Interdisziplinarität - ist von einem fachgerechten Rehabilitationssystem weiterhin die ständige Überprüfung der (Ir-) Reversibilität von Krankheitszuständen und eine je differenzierte Analyse der Rehabilitierbarkeit zu erwarten.

Zu den Methoden der geriatrischen und gerontopsychiatrischen Rehabilitation gehören:[358]

- die aktivierend-therapeutische →Pflege,
- die Grund- und die Behandlungspflege,
- kognitive Trainings,
- die Bewegungstherapie,
- die Ergotherapie,
- die Krankengymnastik,
- das Training von Körperfunktionen,
- die Beschäftigungstherapie,
- das Realitätsorientierungstraining und die Milieutherapie,
- das Training der Fähigkeit zur Selbstversorgung,
- die Sprachtherapie,
- die Logopädie,
- die Versorgung mit Hilfsmittel und das darauf bezogene Training,
- die Partner- und Familientherapie,
- die Förderung von →Selbsthilfegruppen für die betroffenen alten Menschen und deren Angehörige,
- die →Alten- und →Angehörigenberatung.

Die Notwendigkeit eines ganzheitlichen Vorgehens, die Interdisziplinarität des Rehabilitations-Teams und die Forderung nach ortsnaher Versorgung zeigt die hohe Relevanz von →Koordination, Kooperation und Vernetzung auch in diesem altenpädagogischen Handlungsfeld auf.[359] Die Entwicklung und Etablierung von Instrumenten der →Qualitätssicherung ist hier ebenfalls gefordert.

---

[357] Runge, 1995; vgl. W. Geißler, 1989; Haag, 1985; Hofmann, 1991; Schäfer & Ronge, 1980; Tüpker-Sieker, 1991; Vogel, 1995.
[358] Die Rehabilitation..., 1995, S. 158 f.; Tews, 1995, S. 167.
[359] vgl. Görres, 1995.

📖 Literatur

Die Rehabilitation älterer Menschen soll größtmögliche Selbständigkeit in der Lebensführung ermöglichen (1995). *Blätter der Wohlfahrtspflege* (7+8), 157-160.

Geißler, W. (1989). Rehabilitative Maßnahmen bei Patienten im höheren Lebensalter. *Zeitschrift für Alternsforschung, 44* (5), 253-256.

Görres, Stefan (1995). Die Lebensqualität muß Richtschnur rehabilitativen Handelns sein. *Blätter der Wohlfahrtspflege* (7+8), 164-165.

Haag, Gunther (1985). Psychologische Rehabilitation. *Rehabilitation, 24,* 6-8.

Hofmann, Werner (1991). Grundzüge der Geriatrie. In Howe, Jürgen (Hrsg.), *Lehrbuch der psychologischen und sozialen Alternswissenschaft* (Bd. 3: Hilfe und Unterstützung für ältere Menschen). (S. 126-133). Heidelberg: Asanger.

Hofmann, Werner (1991). Grundzüge der Geriatrie. In Howe, Jürgen u.a. (Hrsg.), *Lehrbuch der psychologischen und sozialen Alternswissenschaft* (Bd. 3: Hilfe und Unterstützung für ältere Menschen). (S. 126-133). Heidelberg: Asanger.

Niederfranke, Annette (1991). Rehabilitation - Gerontologische Perspektiven. In Hedtke-Becker, Astrid u.a. (Bearb.), *Altenhilfe auf der Suche nach Visionen: Dokumentation der Tagung "Podium '90"* (S. 77-82). Frankfurt: Deutscher Verein für öffentliche und private Fürsorge.

Oesterreich, Klaus (1993). Geriatrie. In Deutscher Verein für öffentliche und private Fürsorge (Hrsg.), *Fachlexikon der sozialen Arbeit* (3., erneuerte u. erw. Aufl.). (S. 397). Frankfurt: Eigenverlag.

Runge, Martin (1995). Geriatrische Rehabilitation: Diskrepanz zwischen Anspruch und Wirklichkeit? *Evangelische Impulse* (3), 9-10.

Schäfer, Günter & Ronge, Hans-Gerd (1980). Rehabilitation. In Deutscher Verein für öffentliche und private Fürsorge (Hrsg.), *Fachlexikon der sozialen Arbeit* (S. 618-620). Frankfurt: Eigenverlag.

Tews, Hans Peter (1995). Die Situation muß bundesweit verbessert werden. *Blätter der Wohlfahrtspflege* (7+8), 166-169.

Tüpker-Sieker, Hannelore (1991). Rehabilitation von Altersstörungen. In Howe, Jürgen (Hrsg.), *Lehrbuch der psychologischen und sozialen Alternswissenschaft* (Bd. 3: Hilfe und Unterstützung für ältere Menschen). (S. 112-125). Heidelberg: Asanger.

Vogel, Werner (1995). Rehabilitation im Alter? *Evangelische Impulse* (3), 7-8.

7.2 Gerontopsychiatrie und Altentherapie

Über das Ausmaß psychischer Erkrankungen und Behinderungen im Alter liegen keine allzu aussagekräftigen Zahlen vor. Es scheint aber festzustehen, daß hinsichtlich des Auftretens psychischer Erkrankungen im Alter ein erhöhtes Risiko besteht und daß psychische Erkrankungen im Alter von längerer Dauer sind. Vorliegendes Zahlenmaterial beschreibt die Situation wie folgt:

"Von den über 65-jährigen leiden 25-30% an psychischen Störungen im weitesten Sinn. Von ihnen sind 8-15% an neurotischen Störungen, abnormen Reaktionen und Persönlichkeitsstörungen erkrankt; 5-10% an leichteren psycho-organischen Syndromen, meist vorübergehender Art; 3-4% an einer Psychose und 3-8% an einer demenziellen Erkrankung, deren Prävalenzrate mit Anstieg des Lebensalters zunimmt. Besondere Aufmerksamkeit nimmt eine 8-10% umfassende Gruppe sogenannter "Übergangsfälle" von normal zu krank in Anspruch."[360]

Als spezifische Krankheitsbilder psychischer Erkrankungen im Alter lassen sich nennen[361]:

- hirnorganische Leistungseinbußen, wie zum Beispiel durch die Alzheimer-Krankheit,
- organische Psychosyndrome,
- durch Gehirnminderdurchblutung bedingte Demenzen,
- Psychosen in der Nähe der Schizophrenie,
- Parkinsonsche Krankheit,
- sogenannte Funktionspsychosen,
- depressive Erkrankungen.

Die Ziele der gerontopsychiatrischen Versorgung weisen ein breites Spektrum auf: Generelles Ziel ist es, die Lebenssituation der Betroffenen in psychischer, materieller und sozialökologischer Hinsicht zu verbessern. Selbstbestimmtes Leben in der eigenen Wohnung soll ermöglicht werden; aktivierende →Pflege in der häuslichen Umgebung soll gewährleistet sein; stationäre Aufenthalte sollen vermieden oder verkürzt werden. Vollzieht ein Patient den Übergang von stationärer zu ambulanter Versorgung, so

---

[360] Oesterreich, 1993, S. 397, 402.
[361] vgl. Krisch, o.J.

244

soll ihm dieser Übergang erleichtert werden. Die gerontopsychiatrische Versorgung sieht ihre Aufgaben vor allem in[362]

- der Herstellung tragfähiger pflegerisch-therapeutischer Beziehungen und regelmäßiger Präsenz,
- der Sicherstellung der ärztlichen Behandlung (Grund- und Behandlungspflege),
- der Vorbeugung sozialer Vereinsamung durch aktivierende →Pflege,
- der Tages- und Wochenstrukturierung,
- der Gewährung von Merkfähigkeits- - und Gedächtnishilfen,
- der Begleitung zur Freizeitgestaltung,
- der Krankenbeobachtung im häuslichen Bereich,
- der Sorge für ausreichende Flüssigkeits- und Nahrungszufuhr,
- der Prophylaxe bzw. rechtzeitigem Erkennen eines Rückfalls oder einer Krankheitsverschlechterung,
- der →Entlastung und Unterstützung der Angehörigen,
- der Vermittlung und dem Aufbau sozialer Kontakte (zu Nachbarn, Tagesstätten usw.),
- und der Förderung der vorhandenen Reserven.

Die gerontopsychiatrische Versorgung kann über zwei Einrichtungen gewährleistet werden: Zum einen über die Sozialstationen, zum anderen über sogenannte gerontopsychiatrische Zentren. Für die Übernahme der gerontopsychiatrischen Versorgung durch die Sozialstationen sprechen mehrere Argumente: Zum einen sind Sozialstationen gemeindenahe Versorgungseinrichtungen; zum anderen genießen Sozialstationen in der Bevölkerung eine positive Akzeptanz; zum dritten weisen sie einen hohen Bekanntheitsgrad auf; und schließlich ist mit Hilfe der Versorgung durch Sozialstationen eine Gleichstellung psychisch Kranker mit körperlich Kranken möglich. Das gerontopsychiatrische Zentrum vereint unterschiedliche Hilfsangebote für psychisch kranke alte Menschen unter einem Dach; die Zusammenarbeit verschiedener Dienste bzw. diesbezüglich relevanter Berufsgruppen ist hier möglich. Unter dem Dach des gerontopsychiatrischen Zentrums befinden sich stationäre, teilstationäre und ambulante Einrichtungen, zum Beispiel Tageskliniken, Tagesstätten oder Beratungsstellen. Eine enge Zusammenarbeit mit Ärzten und Krankenhäusern, Behörden und Ämtern wird angezielt; ideal wäre eine sogenannte "Verbundlösung". Nach Angaben des Deutschen Vereins für öffentliche

---

[362] vgl. Krisch, o.J.

und private Fürsorge[363] sollte es für Regionen mit ungefähr 250.000 Einwohnern jeweils ein gerontopsychiatrisches Zentrum geben.

Psychotherapie im Alter

Die Psychotherapie im Alter findet bislang nur wenig Anwendung und Anklang: Das mag einerseits daran liegen, daß vor allem unter alten Menschen Vorurteile über die Psychotherapie vorhanden sind; andererseits bestehen aber auch auf seiten der Psychotherapie Vorurteile, Kenntnis- und Ausbildungslücken hinsichtlich des Alters.[364]

Vor diesem Hintergrund läßt sich die aktuelle Situation folgendermaßen beschreiben: "Für Psychotherapeuten aller Schulen beginnt die überkommene Altersgrenze bereits bei 50 Jahren, seltener erst bei 60 Jahren, d.h. bei der Altersgrenze, über die sich die Gerontopsychiatrie definiert. In der psychotherapeutischen Nomenklatur sind 'ältere' Patienten/Klienten in der Regel 45- bis 60jährige. Bei den in den Behandlungsberichten beschriebenen Patienten liegt der Altersschwerpunkt zwischen dem 50. und 70. Jahr, eher sogar zwischen dem 50. und 65. Jahr; dabei zeigen sich je nach therapeutischen Konzept deutliche Unterschiede. Psychoanalytische Behandlungen ... enden in der Regel bei 70, max. 75 Jahren, lerntheoretisch begründete Behandlungen finden oft zwischen dem 70. und 80. Lebensjahr statt, Verfahren wie Gestalttherapie oder autogenes Training erstrecken sich auf alle Altersgruppen."[365]

Eine wesentliche, wenn nicht die Hauptaufgabe der Psychotherapie im Alter ist es, eingetretene Verluste zu verarbeiten und die Entwicklungspotentiale alter Menschen zu fördern. Wichtige Aspekte der Altentherapie stellen somit biographische Situationen, gegenwärtige Belastungen und Probleme, die Entwicklung einer Zukunftsperspektive und Impulse zur psychischen Weiterentwicklung dar. Im einzelnen lassen sich diese Aspekte und Teilaufgaben der Psychotherapie im Alter wie folgt darstellen:[366]

---

[363] vgl. Oesterreich, 1993a, S. 403.
[364] vgl. Howe, 1991, S. 160 f.
[365] Radebold, 1990, S. 100.
[366] vgl. Kruse, 1990, S. 88 ff.

246

- Biographische Erfahrungen, insbesondere Konflikt- und Verlustgeschehnisse, können im Alter wieder bedeutsam und handlungs- und erlebensrelevant werden. Der Psychotherapie kommt somit die Teilaufgabe zu, konkrete biographische Lebenssituationen hinsichtlich ihrer Bedeutsamkeit für Denken und Fühlen, Erleben und Handeln alter Menschen in den Blick zu nehmen und in ihrer Arbeit zu berücksichtigen.
- Weiterhin ist die aktuelle Lebenssituation der alten Menschen von Bedeutung: Verluste, Belastungen und Krisen der Gegenwart sind im therapeutischen Prozeß in den Blick zu nehmen. Dazu gehört auch die Reflexion des Altersbildes, der altersbezogenen Ängste und Hoffnungen und des konkreten Verhaltens des/der Therapeuten/in.
- Bedeutsam ist des weiteren das Erleben und Handeln des alten Menschen entlang der Zeitachse: Die Wahrnehmung und Bewertung der Vergangenheit, die Deutung der Gegenwart und die Zukunftserwartungen und -entwürfe stehen mit im Zentrum des therapeutischen Arbeitens.
- Psychotherapie im Alter richtet ihren Blick aber auch auf die soziale Verfaßtheit der Menschen und deren konkrete soziale Situation: Kontakte sollen gefördert und soziale Kompetenzen sollen im therapeutischen Prozeß entwickelt werden.

Die Themen der Psychotherapie im Alter sind von den jeweiligen KlientInnen abhängig; es scheinen sich jedoch drei übergeordnete thematische Aspekte herauskristallisieren zu lassen:[367] die Bilanzierung des Lebensweges, die Sexualität im Alter und die Förderung von Kreativität und Lebensneugier.

Die Psychotherapie im Alter steht vor einigen Herausforderungen - nicht zuletzt angesichts der quantitativen wie qualitativen Wandlungen des Alters: Die Beschäftigung mit älteren Menschen und deren Behandlung muß von seiten der psychotherapeutischen Fachgesellschaften intensiviert werden; der kollegiale Austausch zwischen den Alterstherapeuten ist zu forcieren; die Fortbildung der Psychotherapeuten hinsichtlich der Lebenslage und der psychischen Situation alter Menschen muß verstärkt werden. Nicht zuletzt geht es auch darum, die wissenschaftliche Aus- und Bewertung von Psychotherapien im Alter entschieden voranzutreiben.[368]

---

[367] vgl. Hirsch, 1990.
[368] vgl. Radebold, 1990, S. 104 f.

Literatur

Hirsch, Rolf D. (1990). Aspekte der Psychotherapie im Alter. *Gerontopsychologie & - psychiatrie,3* (2), 96-99.

Howe, Jürgen (1991). Psychotherapie mit alten Menschen - ein Beispiel für unterlassene Hilfeleistung. In Howe, Jürgen (Hrsg.), *Lehrbuch der psychologischen und sozialen Alternswissenschaft* (Bd. 3: Hilfe und Unterstützung für ältere Menschen). (S. 140-164). Heidelberg: Asanger.

Kruse, Andreas (1990). Die Bedeutung von seelischen Entwicklungsprozessen für die Psychotherapie im Alter. *Gerontopsychologie & -psychiatrie,3* (2), 83-95.

Oesterreich, Klaus (1993). Geriatrie. In Deutscher Verein für öffentliche und private Fürsorge (Hrsg.), *Fachlexikon der sozialen Arbeit* (3., erneuerte u. erw. Aufl.). (S. 397). Frankfurt: Eigenverlag.

Krisch, Helmut (o.J.). Ambulante geronto-psychiatrische Versorgung durch Sozialstationen. Ein Modellprojekt im Landkreis Bayreuth. [Quelle nicht bekannt].

Oesterreich, Klaus (1993a). Gerontopsychiatrie. In Deutscher Verein für öffentliche und private Fürsorge (Hrsg.), *Fachlexikon der sozialen Arbeit* (3., erneuerte u. erw. Aufl.). (S. 401-402). Frankfurt: Eigenverlag.

Radebold Hartmut (1990). Alterspsychotherapie in der Bundesrepublik Deutschland - Bestandsaufnahme und Perspektive. *Gerontopsychologie & -psychiatrie,3* (2), 100-107.

7.3 Altenpflege

"Altenpflege" meint alle pflegerischen Dienste, die alten Menschen angeboten werden.

"Orte" der Pflege stellen somit nicht nur Krankenhäuser und Heime dar (stationärer Bereich), sondern auch und vor allem die eigene Wohnung, in der die Versorgungsleistungen von mobilen Pflegediensten (z.B. Sozialstationen, Gemeindepflegediensten u.a.), Nachbarn oder Familienangehörigen erbracht werden. Immer bedeutsamer werden in jüngerer Zeit schließlich die teilstationären Angebote, die Familien- und Nachbarschaftssysteme entlasten helfen, aber noch keine vollstationäre Versorgung notwendig machen (z.B. Kurzzzeit- und Tagespflegeheime).[369]

In der BRD sind gegenwärtig ca. 1,7 Menschen pflegebedürftig; dies sind aber keineswegs nur alte Menschen.

Gegenwärtig wird (immer noch) unterschieden zwischen der sogenannten "Grundpflege" und der sogenannten "Behandlungspflege". Erstere umfaßt beispielsweise Hilfstätigkeiten beim Ankleiden oder bei der Körperpflege, während letztere eigentliche Behandlungen wie z.B. Medikamentenverabreichung und Verbandswechsel umfaßt. Beide Begriffe werden jedoch als antiquiert und nicht realitätsangemessen angesehen. Vor dem Hintergrund wissenschaftlicher (Pflegewissenschaft) und politischer (Pflegeversicherung) Prozesse wird eine neue begriffliche Erfassung des Aufgaben- und Handlungsbereiches Pflege diskutiert. Hier wird unterschieden zwischen der direkten und der indirekten Pflege:[370] Die direkte Pflege umfaßt diejenigen Aufgaben und Tätigkeiten, die bislang mit dem Begriff "Grundpflege" abgedeckt wurden und die direkt mit der zu pflegenden Person umgesetzt werden; so z.B. auch Gespräch und Kommunikation, Essen und Trinken, Kleiden und Sich-Beschäftigen, Herstellen eines sicheren und förderlichen Umfeldes und die Auseinandersetzung mit existentiellen Lebensfragen und -erfahrungen (z.B. Sterben und Tod). Die indirekte Pflege greift Aufgaben der bislang sogenannten "Behandlungspflege" auf, nennt diese in "Mitarbeit in ärztlicher Therapie

---

[369] vgl. Gößling, 1989; 1993.
[370] Scholl, 1995, S. 14 f.

und Diagnostik" um und ergänzt diesen Aufgaben- und Tätigkeitsbereich z.B. um Pflegemanagement und -organisation, Praxisanleitung und -begleitung oder um die (Mit-) Arbeit an einem Unternehmensleitbild.

Mit solchen Begriffskorrekturen und Neuzuordnungen soll nicht zuletzt die bisherige Pflegetätigkeit entmedizinalisiert und in der Außen- wie Innenwirkung aufgewertet werden.

Greift man auf ältere und weitere Erziehungs- und Bildungsdefinitionen zurück, so ist die Pflege in einem umfänglichen Sinne eine Erziehungsfunktion und somit integraler Bestandteil der →Altenbildung.

So ist die Pflege nach Otto Willmann eine Grundfunktion der Erziehung. Willmann verwendet dabei allerdings einen wesentlich weiteren Pflege-Begriff, als er heute vorzufinden ist. Besitzt heutzutage "Pflege" weitgehend eine medizinisch-körperliche Bedeutung, so sah Willmann mit diesem Begriff auch die moralisch-geistige Entwicklung und das Seelenheil des Menschen verknüpft. Damit angesprochen ist letztlich ein Verständnis von Pflege, das angemessener mit "ganzheitlicher Lebenspflege" umschrieben werden kann und das den hilfebedürftigen Menschen "als Ganzheit, als Subjekt ... mit Körper und Seele, als Individuum mit gewachsenen sozialen Beziehungen" ansieht.[371]

Im Rahmen einer sogenannten "aktivierend-therapeutischen Pflege", die im Falle von Leistungseinschränkungen verbliebene Fähigkeiten fördern, Kompensation ermöglichen, weiteren Einschränkungen vorbeugen und Anpassungsleistungen an die Umwelten unterstützen will, kommt der Geragogik eine große Bedeutung zu.[372]

Unter gesetzlicher Perspektive stellt sich der Altenpflegebereich noch als ungenügend und uneinheitlich geregelt dar. Nicht zuletzt mit Blick auf eine einheitliche Ausbildung von Altenpflegekräften wird eine solche gesetzliche Grundlage gefordert: "Nach einheitlicher Meinung geht es dabei um Erhaltung und Aktivierung eigenständiger Lebensführung und individueller Kompetenz alter Menschen, um Pflege und Mitwirkung bei der Behandlung und Rehabilitation kranker, pflegebedürftiger, behinderter und psychisch veränderter alter Menschen, um Betreuung und Beratung alter Menschen in ihren persönlichen und sozialen Angelegenheiten, um Ster-

---

[371] Entzian & Kämmer, 1995, S. 16; vgl. Hamann, 1965, S. 167 ff.; Heller, 1989.
[372] vgl. Meier-Baumgartner, 1991; Gößling, 1989.

bebegleitung, um Anregung und Begleitung von Familien- und Nachbar-schaftshilfe."[373]

Hinsichtlich des Ortes und Dauer von Pflege unterscheidet man zwischen verschiedenen Formen und Angeboten: Hierzu gehört die häusliche Pflege (sie genießt den Vorrang vor der stationären Pflege.), die Tages- und die Nachtpflege, die Kurzzeitpflege (eine auf kurze Zeit befristete stationäre Vollzeitversorgung, z.B. zur Entlastung pflegender Familienangehöriger) und die stationäre Langzeitpflege. Die Tages- und Kurzzeitpflege sind einerseits - regional verschieden - vielfach noch in geringer Zahl eingerichtet und ausgestattet; andererseits wird für sie noch von einer geringen Akzeptanz bei den Betroffenen ausgegangen.

In fast aller Munde findet sich immer wieder das Wort vom "Pflegenotstand"; dieses beschreibt ein Zweifaches: "Auf der einen Seite gelingt es immer weniger, ausreichenden - wie auch immer qualifizierten - Nachwuchs zu rekrutieren und vorhandene Kräfte im Beruf zu halten ..., und auf der anderen Seite wird die Kritik an der Qualität der erbrachten Pflege- und anderer Hilfeleistungen immer lauter."[374]

Der gesamte Pflegebereich steht somit - nicht nur angesichts des demographischen Wandels - vor einer ganzen Reihe von Herausforderungen; dazu gehören beispielsweise:[375]

- der Ausbau präventiver und rehabilitativer Angebote,
- die Förderung und Unterstützung der häuslichen Pflege,
- die Qualifizierung, Begleitung und Entlastung pflegender Familienangehöriger bzw. Ehrenamtlicher,
- die ideelle und materielle Aufwertung des Pflegeberufes:
- die Professionalisierung des Pflegeberufes,

    Im Rahmen der Professionalisierungsdebatte im Pflegebereich werden z.B. folgende Kompetenzen auf fachlicher Ebene von den dort Berufstätigen gefordert:

    - „Das Erkennen von pflegerischem Hilfebedarf im Kontext der individuellen Lebenssituation und des Wohnumfeldes,
    - Die Planung, Durchführung, Dokumentation und Bewertung einer Pflegesituation unter persönlichkeitsspezifischen, prophylaktischen, kurativen und rehabilitativen Gesichtspunkten,

---

[373] Gößling, 1993, S. 25.
[374] Hammer, 1994, S: 21.
[375] Satrapa-Schill, 1992; Wallrafen-Dreisow, 1992.

251

- Das Erkennen von krankheitsbedingten Abweichungen sowie Einleitung und Durchführung angemessener Hilfen,
- Die Gestaltung der Pflegebeziehung im Lebensbereich des Menschen,
- das Erkennen von Ressourcen im privaten Umfeld,
- Die Koordination und Kooperation mit anderen am Pflegeprozeß beteiligten Berufsgruppen."[376]

- die Qualifizierung und →Qualitätssicherung in der Pflege,
- die Verbesserung der Rahmenbedingungen von Pflege,
- die Schaffung eines vielfältigen, wettbewerbsorientierten Angebots unterschiedlicher (öffentlicher, gemeinnütziger und privater) Träger und
- deren →Koordinierung und Vernetzung.

Zur Einführung des Pflegeversicherungsgesetzes

Am 1. April 1995 trat das Pflegeversicherungsgesetz in Kraft[377]. Die Pflegeversicherung gilt als die fünfte Säule des Sozialversicherungssystems neben der Krankenversicherung, der Unfallversicherung, der Rentenversicherung und der Arbeitslosenversicherung:

---

[376] Entzian & Kämmer, 1995, S. 16.

[377] Es an dieser Stelle vorzustellen und zu erläutern, würde Aufgabe und Rahmen der vorliegenden Arbeit sprengen; vgl. hierzu z.B. Backendorf, 1994; Bundesministerium für Arbeit und Sozialordnung (Hrsg.), 1994; Gennrich, 1994; Jacobi, 1994.

252

Die Säulen des Sozialversicherungssystems

Das Sozialversicherungs-
system der Bundesrepublik
Deutschland

Kranken-versiche-rung	Unfall-versiche-rung	Renten-versiche-rung	Arbeitslo-senversi-cherung	Pflege-versiche-rung
seit 1883	seit 1884	seit 1889	seit 1927	seit 1995

Sie verfolgt das Ziel, "Vorsorge zu treffen für das Lebensrisiko der Pflegebedürftigkeit, welches grundsätzlich jeden im Laufe seines Lebens treffen
kann und wofür bisher nur die private Vorsorge oder aber der Gang zum
Sozialamt zur Verfügung standen".[378]
Über die konkreten und genau geregelten Vorgaben des Gesetzes hinaus
werden im Sozialgesetzbuch XI (dort findet sich das Pflegeversicherungsgesetz) allgemeine Vorschriften formuliert, die besondere Beachtung
verdienen[379]:

- die Ermöglichung eines selbständigen und selbstbestimmten Lebens für die Pflegebedürftigen (§ 2 SGB XI),
- die vorrangige Unterstützung der häuslichen Pflege und der sie ge-
währleistenden Personen (§ 3 SGB XI),
- die Gewährung von Dienst-, Sach- und Geldleistungen zur Ergänzung der familiären, nachbarschaftlichen und ehrenamtlichen Pflege (§ 4 SGB XI),
- das Primat von Prävention und →Rehabilitation (§ 5 SGB XI),

---

[378] Jacobi, 1994, S. 1.
[379] vgl. Igl, 1995.

- die Förderung der Eigenverantwortung der Pflegeversicherten "durch gesundheitsbewußte Lebensführung, durch frühzeitige Beteiligung an Vorsorgemaßnahmen und durch aktive Mitwirkung an Krankenbehandlung und medizinischer Rehabilitation" (§ 6 Abs. 1 SGB XI),
- die Aufklärung und Beratung der Pflegeversicherten (X 7 SGB XI).

📖 Literatur

Backendorf, Achim (1994). Die neue Pflegeversicherung. *BAGSO Nachrichten* (4), 3-10.

Bundesministerium für Arbeit und Sozialordnung (Hrsg.). (1994). *Eilsache: Pflegeversicherung kommt.* Bonn: Referat Öffentlichkeitsarbeit.

Entzian, Hildegard & Kämmer, Karla (1995). Professionelle Pflege alter Menschen: Zentrale Thesen des Positionspapiers der AG Pflege der DGGG. *Evangelische Impulse* (3), 16-18

Gennrich, Rolf (1994). Einigung bei der Pflegeversicherung. *Presse- und Informationsdienst, Kuratorium Deutsche Altershilfe* (2), 1994.

Gößling, Siegfried (1989). Auf dem Weg zur ganzheitlich aktivierenden Pflege? *Evangelische Impulse, 11* (5), 4-5.

Gößling, Siegfried (1993). Altenpflege. In Deutscher Verein für öffentliche und private Fürsorge (Hrsg.), *Fachlexikon der sozialen Arbeit* (3., erneuerte u. erw. Aufl.). (S. 25). Frankfurt: Eigenverlag.

Hamann, Bruno (1965). *Die Grundlagen der Pädagogik: systematische Darstellung nach Otto Willmann.* Freiburg: Herder.

Heller, Andreas (1989). *Ganzheitliche Lebenspflege: für ein Miteinander von Krankenpflege und Krankenseelsorge* (1. Aufl.). Düsseldorf: Patmos.

Igl, Gerhard (1995). Die Leitprinzipien des neuen Pflegeversicherungsgesetzes. *Zeitschrift für Gerontologie und Geriatrie, 28* (1), 67-70.

Jacobi, Volker (1994). Die Pflegeversicherung: Chancen und Risiken eines neuen Sozialversicherungszweiges. In Lade, Eckard (Hrsg.), *Ratgeber Altenarbeit: das aktuelle Handbuch für Altenhilfe, Pflege und Betreuung* (Teil 4/6.4). Ostfildern: Fink-Kümmerly + Frey.

Meier-Baumgartner, Hans Peter (1991). Aktivierend-therapeutische Pflege: vom Stellenwert aktivierend-therapeutischer Pflege und Rehabilitation für die Lebensqualität älterer Patienten. *Evangelische Impulse, 13* (3), 5-7.

Satrapa-Schill, Almut (1992). Neue Wege in der Altenpflege. *Blätter der Wohlfahrtspflege, 139* (11+12), 293-294.

Scholl, Annette (1995). Brisante Auseinandersetzung über strittige Pflegebegriffe: KDA-Expertengespräch über theoriegeleitetes Arbeiten. *Presse- und Informationsdienst, Kuratorium Deutsche Altershilfe* (1), 14-15.

Wallrafen-Dreisow, Helmut (1992). Keine Patentlösung. *Blätter der Wohlfahrtspflege, 139* (11+12), 295-296.

7.4 Altenpastoral und -seelsorge

Im Versuch die kirchliche und gemeindliche Landschaft zu vermessen, lassen sich folgende Arbeitsfelder und Grundvollzüge nennen und in Beziehung setzen:[380] Kirchliches und gemeindliches Leben vollzieht sich im

- Dienst am Wort (Martyria), was die Verkündigung der christlichen Heilslehre und die Bildungsarbeit umfaßt;
- Dienst an den "Armen" (Diakonia), womit Werke der Nächstenliebe (Caritas) und die Seelsorge (Pastoral) beschrieben werden;
- Dienst an der Einheit von Christen und Kirche, wie er z.B. in der Gemeindeentwicklung und im Gemeindeaufbau angestrebt wird und
- im Gottesdienst, also in der Feier des Glaubens und der Sakramente.

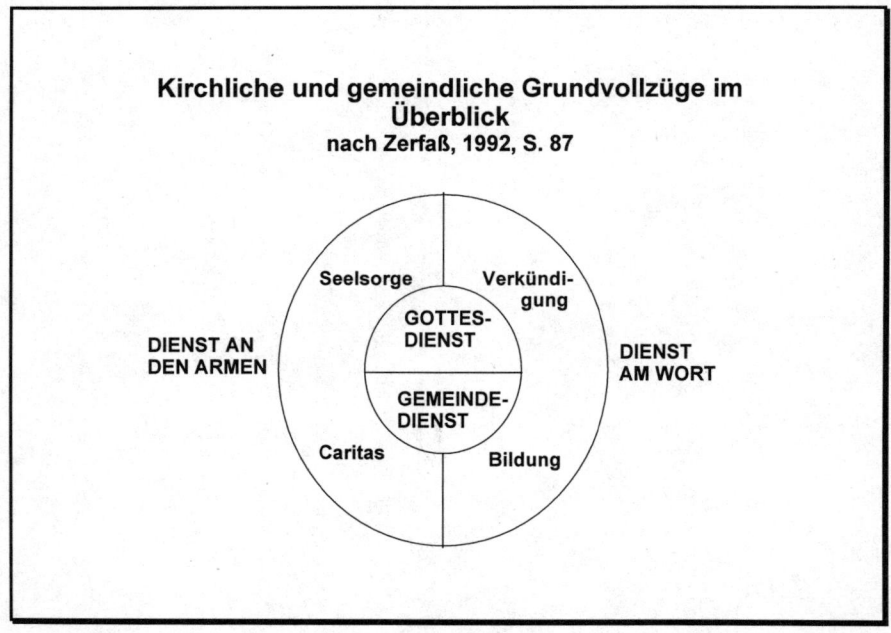

Kirchliche und gemeindliche Grundvollzüge im Überblick
nach Zerfaß, 1992, S. 87

Diese genannten Tätigkeitsbereiche stehen in einem engen Zusammenhang zueinander; besonderes Bemühen muß sich auf die Schnittstellen von Seelsorge, Verkündigung, Bildung und Caritas richten.

---

[380] vgl. Zerfaß, 1992, S. 86 ff.

Kirchliche Altenpastoral/-arbeit wird - in Anlehnung an das vorangegangene Modell - von drei Säulen getragen: zu diesen Säulen gehört neben der →Altenbildung und der →Altenhilfe (Diakonie) die Altenseelsorge.

Der "Dienst an der Einheit" fällt bei diesem Modell unter den Tisch; es besteht somit die Gefahr, daß einer Ghettoisierung alter Menschen Vorschub geleistet wird, und z.B. die Begegnung der Generationen (als ein möglicher Dienst an der Einheit) aus dem Blick gerät.

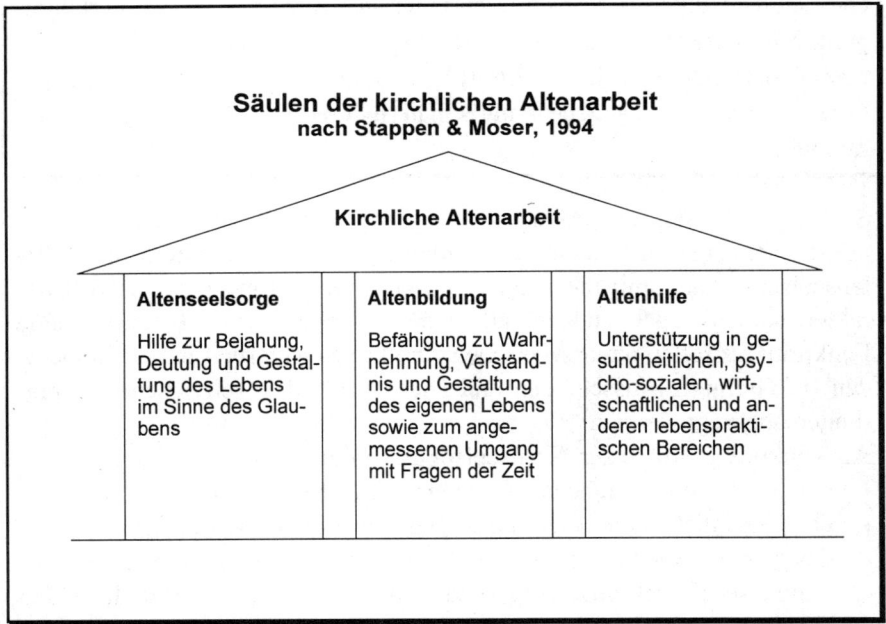

Säulen der kirchlichen Altenarbeit
nach Stappen & Moser, 1994

Kirchliche Altenarbeit

Altenseelsorge	**Altenbildung**	**Altenhilfe**
Hilfe zur Bejahung, Deutung und Gestaltung des Lebens im Sinne des Glaubens	Befähigung zu Wahrnehmung, Verständnis und Gestaltung des eigenen Lebens sowie zum angemessenen Umgang mit Fragen der Zeit	Unterstützung in gesundheitlichen, psycho-sozialen, wirtschaftlichen und anderen lebenspraktischen Bereichen

Es bestehen Überlappungen und enge Beziehungen zwischen den Bereichen Altenpädagogik und Altenpastoral: So übernimmt einerseits die (theologische) →Altenbildung zuweilen pastorale Aufgaben; andererseits benötigt die Altenpastoral die →Altenbildung, wenn sie die Entscheidungsfreiheit und -fähigkeit ihrer Klientel fördern will.[381]

Gerade die Altenpastoral ist in besonderer Weise in der Lage, auf die Sinnproblematik im Alter und auf Fragen (nach) der Transzendenz, nach Sterben, Tod und dem Leben danach zu reagieren und einzugehen. Sie hilft

---

[381] vgl. Felscher u.a., S. 106 ff.; Hungs, 1978, S. 79 f.

- ebenso wie die →religiöse Bildung im Alter bei der Selbstvergewisserung im religiösen Lebensbereich.

"Ganzheitliche Altenarbeit verlangt Seelsorge."[382] Dabei wird aus christlicher Sicht unter "Seelsorge" der Heilsdienst und die Zuwendung der Kirche zu den (einzelnen) Menschen verstanden, die aus dem Glauben an und dem "vernünftigen Vertrauen" in einen liebenden und menschenfreundlichen Gott resultieren. Seelsorge entfaltet sich nicht nur in der Verkündigung religiöser Heilslehre(n) , sondern vor allem in zeichenhaften, sakramentalen Handlungen in der Liturgie, hauptsächlich aber im alltäglichen Leben durch aktive, gegebenenfalls materielle Hilfen, Begleitung und Beratung.

Seelsorge, die sich nur privatistisch, auf das Jenseits vertröstend und innerlich versteht, wird einem ganzheitlichen Konzept nicht gerecht.[383] Altenseelsorge hat somit nicht nur einen betreuenden und kustodialen Charakter, sondern auch und vor allem eine aktivierende und motivierende Funktion: So sollen ältere Menschen zur aktiven Mitarbeit in den Gemeinden (in Gremien, Ausschüssen und Diensten) und in religiösen Gruppierungen angeregt werden.[384]

Als konkrete Beiträge zur Altenseelsorge werden genannt:[385]

- das persönliche Glaubensgespräch mit alten Menschen,
- das persönliche Glaubenszeugnis gegenüber alten Menschen,
- das gemeinsame Gebet mit alten Menschen (z.B. auch im Singen),
- Hinweise auf religiöse Angebote in der Gemeinde, aber auch in den Medien,
- das Bereitstellen von Hilfen, die den Besuch von Gottesdiensten und anderen religiösen Veranstaltungen ermöglichen (z.B. Fahrdiensten),
- das Überbringen von religiösem Material (z.B. Schriften, audiovisuellen Medien u.ä.),
- die Vermittlung eines hauptamtlichen Seelsorgers/einer hauptamtlichen Seelsorgerin,

---

[382] Neckermann, 1991, S. 193.
[383] vgl. Lohfink, 1982.
[384] vgl. Hauptabteilung Gemeindearbeit... (Hrsg.), 1991; Neckermann, 1991.
[385] Neckermann, 1991, S. 206.

- die Vorbereitung auf den Empfang von Sakramenten,
- die Vermittlung eines alten Menschen in eine bekenntnisorientierte Einrichtung der Altenhilfe.

Die Gruppe der kirchenfernen alten Menschen stellt ein besondere Problem; wie können sie - im Falle von Sinnkrisen und -fragen - angesprochen und erreicht werden? Eine besondere Herausforderung erfährt die Altenpastoral in der wachsenden Multikulturalität der Gruppe der alten Menschen. Menschen nicht-christlichen religiösen Bekenntnisses finden in den vorhandenen Strukturen und Angeboten nur unter Umständen eine angemessene Lebenshilfe.

📖 Literatur

Hauptabteilung Gemeindearbeit im Bischöflichen Generalvikariat Aachen (Hrsg.). (1991). *Altenpastoral* (1. Aufl.). Düsseldorf: Patmos.

Hungs, Franz-Josef (1978). *Altenbildung - Altenpastoral: Erfahrungen in der theologischen Erwachsenenbildung mit älteren Menschen.* München: Kösel.

Lohfink, Norbert (1982). *Kirchenträume: Reden gegen den Trend* (5. Aufl.). Freiburg: Herder.

Neckermann, M. (1991). Altenarbeit und Seelsorge. In Hirsch, Rolf D. & Krauß, Burkhard (Hrsg.), *Gerontopsychiatrie und Altenarbeit I: Beiträge aus der Fortbildungsreihe "Gerontologisches Forum" im Landkreis Göppingen* (Beiträge zur Gerontologie und Altenarbeit, Bd. 67). Berlin: Deutsches Zentrum für Altersfragen.

Stappen, Birgit & Moser, Ulrich (1994). *Alter als Chance: Grundlegung einer Pastoralgerontologie* (Pastorale Begleitung im Alter, Bd. 1). (1. Aufl.). München: Don Bosco.

Zerfaß, Rolf (1992). *Lebensnerv Caritas: Helfer brauchen Rückhalt.* Freiburg: Herder.

7.5 Altensport

Aus gesundheitlicher und psychosozialer Sicht kommt der sportlichen Aktivität im Alter eine große Bedeutung zu; allerdings wird nur von einer kleinen Gruppe alter Menschen Sport getrieben. Ursachen hierfür mögen in den jeweiligen Biographien zu suchen und zu finden sein; wesentlicher scheint jedoch das negative Altersbild der alten Menschen selbst wie auch ihres Umfelds zu sein: "Durch die niedrigen Erwartungen, welche die Umgebung hinsichtlich der sportlichen Leistungsfähigkeit Älterer zum Ausdruck bringt, werde jede Motivation, Sport zu treiben im Keim erstickt. Ungünstig wirke sich auch das negative Altersbild vieler Ärzte aus, das diese veranlasse, zur Schonung zu raten, wo in Wirklichkeit Bewegung förderlich wäre."[386]

Insgesamt lassen sich im Hinblick auf die sportliche Betätigung im Alter fünf unterschiedliche Verhaltensweisen und damit auch Zielgruppen des Alterssports feststellen:[387]

- die Nichtsportler, Ungeübte oder Anfänger, deren letzte sportliche Betätigung in deren Schulzeit zu suchen ist,
- die "Wiederbeginner", die nach einer längeren "Sportabstinenz" wieder in die sportliche Praxis einsteigen,
- die Geübten, die zwar nicht durch den gesamten Lebenslauf hindurch, jedoch seit längerer Zeit (wieder) Sport treiben,
- die "Lebenszeitsportler", die sich seit ihrer Schulzeit/Jugend durch die Biographie hindurch sportlich betätigt haben, und
- die "Rehabilitationssportler", die nach gesundheitlichen und körperlichen Leistungseinschränkungen im Rahmen von Rehabilitationsmaßnahmen wieder sportlich aktiv werden (müssen).

Vor dem Hintergrund einer solchen Zielgruppenbeschreibung können vier Sportarten beschrieben werden, die für das Alter mehr oder weniger geeignet sind:[388]

- freizeitorientierte Sportarten wie z.B. Spazierengehen, Boccia, Curling, Gymnastik, Tanz u.a.,

---

[386] Deutscher Bundestag, 1994, S. 193.
[387] vgl. Rieder u.a., 1992, S. 198 f.
[388] Rieder u.a., 1992, S. 199 f.

- Sportarten, die einer speziellen Vorbereitung bedürfen, wie z.B. Badminton/Federball, Tischtennis, (Berg-) Wandern, Joggen, Schwimmen, Radfahren,
- Sportarten für schon Aktive wie z.B. Basket-, Hand-, Fußball, alpiner Schilauf, Rudern u.a. und
- für Ältere eher ungeeignete Sportarten wie z.B. Gewichtheben, Tauchen, Kurz- und Mittelstreckenläufe.

Mit den Angeboten des Altensports werden unterschiedliche Ziele verfolgt: diese lassen sich insgesamt mit dem Etikett "→Gesundheitsförderung" kennzeichnen[389] :
- Der Altensport soll die zunehmende Bewegungsarmut ausgleichen.
- Er soll die motorischen und körperlichen Fähigkeiten schulen.
- Durch Angebote des Altensports sollen die Koordinations- und Merkfähigkeiten alter Menschen trainiert werden.
- In der Konsequenz fördert der Altensport das Selbstwertgefühl.
- Schließlich dient der Altensport auch noch der Pflege der sozialen Kontakte.

Sportliches Aktivsein im Alter verzögert die Alterungsprozesse, kräftigt das Stütz- und Bewegungssystem, verbessert die Belastbarkeit des Herz-Kreislaufsystems, stärkt die Atmungsmuskeln und erhöht die Brustkorbbeweglichkeit; der Stoffwechsel wird rationeller, Bewegungsabläufe, Koordinations- und Konzentrationsfähigkeiten werden trainiert. Doch sind auch neben dem körperlichen Bereich bedeutsame Wirkungen des Alterssports festzustellen: so die Stärkung des eigenen Kompetenzerlebens und der Alltagskompetenz, der sozialen und persönlichen Identität, eine qualitative Verbesserung der sozialen Situation, eine Verbesserung der geistigen Leistungen und eine Erhöhung des Sinnerlebens.[390]

Da dem Alterssport eine nicht zu unterschätzende gesundheitliche Bedeutung zukommt - in Prävention, Therapie und →Rehabilitation - ist auf ihn auch in der Geragogik besonderes Augenmerk zu richten: Die Motivierung zu sportlichen Aktivitäten - vor allem unter Verwendung des Gesundheitsmotivs - muß dabei schon möglichst früh geschehen.[391]

---

[389] vgl. Baumann, 1992; Deutscher Verein..., 1992, S. 37.
[390] vgl. Baumann, 1992; Schulz, 1995.
[391] vgl. Denk & Pache, 1995.

Eine →Kooperation zwischen Einrichtungen und Organisationen der Altenhilfe/-bildung und Sportverbänden/-vereinen ist anzuzielen. Die in Sportvereinen tätigen ÜbungsleiterInnen sind entsprechend zu schulen.[392]

📖 Literatur

Baumann, Hartmut (1992). Ziele und Wirkungen des Sports im höheren Lebensalter. In Baumann, Hartmut (Hrsg.), *Altern und körperliches Training* (Angewandte Alterskunde, Bd. 1). (S. 13-18). Bern: Huber.

Denk, Heinz & Pache, Dieter (1995). Die gesundheitliche Bedeutung von Bewegungs- und Sportaktivitäten in der Sicht der Älteren. *BAGSO-Nachrichten* (3), 9-12.

Kapustin, Peter (1992). Der Übungsleiter im Seniorensport. In Baumann, Hartmut (Hrsg.), *Altern und körperliches Training* (Angewandte Alterskunde, Bd. 1). (S. 227- 241). Bern: Huber.

Rieder, Hermann u.a. (1992). Eignung von Sportarten, Bewegungsformen, Sportgeräten. In Baumann, Hartmut (Hrsg.), *Altern und körperliches Training* (Angewandte Alterskunde, Bd. 1). (S. 193-213). Bern: Huber.

Schulz, Jörg (1995). Gesunde Lebensweise im Alter. *BAGSO-Nachrichten* (3), 5-8.

---

[392] vgl. Kapustin, 1992.

8 SCHLUßBEMERKUNGEN

Ziel und Aufgabe der vorangegangenen Ausführungen war es, die Aufgaben- und Tätigkeitsfelder einer sich ganzheitlich verstehenden Altenpädagogik in ihrer vollen Breite aufzuzeigen. Dabei reichte das zugrunde gelegte Verständnis von pädagogischem Handeln über das pädagogische Verhältnis zwischen Geragogen/in einerseits und altem Menschen andererseits hinaus; vielmehr wurden das personale Umfeld alter Menschen, die Organisationen und Träger der Altenhilfe, die politisch Verantwortlichen und die Öffentlichkeit mit in den Fokus aufgenommen. Auf diese Weise konnte ein umfassendes Verständnis geragogischer Theorie und Praxis geschaffen werden.

Was sonst Bestandteil von Aufsatzsammlungen ist, wurde hier zu einem (vorläufigen) Gesamtkonzept zusammengetragen; dies soll aber nicht darüber hinwegtäuschen, daß eine solche - für die Geragogik grundlegende - Zusammenschau nicht noch weitergeschrieben und differenzierter ausgeführt werden muß. Die Verbindungen und Interdependenzen zwischen den einzelnen Aufgaben- und Handlungsbereichen sind genauer zu betrachten; die Schnittstellen zu anderen wissenschaftlichen Disziplinen und gesellschaftlichen Handlungsbereichen eingehender zu beschreiben.

Auch ist für einzelne Aufgaben- und Handlungsbereiche noch eine grundlegende theoretische Bearbeitung zu fordern; hier zuweilen vorliegende Erörterungen gehen nicht über das Schlaglichtartige, Fragmentarische und Exemplarische hinaus.

Somit kann abschließend die Beschreibung aus der Einführung wieder aufgegriffen werden: Angesichts soziokultureller Entwicklungen, der wissenschaftstheoretischer Trends und der "Jugendlichkeit" der Disziplin "Geragogik" ist noch eine Vielzahl von Herausforderungen in Theorie und Praxis zu bearbeiten.

Als ein zum Weiterarbeiten notwendiger "Zwischenbericht" kann in diesem Zusammenhang die vorliegende Publikation angesehen werden; neue Aufgaben stellen sich nach dieser Bestandsaufnahme und Systematisierung sowohl in der Theorie als auch in der Praxis einer ganzheitlichen Altenpädagogik.

9 BEREICHSÜBERGREIFENDE LITERATUR

Buchkremer, Hansjosef (1995). *Handbuch Sozialpädagogik: Dimensionen sozialer und gesellschaftlicher Entwicklungen durch Erziehung* (2., überarb. Aufl.). Darmstadt: Wissenschaftliche Buchgesellschaft.

Bundesminister für Familie und Alter (Hrsg.). (o.J.). *1. Teilbericht der Sachverständigenkommission zur Erstellung des 1. Altenberichts der Bundesregierung.* Bonn: Eigenverlag.

Bundesminister für Jugend, Familie, Frauen und Gesundheit (1986). *Vierter Familienbericht - Die Situation älterer Menschen in der Familie.* Bonn: Eigenverlag.

Bundesministerium für Familie und Senioren (Hrsg.). (1993). *Erster Altenbericht: die Lebenssituation älterer Menschen in Deutschland.* Bonn: Eigenverlag.

Bundesministerium für Familie und Senioren (Hrsg.). (1993a). *Lebenszugewandtes Altern* (Schriftenreihe des Bundesministeriums für Familie und Senioren, Bd. 17). Stuttgart: Kohlhammer.

Das Modellprogramm Seniorenbüro (1993). *ISAB-Aktuell* (1), 3.

Decker, Franz (1995). *Die neuen Methoden des Lernens und der Veränderung: Lern- und Organisationsentwicklung mit NLP, Kinesiologie und Mentalpädagogik.* München: Lexika.

Deutscher Bundestag (1994). *Zwischenbericht der Enquete-Kommission Demographischer Wandel - Herausforderungen unserer älter werdenden Gesellschaft an den einzelnen und die Politik* (Drucksache 12/7876). Bonn. Eigenverlag.

Deutscher Verein für öffentliche und private Fürsorge (1992). *Nomenklatur der Altenhilfe* (2., völlig neu bearb. Aufl.). Frankfurt: Eigenverlag.

Deutscher Verein für öffentliche und private Fürsorge (Hrsg.). (1993). *Fachlexikon der sozialen Arbeit* (3., erneuerte u. erw. Aufl.). Frankfurt: Eigenverlag.

Felscher, Heike u.a. (1995). *Fakten und Felder der Freien Seniorenarbeit: ältere Menschen in Deutschland.* Bonn: Bundesarbeitsgemeinschaft der Seniorenorganisationen.

Gitschmann, Peter u.a. (1990). *Das Gießener Seniorenprogramm: eine kritische Überprüfung von Vorbereitung auf den Ruhestand und Weiterbildung im Alter unter besonderer Berücksichtigung der Angebote der Justus-Liebig-Universität* (Materialien zur Gießener Altenplanung, Bd. 2). (2., überarb. Aufl.). Gießen: Arbeitsgruppe Kommunal- und Regionalpolitik.

Gronemeyer, Reimer (1991). *Die Entfernung vom Wolfsrudel: über den drohenden Krieg der Jungen gegen die Alten.* Frankfurt: Fischer.

Hamann, Bruno (1979). *Das Problem der Normativität in der modernen Erziehungswissenschaft* (Reden zur Zeit, Bd. 34). Würzburg: Naumann.

Hamann, Bruno (1981). *Sozialisationstheorie auf dem Prüfstand: Bestandsaufnahme und Kritik in pädagogischer Perspektive.* Bad Heilbrunn: Klinkhardt.

Hamann, Bruno (1988). *Familie heute: Ihre Funktion und Aufgabe als gesellschaftliche und pädagogische Institution* (1. Aufl.). Frankfurt: Diesterweg.

Hamann, Bruno (1989). *Sozialisation: Lebenshilfe oder ideologisches Kampfmittel?* (Pädagogik und freie Schule, H. 39). Köln: Adamas.

Hamann, Bruno (1991). *Grundfragen und Grundbegriffe der Pädagogik.* München: Vervielfältigtes Informationsblatt.

Hamann, Bruno (1993). *Pädagogische Anthropologie: Theorien - Modelle - Strukturen. Eine Einführung* (2., überarb. u. erw. Aufl.). Bad Heilbrunn: Klinkhardt.

Hamann, Bruno (1994). *Theorie pädagogischen Handelns: Strukturen und Formen erzieherischer Einflußnahme* (1. Aufl.). Donauwörth: Auer.

Hammer, Eckard (1994). *Qualifikationsanforderungen in der Altenhilfe: Begründung und Entwicklung eines gemeinsamen Weiterbildungskonzeptes für Altenpflege und Sozialarbeit* (Europäische Hochschulschriften, R. 11; Pädagogik, Bd. 579). Frankfurt: Lang.

Haske, Hedwig E. (1991). Bildung im Alter. in Howe, Jürgen (Hrsg.), *Lehrbuch der psychologischen und sozialen Alternswissenschaft* (Bd. 3: Hilfe und Unterstützung für ältere Menschen). S(21-43). Heidelberg: Asanger.

Hottelet, Harald (1990). Verändern - Planen - Vernetzen: Strategien für die Veränderungen öffentlicher Dienstleistungen in den Kommunen. *Demokratische Gemeinde: Leben im Alter. Neue Wege in der kommunalen Altenpolitik,* 65-69.

Institut für Sozialarbeit und Sozialpädagogik e.V. (Hrsg.). (1995). *Altwerden 2000: Selbstverantwortung und Gemeinschaft.* Frankfurt: Eigenverlag.

Karl, Fred (1994). Lebenslagen und Alternsverläufe älterer Menschen. In Katholisches Altenwerk der Erzdiözese München und Freising (Hrsg.), *Älterwerden in unserer Gesellschaft: Lebenslagen und Alternsverläufe älterer Menschen.* München: Eigenverlag.

Klingenberger, Hubert (1992). *Ganzheitliche Geragogik: Ansatz und Thematik einer Disziplin zwischen Sozialpädagogik und Erwachsenenbildung.* Bad Heilbrunn: Klinkhardt.

Klingenberger, Hubert & Zintl, Viola (1995). *Sozialplan für die Alten- und Behindertenhilfe - Bedarfsanalyse: Abschlußbericht der wissenschaftlichen Begleitung* (Bd. 1). Rosenheim: Landratsamt.

Klingenberger, Hubert & Zintl, Viola (1995a). *Sozialplan für die Alten- und Behindertenhilfe - Bedarfsanalyse: Abschlußbericht der wissenschaftlichen Begleitung* (Bd. 2: Materialien). Rosenheim: Landratsamt.

Lade, Eckart (Hrsg.). (1995). *Ratgeber Altenarbeit: das aktuelle Handbuch für Altenhilfe, Pflege und Betreuung.* Ostfildern: Fink-Kümmerly + Frey.

Müller-Schöll, Albrecht & Priepke, Manfred (1991). *Sozialmanagement: zur Förderung systematischen Entscheidens, Planens, Organisierens, Führens und Kontrollierens in Gruppen* (3. Aufl.). Neuwied: Luchterhand.

Oppl, Hubert (1991). Sozialarbeit und Seniorengenossenschaft. In Ministerium für Arbeit, Gesundheit, Familie und Frauen (Hrsg.), *Selbsthilfe im Alter und Seniorengenossenschaften: Sammelband zum Stand der Diskussion* (S. 80-88). Stuttgart: Eigenverlag.

Reggentin, Heike & Dettbarn-Reggentin, Jürgen (1992). Selbsthilfe - Selbstaktivität - Selbstproduktion; soziokulturelle Dimensionen im Alter. In Dettbarn-Reggentin, Jürgen & Reggentin, Heike (Hrsg.), *Neue Wege in der Bildung Älterer* (Bd. 1: Theoretische Grundlagen und Konzepte). (S. 118-140). Freiburg: Lambertus.

Riesinger-Wilhelm, Carmen (1991). Das Seniorengenossenschaftskonzept in der Altenhilfe. In Ministerium für Arbeit, Gesundheit, Familie und Frauen (Hrsg.), *Selbsthilfe im Alter und Seniorengenossenschaften: Sammelband zum Stand der Diskussion* (S. 89-111). Stuttgart: Eigenverlag.

Sauer, Hanns (1995). „Nicht für die Schule, für das Leben lernen wir!" Gedanken zu einer Altenbildung im Zusammenhang von Leben und Glauben. In Lade, Eckard (Hrsg.), *Ratgeber Altenarbeit* (Teil 6/3.2). Ostfildern: Fink-Kümmerly + Frey.

Schüller, Heidi (1995). *Die Alterslüge: für einen neuen Generationenvertrag* (1. Aufl.). Berlin: Rowohlt.

Seidel, Eva (1986). Bildung im Alter und Vorbereitung auf das Alter: Bestandsaufnahme, Einschätzungen und Ausblick. In Articus, Stephan & Karolus, Stefan (Hrsg.), *Altenhilfe im Umbruch* (Arbeitshilfen, H. 29). (S. 52-62). Frankfurt: Deutscher Verein für öffentliche und private Fürsorge.

Veelken, Ludger (1990). *Neues Lernen im Alter: Bildungs- und Kulturarbeit mit 'Jungen Alten'.* Heidelberg: Sauer.

Veelken, Ludger (1994). Geragogik/Sozialgeragogik - eine Antwort auf neue Herausforderungen an gerontologische Bildungsarbeit, Kultur- und Freizeitarbeit. in Veelken, Ludger u.a. (Hrsg.), *Gerontologische Bildungsarbeit - Neue Ansätze und Modelle* (Dortmunder Beiträge zur angewandten Gerontologie, Bd. 2). (S. 13-52). Hannover: Vincentz.

Wallrafen-Dreisow, Helmut (1994). Kommunale Strategien zur Qualitätssicherung - Strukturen und Instrumente. In Kuratorium Deutsche Altershilfe (Hrsg.), *Qualitätsgeleitetes Planen und Arbeiten in der Altenhilfe: 19 Workshops und Seminare zur Qualitätssicherung in der ambulanten und stationären Altenhilfe* (S. 128-136). Köln: Eigenverlag.

Wendt, Wolf Rainer (1993). Informations-, Anlauf- und Vermittlungsstellen: Tätigkeitsprofil und Stellenbeschreibung. In Wendt, Wolf Rainer (Hrsg.), *Ambulante sozialpflegerische Dienste in Kooperation* (S. 175-181). Freiburg: Lambertus.